国家骨干高职院校项目建设成果

Qiaohan Gongcheng Shigong
桥涵工程施工
（上册）

邓　超　邹花兰　**主　编**
江祥林　**主　审**

人民交通出版社股份有限公司
China Communications Press Co.,Ltd.

内 容 提 要

本书为道路桥梁工程技术专业职业岗位核心能力课程教材,是在各高等职业院校积极践行和创新先进职业教育思想和理念,深入推进"校企合作、工学结合"人才培养模式的大背景下,根据新的教学标准和课程标准组织编写而成。

本书以认识公路桥梁中常见的中小桥涵的构造和施工设计图、施工方法和技术、施工验收和管理为主线,简要介绍了常见大中桥梁的施工,也介绍了特大跨径桥梁的施工和一些新的施工方法。本书包括上下两册,内容有桥涵施工准备、桥涵基础施工、桥涵墩台施工、涵洞施工、梁桥施工、拱桥施工、桥面系及附属工程施工和其他体系桥梁施工八个学习情境,其中上册介绍前四个学习情境,下册介绍后四个学习情境。

本书可作为高职高专院校道路桥梁工程技术专业、工程监理专业、高等级公路维护与管理专业等交通土建专业教学使用。

图书在版编目(CIP)数据

桥涵工程施工. 上册 / 邓超,邹花兰主编. —北京:人民交通出版社股份有限公司,2015.1
国家骨干高职院校项目建设成果
ISBN 978-7-114-12352-8

Ⅰ.①桥… Ⅱ.①邓…②邹… Ⅲ.①桥涵工程—工程施工—高等职业教育—教材 Ⅳ.①U445.4

中国版本图书馆 CIP 数据核字(2015)第 179858 号

国家骨干高职院校项目建设成果

书　　名:	桥涵工程施工(上册)
著 作 者:	邓　超　邹花兰
责任编辑:	卢仲贤　刘　倩　李学会
出版发行:	人民交通出版社股份有限公司
地　　址:	(100011)北京市朝阳区安定门外外馆斜街 3 号
网　　址:	http://www.ccpress.com.cn
销售电话:	(010)59757973
总 经 销:	人民交通出版社股份有限公司发行部
经　　销:	各地新华书店
印　　刷:	北京虎彩文化传播有限公司
开　　本:	787×1092　1/16
印　　张:	13.5
字　　数:	340 千
版　　次:	2015 年 1 月　第 1 版
印　　次:	2024 年 1 月　第 6 次印刷
书　　号:	ISBN 978-7-114-12352-8
定　　价:	40.00 元

(有印刷、装订质量问题的图书由本公司负责调换)

江西交通职业技术学院
优质核心课程系列教材编审委员会

主　任：朱隆亮
副主任：黄晓敏　刘　勇
委　员：王敏军　李俊彬　官海兵　刘　华　黄　浩
　　　　　张智雄　甘红缨　吴小芳　陈晓明　牛星南
　　　　　黄　侃　何世松　柳　伟　廖胜文　钟华生
　　　　　易　群　张光磊　孙浩静　许　伟

道路桥梁工程技术专业编审组（按姓名音序排列）
蔡龙成　陈　松　陈晓明　邓　超　丁海萍　傅鹏斌
胡明霞　蒋明霞　李慧英　李　娟　李　央　梁安宁
刘春峰　刘　华　刘　涛　刘文灵　柳　伟　聂　堃
唐钱龙　王　彪　王立军　王　霞　吴继锋　吴　琼
席强伟　谢　艳　熊墨圣　徐　进　宣　滨　俞记生
张　先　张先兵　郑卫华　周　娟　朱学坤　邹花兰

汽车运用技术专业编审组
邓丽丽　付慧敏　官海兵　胡雄杰　黄晓敏　李彩丽
梁　婷　廖胜文　刘堂胜　刘星星　毛建峰　闵思鹏
欧阳娜　潘开广　孙丽娟　王海利　吴纪生　肖　雨
杨　晋　游小青　张光磊　郑　莉　周羽皓　邹小明

物流管理专业编审组
安礼奎　顾　静　黄　浩　闵秀红　潘　娟　孙浩静
唐振武　万义国　吴　科　熊　青　闫跃跃　杨　莉
曾素文　曾周玉　占　维　张康潜　张　黎　邹丽娟

交通安全与智能控制专业编审组
陈　英　丁荔芳　黄小花　李小伍　陆文逸　任剑岚
王小龙　武国祥　肖　苏　谢静思　熊慧芳　徐　杰
许　伟　叶津凌　张春雨　张　飞　张　铮　张智雄

学生素质教育编审组
甘红缨　郭瑞英　刘庆元　麻海东　孙　力　吴小芳
余　艳

序 PREFACE

　　为配合国家骨干高职院校建设，推进教育教学改革，重构教学内容，改进教学方法，在多年课程改革的基础上，江西交通职业技术学院组织相关专业教师和行业企业技术人员共同编写了"国家骨干高职院校重点建设专业人才培养方案和优质核心课程系列教材"。经过三年的试用与修改，本套丛书在人民交通出版社股份有限公司的支持下正式出版发行。在此，向本套丛书的编审人员、人民交通出版社股份有限公司及提供帮助的企业表示衷心感谢！

　　人才培养方案和教材是教师教学的重要资源和辅助工具，其优劣对教与学的质量有着重要的影响。好的人才培养方案和教材能够提纲挈领，举一反三，而差的则照搬照抄，不知所云。在当前阶段，人才培养方案和教材仍然是教师以育人为目标，服务学生不可或缺的载体和媒介。

　　基于上述认识，本套丛书以适应高职教育教学改革需要、体现高职教材"理论够用、突出能力"的特色为出发点和目标，努力从内容到形式上有所突破和创新。在人才培养方案设计时，依据企业岗位的需求，构建了以岗位需求为导向，融教学生产于一体的工学结合人才培养模式；在教学内容取舍上，坚持实用性和针对性相结合的原则，根据高职院校学生到工作岗位所需的职业技能进行选择。并且，从分析典型工作任务入手，由易到难设置学习情境，寓知识、能力、情感培养于学生的学习过程中，力求为教学组织与实施提供一种可以借鉴的模式。

　　本套丛书共涉及汽车运用技术、道路桥梁工程技术、物流管理和交通安全与智能控制等27个专业的人才培养方案，24门核心课程教材。希望本套丛书能具有学校特色和专业特色，适应行业企业需求、高职学生特点和经济社会发展要求。我们期待它能够成为交通运输行业高素质技术技能人才培养中有力的助推器。

　　用心用功用情唯求致用，耗时耗力耗资应有所值。如此，方为此套丛书的最大幸事！

江西省交通运输厅总工程师
2014年12月

前言

FOREWORD

为落实《国家中长期教育改革和发展规划纲要(2010—2020)》精神,深化职业教育教学改革,积极推进课程改革和教材建设,满足职业教育发展的新需求,我们根据工学结合、理实一体化课程开发程序和方法,编写了一套供高职高专院校道路桥梁工程技术专业、工程监理专业、高等级公路维护与管理专业等交通土建专业教学使用的教材。

本套教材充分考虑了目前高等职业教育的特点以及道路桥梁施工对人才的需求,坚持面向市场、面向社会,以能力为本位,以职业发展为导向,以经济结构调整和科技进步服务为原则,注重理论知识与实践技能的有机结合,实践内容与现行行业标准的紧密结合。

本书有如下特点:

1. 整合学习体系

本书将桥涵工程施工分成四个学习情境,保证各个学习情境的完整性与独立性,融"教、学、做"为一体,构建以行动导向为主要特点的理论、实践一体化模式。

2. 理论、实践一体化

本书将理论学习与实践学习融为一体,更有利于提高读者的实际操作能力。

3. 引导读者主动学习

读者通过自己的实际操作填写实训指导手册,并进行数据的处理与分析,把理论知识应用到实践中,提高对理论知识的掌握。

本书有理论、有实践,图文配合,使读者能够全面掌握相关知识。本书由江西交通职业技术学院邓超、邹花兰担任主编,并由邹花兰负责统稿。具体编写分工如下:吴琼编写学习情境一、邓超编写学习情境二、刘华编写学习情境三、李娟编写学习情境四。此外,郑卫华也参与了本书的编写及图文整理工作。

本书由江西省交通科学研究院江祥林研究员主审。江祥林研究员在认真细致地审阅了本书的基础上,提出了许多宝贵的建议,并做了多次修改,在此深表感谢。本书在编写过程中,参考了大量的著作和文献资料,在此一并向有关作者表示真诚的感谢。

由于作者水平有限,编写时间仓促,书中不妥或错误之处在所难免,恳请读者批评指正。

作 者
2014 年 12 月

目录

CONTENTS

学习情境一　桥涵施工准备 ··· 1
　工作任务一　桥涵施工场地布置 ··· 2
　工作任务二　桥涵施工设备及施工材料准备 ····························· 11
　工作任务三　桥涵施工放样 ·· 52

学习情境二　桥涵基础施工 ··· 67
　工作任务一　浅基础施工 ··· 68
　工作任务二　桩基础施工 ··· 88
　工作任务三　沉井基础施工 ··· 118

学习情境三　桥涵墩台施工 ··· 141
　工作任务一　桥墩识图 ·· 142
　工作任务二　桥台识图 ·· 154
　工作任务三　桥涵墩台施工详解 ··· 165

学习情境四　涵洞施工 ·· 180
　工作任务一　涵洞识图 ·· 181
　工作任务二　涵洞施工详解 ··· 190

参考文献 ·· 205

学习情境一　　桥涵施工准备

情境概述

一、职业能力分析

通过本情境的学习,期望达到下列目标。

1. 专业能力

(1)会布置桥涵施工场地。

(2)掌握桥涵施工设备选择及施工材料准备。

(3)会桥涵施工放样。

(4)了解桥涵施工组织方案的编制。

2. 社会能力

(1)通过分组活动,培养团队协作能力。

(2)通过规范文明操作,培养良好的职业道德和安全环保意识。

(3)通过小组讨论、上台演讲评述,培养与客户的沟通能力。

3. 方法能力

(1)通过查阅资料、文献,培养个人自学能力和获取信息能力。

(2)通过情境化的工作任务活动,掌握解决实际问题的能力。

(3)填写任务工作单,制订工作计划,培养工作方法能力。

(4)能独立使用各种媒体完成学习任务。

二、学习情境描述

施工小组在接到桥涵的施工任务后,小组分析桥涵施工准备工作任务,合理进行技术准备、劳动组织准备、物资准备、施工现场准备和施工场外准备等工作,各成员根据拟订的方法编写总体方案和施工技术要点,提交成果,小组讨论其可行性,教师参与小组讨论并进行评定,各成员完善施工方案,提交实施成果报告。

本学习情境包含桥涵施工场地布置、桥涵施工设备及施工材料准备、桥涵施工放样3个工作任务。

三、教学环境要求

将整个学习内容划分成若干个工作任务,每个工作任务利用多媒体教学设备、课件和视频、桥涵施工场地布置图、桥涵施工组织设计、桥涵施工案例等教学资料,按照"资讯→计划→决策→实施→检查→评估"的6步教学法开展教学,学生在教师指导下制订方案、实施方案,最终评估学习的结果。

学生分成四个小组,各组独立完成相关的工作任务,并在教学完成后提交任务工作单。

工作任务一　桥涵施工场地布置

1. 应知应会

（1）熟悉桥涵施工场地布置的重要性。
（2）掌握桥涵施工场地布置的设计原则。
（3）掌握桥涵施工场地布置的一般步骤。

2. 学习要求

（1）研读教材内容。
（2）查阅某一桥梁施工场地布置图与布置方案。
（3）重视理论联系实际。

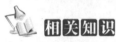

桥梁施工的场地布置是对施工现场的平面规划，是施工方案在施工现场空间上的体现，也反映了已建和拟建工程之间，以及施工所需各项设施之间的空间关系。场地布置应按照施工部署、施工方案及进度计划，将各项生产、生活设施（如房屋建筑、临时加工预制场、仓库、料场、搅拌站、水电气管线及运输道路等）在现场平面上进行周密规划与布置。对于大型的桥梁工程或施工工期较长的桥梁工程，平面布置还应按照施工阶段分别进行布置，以便充分体现各施工阶段的特点，并对其进行动态管理。

一、桥梁施工的场地布置设计原则

（1）从施工现场实际条件出发，遵循施工方案和施工进度计划的要求，确定合理的平面布置方案，有利于施工和现场管理，不占或少占农田。

（2）在保证工程顺利进行的前提下，充分挖掘施工现场潜力，尽可能利用已有的建筑物、构筑物、各种管线及道路，最大限度地减少临时工程的工程量，节约施工费用，降低工程成本。

（3）最大限度地缩短工地内部的运输距离，方便运输，节省运输费用。特别是尽可能避免场内二次搬运，以减少场内运转的材料损耗，节约劳动力。

（4）临时生产、生活设施及施工地点的布置应便于工人的生产和生活，这些设施尽可能采用装卸式，以利重复使用降低临时设施费用；同时职工宿舍应尽量和施工场地分开，施工作业区与办公区应划分明显。

（5）要符合劳动保护、安全技术、防洪及防火的规定。施工现场应准备必要的医务设施；采取必要的防盗措施；设置消防设施，保证消防通道的畅通。

（6）施工现场的平面布置应注意环境保护和文明施工的要求。

二、场地布置内容及一般步骤

桥梁工程的场地布置图有总体平面布置图及局部平面布置图两种。

1. 总体平面布置图

1）总体平面布置图的内容

（1）拟建公路工程的主要工程施工项目。如路线及里程；大中桥、隧道、集中土石方、交

— 2 —

叉口、特殊路基等重点工程的位置;公路养护、营运管理使用的永久性建筑,如道班房,加油站,高速公路的收费站、服务区等。

(2)为工程施工服务的临时设施及其位置。如采石场、采砂场、便道、便桥、仓库、码头、沥青或混凝土拌和基地、生活用房等。

(3)施工管理机构。如工程建设现场指挥部、监理机构、工程处、施工队、办事处等。

(4)工地附近与施工有关的永久性建筑设施。如已有公路、铁路、车站、码头、居民点、地方政府所在地等。

(5)重要地形地物。如河流、山峰、文物及自然保护区、高压电线、铁路、通信线路等。

(6)其他与施工有关的内容。如地质不良路段,国家测量标志,气象台,水文站,变电站,防洪、防火、安全设施等。

2)总体平面布置图的形式

桥梁施工总平面布置图可用两种形式表示。一种是根据桥梁实际平面尺寸按适当的比例绘制,如图1-1-1所示。这种图形直观,图中所绘内容的位置准确。另一种是将公路路线绘成水平直线,将图中各点的平面位置以路中线为基准做相对移动,它可以采用不同的纵横向比例将长度缩短,还可以略去若干次要的部分。

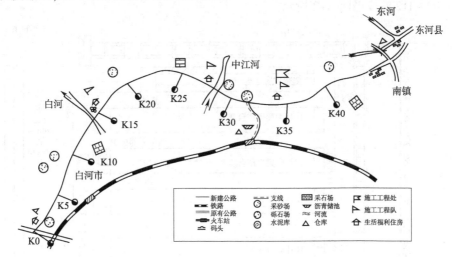

a)实际坐标图

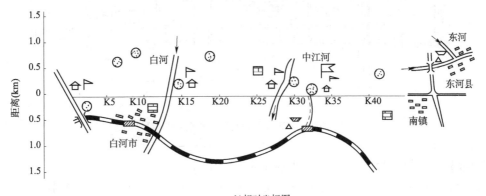

b)相对坐标图

图1-1-1 施工总平面布置图

由于复印技术已十分普及,目前多采用按路线实际走向绘制总平面图,绘图比例一般为1:5000或1:2000。

3)设计步骤

大宗材料、成品、非成品进场问题→仓库的布置→工厂的布置→工地内部运输道路的布置→临时房屋的布置→临时水电管网及其他动力线路的布置→总平面图的评价及优化→绘制。

2. 局部平面布置图

1)局部平面图类型

(1)大型临时工程平面布置图。如大型混凝土搅拌站、桥梁构件预制场、主要材料加工或制备场、外购材料转运及储存场地等。

(2)主要施工管理机构的平面布置图。

(3)临时供水、供电、供热及临时、永久性道路、便桥分布平面图。

(4)大型仓储基地主要设施及物资存放布置图。

(5)大型起重运输设备的轨道布置及设备位置。

2)局部平面布置图形式

局部平面布置图形式与总平面图绘制方法相似,由于体现局部平面布置,一般比例尺采用1:500~1:200,如图1-1-2所示。

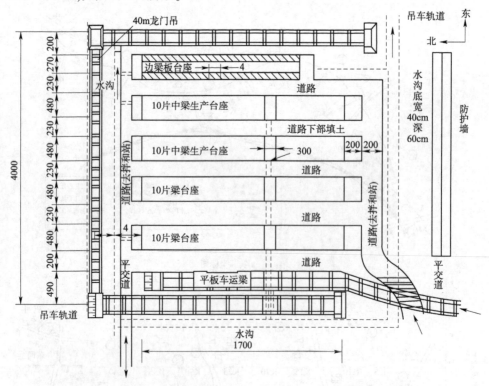

图 1-1-2　局部平面图(梁体预制场布置图)(尺寸单位:cm)

3)设计步骤

以混凝土搅拌站为例,对其设计步骤做简要的介绍。

分析有关资料→确定机械位置(垂直运输机械)→选择单位工程位置(搅拌站)→确定辅助性工程位置(材料及半成品的堆放)→运输道路的布置→确定与之相关的临时设施的布置→水电管网的布置→局面优化→绘制。

三、桥梁施工常用设施的规划与布置

1. 桥梁结构构件的预制场、堆放场的规划和布置

桥梁预制构件的预制场、堆放场的规划和布置是桥梁施工现场总平面设计的重中之重，它的位置安排合理与否是总平面设计能否成功的关键。桥梁预制构件的预制场、堆放场的位置直接影响到砂石料堆放场、钢筋制作场、木材加工场、混凝土搅拌站、水泥库的位置，以及道路、水电线路的布置等。

桥梁预制构件的预制场、堆放场，除特殊情况以外，一般宜设在工地，这样可避免大型构件远距离运输。设在工地内的预制场，应尽量靠近桥头，以缩短安装时运输距离和减少相应的临时设施。堆放场地应最靠近桥头，堆放场的面积大小不仅与预制梁体的片数有关，也与梁体安装时间安排和梁体预制时间安排有关，还与梁体堆放的有关规定有关。大梁预制的基座在满足工期对预制进度要求的情况下，不宜设置太多，以减少占地面积、降低工程成本。

2. 钢材堆放和钢筋加工制作场、木材加工场和模板制作场、砂石堆放场、水泥库、搅拌站及混凝土预制构件加工厂的规划和布置

钢筋加工厂应区别不同情况采用分散或集中方式设置，对需要进行冷加工、对焊、点焊的钢筋和大片钢筋网，应设置中心加工厂，并靠近构件加工厂，对小型加工场可就近设置钢筋加工棚。对于木材堆放场，一般设于交通沿线，加工厂应在堆场附近，按工作流程设置。砂石料及水泥混凝土搅拌站的设置则应根据桥梁工程的具体情况布置，当现浇混凝土量大时，应在工地设置混凝土搅拌站；当桥梁分布较分散，但运输条件好时，可以采用集中搅拌或选取用商品混凝土；在运输条件差时，则应分散搅拌。小型预制件的加工一般设在工地的空闲位置处，如料场专用道转弯扇形地带或场外临近处。

在预制场、堆放场的位置确定之后，砂石料堆放场、水泥库、模板和钢筋制作场的位置应尽量靠近预制场设置，以减少搬运距离，且使用方便。水泥库位置宜处于下风向，以防水泥进出库时灰尘飞扬，影响制作场、预制场工人的工作。而钢筋加工场、木材加工场应相应靠近钢筋制作和模板制作场，并与主要的施工现场相距较近，以减少场内运输量。为了防止钢材切割和钢筋电焊引起火灾，应将钢筋加工制作场和木材加工制作场地分开设置，并注意符合安全规定。

3. 材料开采、加工场的布置及雷管、炸药库的设置位置

如果桥梁工程施工用的砂石材料是自己开采和加工，则开采场一般设在材料产地。如有两个或多个产地可供选择时，选择的条件首先是材料的品质要符合设计要求。在保证质量的前提下，一般距工地近的比较理想。但开采的难易程度、成材率的高低、运输和装卸的费用都是比选的条件，应通过综合经济技术比较，做出最终决定。

在山区修建桥梁时，经常要用炸药清除障碍，开凿基坑，因此，就得设置存放炸药和雷管的库房。我国对这一类爆破材料的管理有一套严格的规章和制度。雷管和炸药不得同车装运、同库储存。仓库距住宅区应有一定的安全距离，严格管理，并严加警卫。

4. 工地临时房屋的规划与布置

工地临时房屋主要包括：施工人员居住用房、办公用房、食堂、医务室和其他生活福利设施用房，以及试验室、动力站和其他仓库等。

在预制场、堆放场及砂石料堆放场和钢材、木材的堆放、加工、制作场地确定之后，工地的临时房屋围绕上述场地，且据现场条件及方便生活、生产布置，并要注意安全防火。

职工生活区及办公室，最好设在工地周围不太受施工噪声干扰的地方，符合安全、卫生

条件,且按消防规定相互隔离,每间房都应配备灭火器,不能远离工地,也要防止洪水淹没。

直接指挥生产的机构及施工现场调度室应该设在工地的中心地区,以使指挥和调度工作方便、及时。医务室距施工现场不应太远,以便及时对突发意外进行处理。

同时职工宿舍应尽量和施工场地分开,施工作业区与办公区应划分明显。

5. 施工现场运输规划

桥梁施工现场运输也称场内运输,一般分水平和垂直运输。水平运输是将材料或构件仓库、料场或预制加工场地运至施工使用地点。垂直运输则主要是修建墩台及上部构造时,将材料或构件从地面提升到使用部位。

场内运输的方式应根据工地的地形、地物,材料在场内的运距、运量,以及周围道路和环境等因素选择。如果材料供应运输与施工进度能密切配合,做到场外运输与场内运输同步,或场内外运输紧密衔接,材料运到场内后不存入仓库、料场,而由场内运输工具转运至使用地点,则是最经济的运输组织方法,但必须加强对进场材料的验收工作,以确保工程质量。

6. 工地供电规划

由于施工机械化程度的提高,桥梁施工用电驱动的机械越来越多,用电量越来越大。比之道路施工,桥梁施工的用电机械及用电量都大许多。做好桥梁施工工地的供电工作,与施工的顺利进行有着密切的关系。临时供电工作包括:用电量的计算,选择电源,确定变压器,布置配电线路和确定电线截面。

7. 工地供水规划

桥梁施工中要耗用大量的水,施工组织设计必须规划工地临时供水系统。施工工地的临时用水包括生产、生活和消防用水三方面。

桥梁工程施工工地临时供水的设计,一般包括:决定需水量,选择水源,设计配水管网,水塔及泵站设计。

需水量包括生产用水、生活用水、消防用水及管网漏水损失。

选择水源,可用现成的给水管、地下水及地面水三种。在选择水源时,应确保水量能满足最大用水量的需要,生活、生产用水的水质应符合要求,并从各方面进行技术经济比较,做出最后的选择。

配水管网应在保证不间断供水的情况下,管道铺得越短越好,同时在工程进展期中各段管网应具有移置的可能性。

工地临时水塔可用木支架或装配式常备钢支架。水塔一般设在靠近水源且距地面较高处,水泵的选择要有足够的抽水能力,而且还要具有足够的扬高。

8. 工地临时供热规划

桥梁工程在冬季施工常需考虑到施工供热,以保证工程进度及混凝土质量,如对混凝土材料加热,钢筋混凝土构件的蒸气养生等;同时,生活设施的内部采暖,也要求对工地临时供热作出规划。

临时供热的热源,一般设立临时性的锅炉房,如有条件也可以利用当地的现有热力管网。

9. 布置运输道路

现场道路应尽量利用永久性道路。当无永久性道路可供利用时,要修建必需的临时便道,道路宽度一般为4~6m。干线和施工机械行驶路线,最好采用碎石路面,支线用砂石路面或土路,应保证冬雨季畅通无阻,主干道为环状,支线为枝状布置。一般去砂石料堆放场、钢材堆放场、木材堆放场以及库房均为主干道。同时要修好排水沟以利排水,并指定专人维护管理。

10. 工地环境保护及文明施工的规划

无论在野外或在城市中的桥梁工程的施工,均会不同程度地影响周围居民生活,并对周围的环境造成一定程度的影响甚至是破坏。环境是人类赖以生存的基础,在施工平面布置时应注意对环境的保护,使施工对环境造成的影响减少到最小。要注意控制施工现场的粉尘、废水、废气、固体废弃物及噪声、振动等的污染及危害。

四、施工平面设计优化方法

在施工平面设计时,为使场地分配、仓库位置确定、管线道路布置更为经济合理,需要采用一些优化计算方法。下面介绍几种常用的优化计算方法。

1. 场地分配优化法

施工总平面通常要划分几块场地,供几个专业工程施工使用。根据场地情况和专业工程施工要求,某一块场地可能会满足一个或几个专业化工程使用,但施工中,一个专业工程只能使用一块场地,因此需要对场地进行合理分配,满足各自施工要求。

2. 区域叠合优化法

施工现场的生活福利设施主要是为全工地服务的,因此它的布置应力求位置适中,使用方便,节省往返时间,各服务点的受益大致均衡。确定这类临时设施的位置可采用区域叠合优化法。区域叠合优化法是一种纸面作业法,其步骤如下:

(1)在施工总平面图上将各服务点的位置一一列出,按各点所在位置画出外形轮廓图。

(2)将画好的外形轮廓图剪下,进行第一次折叠。折叠的要求是:折过去的部分最大限度地重合在其余面积之内。

(3)将折叠的图形展开,把折过去的面积用一种颜色涂上(或用一种线条、阴影区分)。

(4)再换一个方向,按以上方法折叠、涂色。如此重复多次(与区域凸顶点个数大致相同次数),最后剩下一小块未涂颜色区域,即为最优点、最适合区域。

3. 最小树选线优化法

施工总平面图设计中,在布置给排水、蒸汽、动力照明等线路时,为了减少动力损耗、节约建设投资、加快临时设施建造速度,可采用最小树法,确定最短线路。具体方法是:

(1)将供应源与需求点的位置画出(先不连线)。

(2)依次连接距离最短的连线,原则是:连线距离从小到大,而且各连线不能形成闭合圈。

(3)当供应源与需求点全部被连接时,表明最小树已经找出,最短线路即为该最小树。

4. 占地面积与合理储量的其他方法

在施工平面图的设计中,场地宽绰有余、可供随意使用的情况并不多。相反,现场由于受到这样或那样条件的限制,实际可供选用的场地往往比较紧张。如果对材料、构件、半成品、设备等储量过大,需要占用过多的面积,就会大幅度增加临时工程费用。为此,如何合理选择储量,既保证施工需要,不影响工程进度,又不造成储量过多,占地过大,是施工总平面图设计中的另一个关键问题。

以上简单介绍了几种优化在施工平面布置中的应用,在实际施工中还应根据具体情况,对优化结果进行调整,以便更利于现场的施工管理并达到最佳的技术经济效益。

五、施工平面图的评价指标

上述各项内容并不是截然分开的,而应该互相结合起来,统一考虑,反复修正,最后得出圆满的设计方案。通常用一些技术经济指标来评价施工平面图的设计质量,这些指标有施工用地面积、施工场地利用率和场内主要运输工作量。

任务实施

任务实施主要掌握:桥涵施工场地布置设计原则、场地布置内容及一般步骤、常用设施的规划与布置和施工平面设计优化方法。

现以某桥梁施工场地布置为例,将任务实施简述如下。

一、任务概况

江西某大桥跨越赣江干流,桥位地处三角洲平原,地形平坦开阔,鱼塘密布,路网发达,海拔高程为1.8~4.4m。地质构造主要为北西向西江断裂。桥址附近潭窑山、了哥山、星槎等地出露明显构造迹象、发育强烈的构造角砾岩,构成断层三角面或断层崖。桥位地层由第四系覆盖层和白垩系基底组成。桥位区地处三角洲平原区,地下水类型主要为松散孔隙水和基岩裂隙水,第四系细砂层为主含水层位,基岩裂隙水水量贫乏,涌水量极少,地下水与河水有密切水力联系,堤岸地下水位高于河水面,地下水主要还是靠大气降水补给。桥位综合地下水位埋深为0.7~1.5m,水位高程变化为1.15~2.82m,河水水位高程为0.28~1.28m。

该大桥主桥对称布置,跨径布置为(60+176+700+176+60)m,边跨设一个辅助墩和一个过渡墩,主桥全长1172m。主塔基础采用钻孔桩+圆哑铃形承台基础。主塔为H形塔,截面采用空心箱形断面,主塔设上、下横梁。斜拉索采用平行高强钢丝斜拉索。斜拉索锚固采用组合钢锚箱锚固方案。中跨主梁采用钢箱梁结构,边跨配重梁采用混凝土箱梁,支承体系采用半漂浮体系。主要技术指标如下。

(1)设计行车速度:A、C、G匝道设计速度为60km/h,B、D、H匝道设计速度为40km/h,E、F匝道设计速度为50km/h。

(2)桥梁宽度:标准匝道桥梁宽度为10.5m。

(3)设计洪水频率:100年一遇。

(4)设计汽车荷载:公路-Ⅰ级。

(5)地震动峰值加速度值:0.089g,50年10%。

(6)设计安全等级:一级。

二、施工场地布置

1. 办公及生活区设置

某岸办公及生活用房计划在桥址附近修建活动板房,办公及生活区面积规划为6000m^2,另外协力队伍生活区规划为3000m^2,具体布置详见场地布置图1-1-3。生活办公区采用10cm碎石硬化处理铺设15cm厚混凝土。

2. 生产区设置

在某岸Z01号墩右侧(上游侧)的江滩上设置生产场地,占地24000m^2,设混凝土工厂、砂石料场、钢结构加工车间以及材料、设备存放场,主要负责全桥所需钢结构加工及混凝土的生产。混凝土工厂设置2台HZS90型拌和机,产量为180m^3/h,可以满足混凝土施工供应。在生产区内沿西江大堤下设置1条8m宽、540m长的混凝土施工便道运输材料。

在杏龙路进出顺能垃圾场与安富路交界处设置一预制梁场,梁场内除了布置制梁区及

— 8 —

存梁区外,还预留某互通立交工程施工时所需的钢筋加工场地。

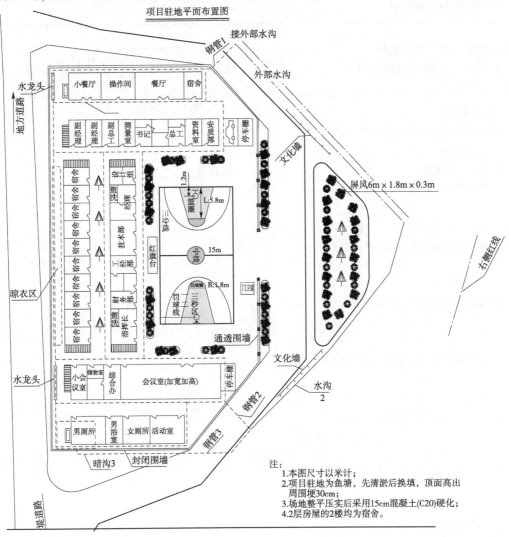

图 1-1-3　项目驻地平面布置图

3. 施工便道设置

某互通立交工程匝道桥多,桥型复杂,地势均处于鱼塘区域,为软基地带,而且匝道桥相互穿越,跨越多条公路、河沟,施工时应充分考虑施工便道的布置。首先应考虑施工时不应阻碍当地市政道路、河沟的畅通,非不得已时应先改路、改沟后再进行施工,之后考虑施工便道的布置应与各匝道桥的施工时间、施工顺序、施工方法相匹配。

4. 施工用电设置

在某岸栈桥 Z07~Z09 号墩上游侧设置一个 30m 长、4m 宽的平台放置 1 台 630kVA 变压器,另外生产区设置 1 台 630kVA 变压器供应混凝土工厂用电。在预制梁场区域设置一台 630kVA 变压器,供预制梁场及附近匝道桥施工使用。

5. 施工用水布置

桥址处在某镇右滩村,靠近西江,施工区域内多为鱼塘和沟渠,雨水较充足,现场施工可不考虑接专用水管。周边水沟较多,施工用水可考虑使用河沟内自有水量,采用抽水泵直接抽取后使用。

任务工作单

学习情境一：桥涵施工准备 工作任务一：桥涵施工场地布置	班级			
	姓名		学号	
	日期		评分	

一、任务内容

熟悉某桥梁施工场地布置图和布置方案。

二、基本知识

1. 四通一平是指_____、_____、_____路通和_____。

2. 技术准备工作有哪些内容？

3. 资料核查和调查包括哪些内容？

4. 编写施工组织设计有哪些依据？

5. 施工组织设计包括哪些基本内容？

6. 施工现场准备包括哪些内容？

7. 质量保证体系包括哪些内容？

三、任务实施

1. 桥涵施工场地布置设计原则是什么？

2. 场地布置有哪些内容？一般步骤是什么？

3. 简述常用设施的规划与布置。

四、任务小结

通过此工作任务的实施，各小组集中完成下述工作。

施工平面设计优化有哪些方法？

工作任务二 桥涵施工设备及施工材料准备

任务概述

1. 应知应会

(1) 了解桥涵主要施工设备类型、作用。
(2) 熟悉施工材料的准备和施工材料性能的具体要求。
(3) 掌握桥涵施工常用机械和设备,以及对原材料基本性能的具体要求。

2. 学习要求

(1) 研读教材内容。
(2) 结合某桥梁施工组织设计,了解桥涵施工常用机械和设备选择,以及对原材料基本性能的具体要求。

相关知识

一、桥涵施工常用机械和设备

1. 施工常备式结构

支架、模板、万能杆件、贝雷梁是桥梁工程施工的基本设备。

1) 支架(脚手架)

(1) 扣件式钢管架。

扣件式钢管架是木质脚手架金属化的发展结果,一般采用外径48mm,厚壁3.5mm 的焊接钢管,长度有 2000mm、3000mm、4000mm、5000mm、6000mm 几种,另配有 200mm、400mm、600mm、800mm 等长度的短钢管,供接长调距使用。

钢管架所用扣件分为直角扣件、旋转扣件和对接扣件。直角扣件用于横、立杆连接,旋转扣件用于斜杆连接,对接扣件用于杆件接长,如图 1-2-1 所示。

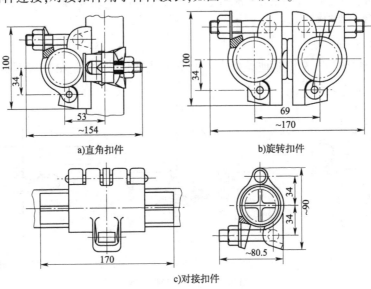

图 1-2-1 扣件式钢管架(尺寸单位:mm)

钢管架除了上述主要连接件之外,还有一些配件,如图 1-2-2 所示。

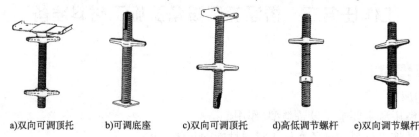

a)双向可调顶托　b)可调底座　c)双向可调顶托　d)高低调节螺杆　e)双向调节螺杆

图 1-2-2　钢管架配件

(2)碗扣式脚手架。

碗扣式脚手架主要杆件仍然是 $\phi 48mm$ 钢管,但是钢管的连接点采用"碗扣",即水平杆两端焊有"插头"。该插头下插入下碗,上插入上碗。

碗扣分为上碗扣和下碗扣。下碗扣焊接在立管上,上碗扣套在立管上,利用上端螺旋形"锁销"别住楔紧而连接,如图 1-2-3 所示。

(3)门式脚手架。

门式脚手架,又称钢管装配框架式脚手架,它打破了单根杆件组合脚手架的模式,而以单个式刚架作为主要结构构件,主要结构构件包括门架、十字撑、平行架或专用钢脚手板。辅助件是连接销、锁臂等。门式脚手架如图 1-2-4 所示。

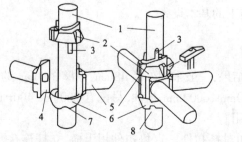 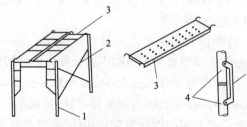

图 1-2-3　碗扣　　　　　　　　　　图 1-2-4　门式脚手架

1-立杆;2-上碗扣;3-限位销;4-横杆接头;5-横杆;　　1-门形架;2-十字撑;3-脚手板(平行架);4-立柱;5-锁臂
6-下碗扣;7-焊缝;8-流水槽

(4)其他类型脚手架。

除上述支架形式外,常用其他类型支架有套装式扣件脚手架、轮扣式脚手架、圆盘式扣件脚手架,如图 1-2-5 所示。

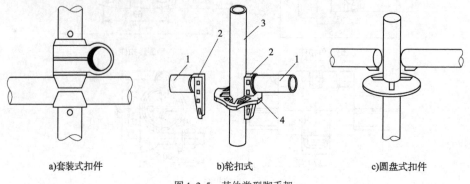

a)套装式扣件　　　　b)轮扣式　　　　c)圆盘式扣件

图 1-2-5　其他类型脚手架

1-横杆;2-插头;3-立杆;4-轮扣

2)模板

混凝土结构的模板工程,是混凝土结构构件施工的重要工具。模板按照使用材料的不同分为木模板、钢模板、钢木组合模板和胶合板模板。

(1)木模板。

在桥梁工程中最常用的是木模板,其优点是制作容易,但木材耗用量大,成本高。木模一般由模板、肋木、立柱组成。模板厚度一般为3~5cm,板宽为15~20cm,不得过宽,以免翘曲。肋木、立柱的尺寸应根据计算确定。

(2)钢模板。

钢模板采用Q235钢材制成,钢板厚度为2.5mm,对于大于或等于400mm宽面钢模板的钢板厚度应采用2.75mm或3.0mm。钢模板主要包括平面模板、阴角模板、阳角模板、连接角模等,如图1-2-6所示。

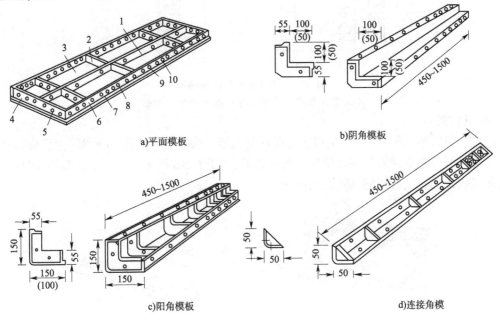

图1-2-6　钢模板类型(尺寸单位:mm)
1-中纵肋;2-中横肋;3-面板;4-横肋;5-插销孔;6-纵肋;7-凸棱;8-凸鼓;9-U形卡孔;10-钉子孔

钢模板虽然单价高,但其周转次数多,长期使用实际成本低,结实耐用,接缝严密,能经受强力振捣,浇筑的构件表面光滑,是目前使用较广泛的一种通用性组合模板。

组合钢模板主要由钢模板、连接件和支承件3部分组成。其中,连接件由U形卡、L形插销、钩头螺栓、紧固螺栓、扣件、对拉螺栓等组成,支承件由钢楞、柱箍、梁卡具、桁架等组成。

(3)钢木组合模板。

钢木组合模板用角钢作支架,木模板用平头开槽螺栓连接于角钢上,表面钉以铁皮。这种模板节约木材,成本较低,同时具有较大的刚度和稳定性。

(4)胶合板模板。

混凝土模板用的胶合板有木胶合板和竹胶合板。

胶合板用作混凝土模板具有以下优点:自重轻,板面平整;承载能力大,特别是经表面处理后耐磨性好,能多次重复使用;模板的运输、堆放、使用和管理等都较为方便;保温性能好;锯截方便,易加工成各种形状的模板;便于按工程的需要弯曲成型,用作曲面模板。

3）万能杆件

万能杆件是由角钢和连接板组成，用螺栓连接的桁架杆件，一般分为3大类：杆件、连接板和缀板。杆件在拼装时组成桁架的弦杆、腹杆、斜撑；连接板有各种规格，可将弦杆、腹杆、斜撑等连接成需要的各种形状；缀板可在各种弦杆、腹杆等节间中点做一个加强连接点，使组合断面的整体性更好。

万能杆件通用性强，各杆件均为标准件；装拆、运输方便，利用率高；可拼装成多种形式；可作为墩台、索塔施工脚手架。图1-2-7为用万能杆件组拼的塔架。

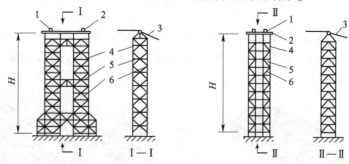

图1-2-7 用万能杆件组拼的塔架
1-索鞍；2-帽梁；3-主索；4-立柱；5-水平撑；6-斜撑

4）贝雷梁

贝雷（贝雷梁）是一种由桁架拼装而成的钢桁架结构。贝雷常拼成导梁作为承载移动支架，再配置部分起重设置与移动机具来实现架梁，如图1-2-8所示。贝雷的主要构件包括：桁架、加强弦杆、横梁、桁架销、螺栓、支撑构件等。

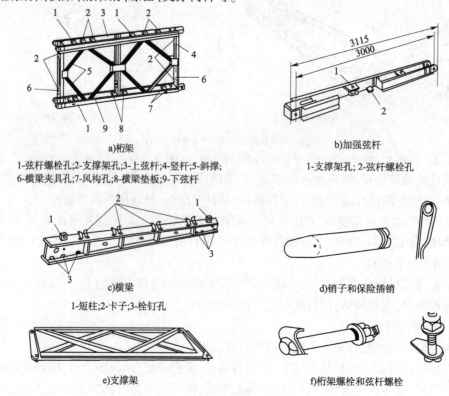

a)桁架
1-弦杆螺栓孔；2-支撑架孔；3-上弦杆；4-竖杆；5-斜撑；
6-横梁夹具孔；7-风构孔；8-横梁垫板；9-下弦杆

b)加强弦杆
1-支撑架孔；2-弦杆螺栓孔

c)横梁
1-短柱；2-卡子；3-栓钉孔

d)销子和保险插销

e)支撑架

f)桁架螺栓和弦杆螺栓

图1-2-8 贝雷梁的主要构件（尺寸单位：mm）

2. 施工主要起重机具设备

工程起重机械通过吊钩的垂直升降运动和水平运动组成复合运动,按工程要求转换重物位置。

1) 起重机械的基本组成及分类

起重机作循环、间歇运动,一个工作循环包括:取物装置从取物地把物品提起,然后水平移动到指定地点降下物品,接着进行反向运动,使取物装置返回原位,以便进行下一次循环。

通常,起重机械由起升机构(使物品上下运动)、运行机构(使重机械移动)、变幅机构和回转机构(使物品作水平移动),再加上金属机构、动力装置、操纵控制及必要的辅助装置组合而成。

在桥梁工程中所用的起重机械,根据其构造和性能的不同,一般可分为轻小型起重设备、臂架类型起重机和桥式类型起重机械3大类。轻小型起重设备有千斤顶、葫芦、卷扬机等;臂架类型起重机有固定式回转起重机、塔式起重机、汽车起重机、轮胎、履带起重机等;桥架类型起重机械有梁式起重机、龙门起重机等。

2) 轻小型起重设备

常用的轻小型起重设备有液压千斤顶、滑车和卷扬机等。

(1) 液压千斤顶。

千斤顶是一种起重高度小(小于1m)的、最简单的起重设备,一般只备有起升机构,用以起升重物。它构造简单,重量轻,便于携带,移动方便。

千斤顶有机械式和液压式两种。液压式千斤顶结构紧凑,工作平稳,有自锁作用,故使用广泛,其缺点是起重高度有限,起升速度慢。

液压千斤顶分为通用和专用两类。其中,通用液压千斤顶适用于起重高度不大的各种起重作业;专用液压千斤顶是专用的张拉机具,在制作预应力混凝土构件时,对预应力钢筋施加张力。油压千斤顶如图1-2-9所示。

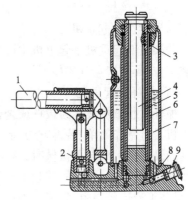

图1-2-9 油压千斤顶
1-手柄;2-油泵;3-限位油孔;4-调整螺杆;5-活塞;6-油缸;7-储油室;8-通油孔;9-回油阀

(2) 卷扬机。

卷扬机又称为绞车,它主要用于提升和拖曳重物,可以单独使用,也可以配合滑车作其他起重机构使用。

卷扬机实际上是由一个卷筒再配上齿轮或涡轮减速器而组成的简单起重设备,有手动、机动或电动之分。

电动式卷扬机(图1-2-10)由机架、卷筒、减速箱、制动器和电动机等部分组成。电动机的动力输出轴通过弹性联轴器和制动器与减速箱相连。

(3) 葫芦。

葫芦是简易的小型起重设备,包括手拉葫芦和电动葫芦两类。

① 手拉葫芦。

手拉葫芦是手动起重工具,如图1-2-11a)所示。其主要特点是:使用安全可靠,操作简单,体积小,自重轻,携带方便,用于物体起吊、固定、绑扎和牵引等,尤其适用于任意角度的牵引和在场地狭小,露天作业和无电源的情况下作业。

②电动葫芦。

电动葫芦既保留了手拉葫芦轻巧方便的特点,又改进了手拉葫芦人工操作、提升速度慢等不足,它集电动葫芦和手拉葫芦的优点于一身,如图1-2-11b)所示。它采用盘式制动电机作用力,行星减速器减速,具有结构紧凑、体积小、质量轻、效率高、使用方便,制动可靠,维护简单等特点,适用于低速、小行程的起吊。

图1-2-10 电动式卷扬机　　　a)手动葫芦　　b)电动葫芦

图1-2-11 葫芦

3)臂架类型起重机

臂架类型起重机是起重机中应用较广泛的一种类型,广泛应用于路桥施工现场作吊运、安装工作,具体特点分述如下。

(1)桅杆式起重机。

桅杆式起重机又称为拔杆或把杆,是最简单的起重设备,一般用木材或钢材制作。这类起重机具有制作简单、装拆方便,起吊质量大,受施工场地限制小的特点。特别是吊装大型构件而又缺少大型起重机械时,这类起重设备更显出其优越性。但这类起重机需设较多的缆风绳,移动困难。另外,其起重半径小,灵活性差。因此,桅杆式起重机一般多用于构件较重、吊装工程比较集中、施工场地狭窄,而又缺乏其他合适的大型起重机械的情况。

桅杆式起重机可分为:独脚把杆、人字把杆、悬臂把杆和牵缆式桅杆起重机。

独脚把杆是由拔杆、起重滑轮组、卷扬机、缆风绳及锚碇等组成。其中缆风绳一般为6~12根,最少不得少于4根。起重时拔杆保持不大于10°的倾角。独脚拔杆的移动靠其底部的拖橇进行。木独脚把杆起重在100kN以内,起重高度一般为8~15m;钢管独脚拔杆起重可达300kN,起重高度在20m以内;格构式独脚拔杆起重可达1000kN,起重高度可达70m,如图1-2-12a)所示。

人字把杆一般是由两根圆木或两根钢管用钢丝绳绑扎或铁件铰接而成,两杆夹角一般为20°~30°,底部设有拉杆或拉绳,以平衡水平推力,拔杆下端两脚的距离为高度的1/3~1/2,如图1-2-12b)所示。

悬臂把杆是在独脚拔杆的中部或2/3高度处装一根起重臂而成。其特点是起重高度和起重半径都较大,起重臂左右摆动的角度也较大,但起吊质量较小,多用于轻型构件的吊装,如图1-2-12c)所示。

牵缆式桅杆起重机是在独脚拔杆下端装一根起重臂而成。这种起重机的起重臂可以起伏,机身可回转360°,可以在起重机半径范围内把构件吊到任何位置。用角钢组成的格构式截面杆件的牵缆式起重机,桅杆高度可达80m,起吊质量可达60t左右。牵缆式桅杆起重机要设较的缆风绳,比较适用于构件多且集中的工程,如图 1-2-12d)所示。

(2)汽车起重机。

汽车起重机是在通用或专用载货汽车底盘上装上起重工作装置及设备的起重机,如图 1-2-13 所示。

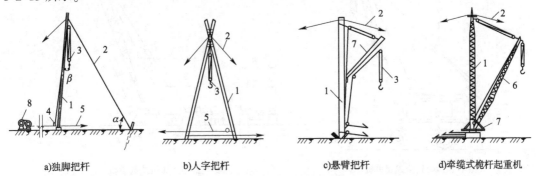

a)独脚把杆　　b)人字把杆　　c)悬臂把杆　　d)牵缆式桅杆起重机

图 1-2-12　桅杆式起重机
1-把杆;2-缆风绳;3-起重滑轮组;4-导向装置;5-拉锁;6-起重臂;7-回转盘;8-卷扬机

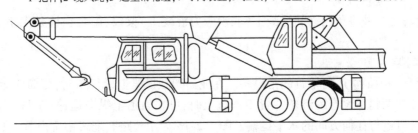

图 1-2-13　汽车式起重机

汽车起重机具有汽车的通过性好、机动灵活、行驶速度大、可快速转移、到达目的地能马上投入工作等优点,因此特别适用于流动性大、不固定的工作场所。由于它是在现成的汽车底盘上改装而成,故制造容易且较经济。其不足在于汽车起重机车身较长,转弯半径大(因受汽车底盘的限制)。

(3)轮胎起重机。

轮胎起重机是将起重工作装置和设备装设在专门设计的自行轮胎底盘上的起重机。由于其底盘是专门设计的,因此,其轴距、轮距及外形尺寸可根据总体设计的要求合理布置。

近年来,随着起重机技术的迅速发展,汽车起重机吨位越来越大,轮胎起重机行驶速度越来越快,使两者之间的差别逐渐缩小,出现了快速越野型轮胎起重机。这种起重机采用了动力换挡,全轮转向,油气悬挂,从而提高了起重机的机动性、越野性及作业稳定性,有广泛的应用前景。轮胎式起重机如图 1-2-14 所示。

(4)履带式起重机。

履带式起重机是一种具有履带行走装置的全回转起重机,它把起重工作装置和设备装在履带底盘上,靠行走支撑轮在自身封闭的履带上滚动行驶。与轮胎起重机相比,履带对地面的平均比压小,可在松软、泥泞等恶劣地面上作业。此外,它爬坡能力强,牵引性能好,能带载行驶,并可借助附加装置实现一机多用,所以起吊质量大于 100t 的大型履带起重机在桥梁施工中占有重要地位。但履带起重机自身质量大,行驶速度低(1~5km/h),且破坏公路路面,因而目前轻型履带起重机(100t 以下)已逐渐被快速方便的液压式汽车起重机所取代。

履带式起重机由行走装置、回转机构、机身及起重臂等部分组成,如图 1-2-15 所示。

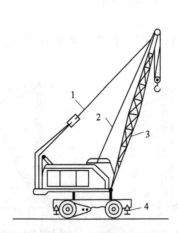
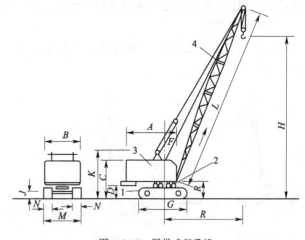

图1-2-14 轮胎式起重机
1-起重杆;2-起重索;3-变幅索;4-支腿

图1-2-15 履带式起重机
1-行走装置;2-回转机构;3-机身;4-起重臂

4）桥架类型起重机械

架桥设备是一种将预制钢筋混凝土（或预应力混凝土）梁段,吊装在桥梁支座上的专用施工机械。

（1）龙门架。

龙门架是一种最常用的垂直起吊设备。在龙门架顶横梁上设行车时,可横向运输重物、构件;在龙门架两腿下设有缘滚轮并置于铁轨上时,可在轨道上纵向运输;在两脚下设能转向的滚轮时,可进行任何方向的水平运输。图1-2-16为用公路装配式钢桥桁节（贝雷）拼装的龙门架。

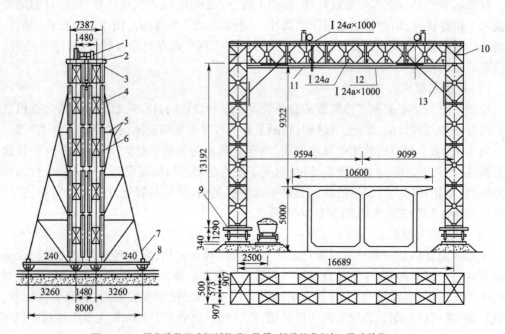

图1-2-16 用公路装配式钢桥桁节（贝雷）拼装的龙门架（尺寸单位:mm）
1-单筒慢速卷扬机;2-3cm厚行道板;3-枕木;4-贝雷桁片;5-斜撑;6-自制撑架;7-底梁;8-轨道平车;9-自制端柱;10-自制三角桁片;11-加强吊杆;12-单轨;13-自制角撑

(2)导梁式架桥设备。

导梁式架桥设备是利用贝雷架(或万能杆件)拼装成的导梁作为承载移动支架,再配置部分起重装置与移动机具来实现架梁。其中,万能杆件是用角钢制成的可拼成节间距为 2m×2m 的桁架杆件,因其通用性强,可根据不同桁架形式,再配制部分自制构件,如横移机构、行走机构等,就可以完成不同架设工序,提高机械化程度。

如图 1-2-17 所示,万能杆件拼成的架桥设备主要由导梁、前支腿,前后行走台车、前后起吊天车及电气设备组成。导梁和前支腿由万能杆件组拼而成,导梁安装在前、后行走台车上,行走台车可在已架设好的预应力混凝土梁上的轨道上行走。行走系统由行走台车和牵引动力组成,起吊系统的天车横梁可用万能杆件拼装,也可使用型钢组合断面。

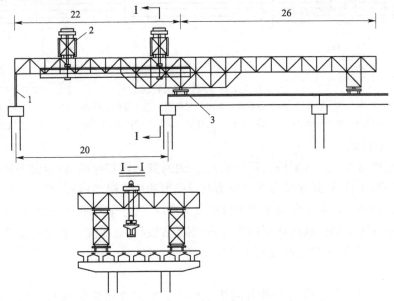

图 1-2-17　用万能杆件拼装的架桥设备(尺寸单位:m)
1-前支腿;2-前起吊天车;3-前行走台车

(3)缆索式架桥设备。

缆索式架桥设备是利用万能杆件或圆木拼成索塔架式人字形扒杆,用架设的钢丝绳组成吊装设备和行走装置,将梁架设在墩台上,直接就位或横移就位。它的优点是跨度和起升质量较大(跨度为 100~1800m,起升质量为 3~50t),适用于高差较大的垂直吊装和架空纵向运输。

缆索式起重机有固定式、移动式和转动式 3 种。

固定式缆索起重机的两个塔架是固定不动的,它结构简单,造价低,但工作面只是一个狭长地带。移动式缆索起重机的两个塔架下端都装有铁轮,能沿两根平行的轨道平移,故其工作范围为矩形面积。转动式缆索起重机的一个塔架固定不动,另一个塔架下面装有铁轮,它可绕固定塔架在轨道上转动,其行驶轨迹是扇形或圆。

在设置缆索式起重机时,对于塔架的强度、主索、起重索和牵引索的拉力以及有关起重机的稳定性等问题,均需通过必要的力学计算,再经过现场试验,以达到经济合理并确保施工安全。

如图 1-2-18 所示,缆索式架桥设备就是在两个塔架之间张紧一根特种承重的主索,起重小车就在此钢索上来回移动提升重物。

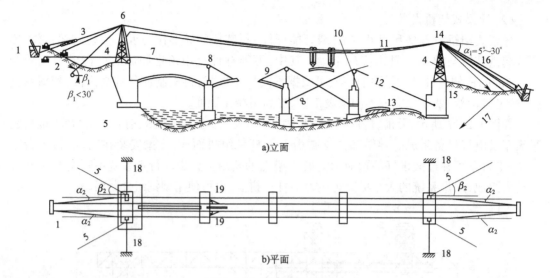

图 1-2-18　缆索式架桥设备

1-地垄；2-手摇卷扬车；3-主索张紧绳；4-塔架；5-后浪风索；6-2 号起重索；7-1 号起重机；8-扣索；9-平扣；10-扣索塔架；11-主索；12-单排立柱浪风索；13-待吊节段；14-塔顶索鞍；15-法兰螺钉；16-主索张紧绳；17-索引索；18-侧向浪风索；19-浪风索

（4）专用架桥机。

专用架桥机是在导梁式架桥设备基础上，通过对其结构和起吊、行走设备进行改善而发展起来的专用施工机械，按导梁形式可分为双导梁型和单导梁型两种。

双导梁结构形式目前在公路架桥中应用最为广泛，其导梁的承载能力强，整机横向稳定性能较好。单导梁型架桥机具有结构紧凑，利用系数较高，对曲线及斜交桥梁适应能力强等特点，其横移一般靠导梁整机横移来实现移梁、落梁工序。

（5）浮吊。

浮吊是通航河流上建桥的一种常用施工船只。常用浮吊包括铁驳轮船浮吊，木船、型钢、人字扒杆等拼成的简易浮吊，大型浮吊船等。图 1-2-19 为万能杆件组拼的浮吊。

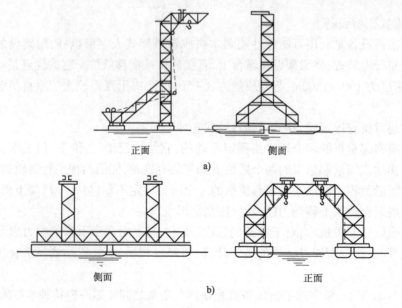

图 1-2-19　万能杆件组拼浮吊

— 20 —

3. 混凝土施工设备

混凝土施工设备用于混凝土的制备、运输、浇筑和振实等，包括搅拌机和搅拌楼等混凝土制备机械、混凝土泵和混凝土输送车等输送机械、振捣器和振动台等振实设备。

1) 混凝土搅拌设备

(1) 混凝土搅拌机。

水泥混凝土搅拌机是将一定配合比的水泥、砂子、碎石(集料)和水等拌制成水泥混凝土的机械。其种类较多，分类方法和特点如下。

①按作业方式分有循环作业式和连续作业式两种。

循环作业式的供料、搅拌、卸料三道工序是按一定的时间间隔周期进行的，即按份拌制。由于拌制的各种物料都经过准确的称量，故搅拌质量好，目前大多采用此种类型的作业方式。

连续作业式的上述三道工序是在一个较长的筒体内连续进行的，虽然其生产率较循环作业式高，但由于各料的配合比、搅拌时间难以控制，故搅拌质量差，目前使用较少。

②按搅拌方式分有自落式搅拌和强制式搅拌两种。

自落式搅拌机就是把混合料放在一个旋转的搅拌鼓内，随着搅拌鼓的旋转，鼓内的叶片把混合料提升到一定的高度，然后靠自重自由撒落下来。这样周而复始地进行，直至拌匀为止。这种搅拌机一般拌制塑性和半塑性混凝土。

强制式搅拌机是搅拌鼓不动，而由鼓内旋转轴上均置的叶片强制搅拌。这种搅拌机拌制质量好，生产效率高，但动力消耗大，且叶片磨损快，一般适用于拌制干硬性混凝土。

③按装置方式分有固定式和移动式两种。

固定式搅拌机是安装在预先准备好的基础上，整机不能移动。它的体积大，生产效率高，多用于搅拌楼或搅拌站。

移动式搅拌机本身有行驶车轮，且体积小，质量轻，故机动性能好，应用于中小型临时工程。

④按出料方式分有为倾翻式和非倾翻式两种。

倾翻式靠搅拌鼓倾翻卸料，而非倾翻式靠搅拌鼓反转卸料。

⑤按搅拌鼓的形状不同，有梨形、鼓筒形、双锥形、圆盘立轴式和圆槽卧轴式5种。前3种系自落式搅拌，后两种为强制式搅拌，目前国内较少使用。

⑥按搅拌容量分有大型(出料容量为1000~3000L)、中型(出料容量为300~500L)和小型(出料容量为50~250L)3种。

目前在小型桥梁工程工地常使用鼓筒形、自落式、循环作业、移动式混凝土搅拌机，如图1-2-20所示。搅拌机型号表示方法见表1-2-1。

(2) 混凝土搅拌站。

混凝土搅拌站(楼)是用来集中搅拌混凝土的联合装置，也称为混凝土工厂。因其机械化和自动化程度较高、生产率较大，故常用于混凝土工程量大、施工周期长、施工地点集中的大、中型公路路面、桥梁工程以及混凝土制品工厂中。

①按工艺布置形式分有单阶式和双阶式两种。

单阶式碎石、砂子和水泥等材料一次就提升到搅拌站最高层的储料斗，然后配料称量直到搅拌成成品料，均借物料自重下落而形成垂直生产工艺体系。它具有生产效率高，动力消耗小，机械化和自动化程度高，布置紧凑，占地面积小等特点，但其设备较复杂，基建投资大，故常用于大型永久性搅拌站。

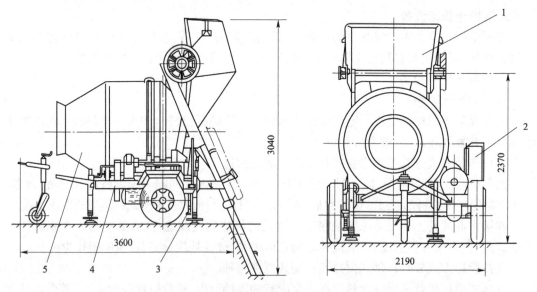

图 1-2-20 鼓筒自落式水泥混凝土搅拌机(尺寸单位:mm)
1-进料机构;2-电气系统;3-供水系统;4-底盘;5-搅拌出料机构

搅拌机型号表示方法 表 1-2-1

机类	机型	特性	代号	代号含义
混凝土搅拌机 J(搅)	强制式 J(强)	强制式搅拌机	JQ	强制式搅拌机
		单卧轴式(D)	JD	单卧轴强制式搅拌机
		单卧轴液压式(Y)	JDY	单卧轴液压上料强制式搅拌机
		双卧轴式(S)	JS	双卧轴强制式搅拌机
		立轴蜗桨式(W)	JW	立轴蜗桨强制式搅拌机
		立轴行星式(X)	JX	立轴行星强制式搅拌机
	锥形反转出料式 Z(锥)		JZ	锥形反转出料式搅拌机
		齿圈(C)	JZC	齿圈锥形反转出料式搅拌机
		摩擦(M)	JZM	摩擦锥形反转出料式搅拌机
	锥形倾翻出料式 F(翻)		JF	倾翻出料式锥形搅拌机
		齿圈(C)	JZC	齿圈锥形倾翻出料式搅拌机
		摩擦(M)	JZM	摩擦锥形倾翻出料式搅拌机

双阶式碎石、砂子和水泥等材料分两次提升,第一次将材料提升至储料斗,经配料称量后,第二次再将材料提升并卸入搅拌机。它具有设备简单,投资少,建设快等优点,但其机械化和自动化程度较低,占地面积大,动力消耗多,故主要用于中小型搅拌站。

②按装置方式分有固定式和移动式两种。

固定式适用于永久性的搅拌站;移动式则适用于施工现场。

③按搅拌机平面布置形式分有巢式和直线式。

巢式是数台搅拌机环绕着一个共同的装料和出料中心布置,其特点是数台搅拌机公用一套称量装置,但一次只能搅拌一个品种的混凝土。

直线式是数台搅拌机排成一列或两列,这种布置形式的每台搅拌机均需配备一套称量装置,但能同时搅拌几个品种的混凝土。

2)混凝土搅拌运输车

混凝土运输机具设备选择原则为:应根据结构物特点、混凝土浇灌量、运距、现场道路情况以及现有机具设备等条件确定。短距离运输采用双轮手推车、机动翻斗车、轻轨翻斗车等,长距离运输时采用自卸汽车和混凝土搅拌运输车。

混凝土搅拌运输车是运送混凝土的专用设备,在整个运输过程中,混凝土的搅拌筒始终在作慢速转动,从而使混凝土在长途运输后,仍不会出现离析现象,以保证混凝土的质量。混凝土搅拌运输车一般在混凝土制备点与浇筑混凝土距离较远时使用,特别适用于大型混凝土工程施工中运送商品混凝土。

(1)混凝土搅拌运输车的分类。

混凝土搅拌运输车根据搅拌筒驱动装置不同可分为机械式和液压式两类,其中液压式应用较广。

根据搅拌站至施工现场距离和材料供应条件的不同,混凝土搅拌车可分为新鲜混凝土输送、半干料搅拌输送、干料搅拌输送和搅拌混凝土后输送等4种方式。新鲜混凝土输送是对成品混凝土的输送,适用运距为8~12km以下的输送。半干料搅拌输送是对尚未配足水的混凝土进行加足水量、边搅拌边输送。干料搅拌输送是对运距在12km以上的混凝土输送,是将已经称量的砂、石和水泥等干配合料装入输送车的搅拌筒内,待运送到离施工现场前15~20min时,开动搅拌筒并加水搅拌,到达施工现场后,便完成搅拌。搅拌混凝土后输送是当配料站无搅拌机时,搅拌运输车可作搅拌机使用,是将经过称量的砂、石和水泥等物料加入输送车的搅拌筒,搅拌后再输送至施工现场。

(2)混凝土搅拌运输车典型结构。

混凝土搅拌运输车一般由运载底盘、搅拌筒、驱动装置、给水装置和操纵系统组成,如图1-2-21所示。

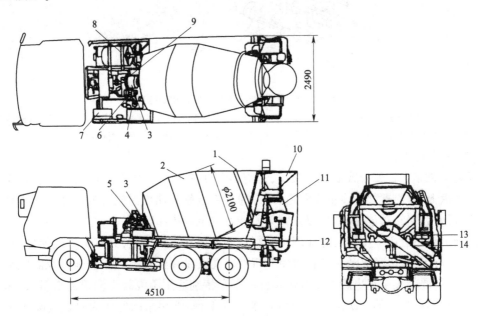

图1-2-21 混凝土搅拌运输车(尺寸单位:mm)

1-滚道;2-搅拌筒;3-轴承座;4-油箱;5-减速器;6-液压马达;7-散热器;8-水箱;9-油泵;10-漏斗;11-卸料槽;12-支架;13-托滚;14-滑槽

3）混凝土输送泵

混凝土泵是输送混凝土的专用机械，用于垂直与水平方向混凝土的输送工作，具有效率高、质量好、机械化程度高和作业时不受现场条件限制并可减少环境污染等特点。

混凝土输送泵配有特殊的管道，可以将混凝土沿管道连续输送到浇筑现场。采用混凝土泵可将混凝土的水平输送和垂直输送结合起来，并能保证混凝土的均匀性和密实性。若输送距离很长，可串联两个或多个混凝土泵装置。混凝土输送泵适用于大型工程，特别对施工现场场地狭窄、浇筑工作面小或配筋稠密的情况。

(1) 混凝土泵的分类。

混凝土泵按其工作原理可分为挤压式和液压活塞式。

挤压式混凝土泵主要由料斗、鼓形泵、驱动装置、真空系统和输送管等组成。其主要特点是：结构简单、造价低，维修容易且工作平稳。该类型由于输送量及泵送混凝土压力小，输送距离短，目前已很少采用。

液压活塞式混凝土泵主要由料斗、混凝土缸、分配阀、液压控制系统和输送管等组成，通过液压控制系统使分配阀交替启闭。液压缸与混凝土缸连接，通过液压缸活塞杆的往复运动以及分配阀的协同动作，使两个混凝土缸轮流交替完成吸入与排出混凝土的工作过程。目前国内外均普遍采用液压活塞式混凝土泵，如图1-2-22所示。

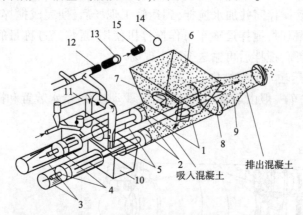

图1-2-22 液压活塞式混凝土泵工作原理图

1-混凝土缸；2-混凝土活塞；3-液压缸；4-液压活塞；5-活塞杆；6-受料斗；7-吸入端水平片阀；8-排出端竖直片阀；9-输送管；10-水箱；11-水洗装置换向阀；12-水洗用高压软管；13-水洗用法兰；14-海绵球；15-清洗活塞

(2) 混凝土泵车。

混凝土泵车也称臂架式混凝土泵车，是将混凝土泵和液压折叠式臂架都安装在汽车或拖挂车底盘上，并沿臂架铺设输送管道，最终通过末端软管输出混凝土的机器。由于臂架具有变幅、折叠和回转功能，泵车可以在臂架所能及的范围内布料。

混凝土泵车可以一次同时完成现场混凝土的输送和布料作业，具有泵送性能好、布料范围大、能自行行走、机动灵活和转移方便等特点。尤其是在桥梁下部工程施工及需频繁转移工地时，使用混凝土泵车更能显示其优越性。泵车特别适用于混凝土浇筑需求量大、超大体积及超厚基础混凝土的一次浇筑和质量要求高的工程，近年来已经成为泵送混凝土施工机械的首选机型，如图1-2-23所示。

4）混凝土振动器

水泥混凝土振捣方式分为人工振捣和机械振捣两种。人工振捣是利用捣锤或插钎等工具的冲击力来使混凝土密实成型,其效率低、效果差;机械振捣是将振动器的振动力传给混凝土,使之发生强迫振动而密实成型,其效率高、质量好。

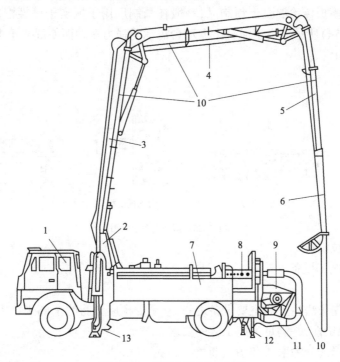

图 1-2-23　混凝土泵车结构示意
1-汽车底盘;2-布料杆回转台;3-第一节布料杆;4-第二节布料杆;5-第三节布料杆;6-伸缩杆;7-混凝土输送泵;8-操纵台;9-受料台;10-输送管;11-Y形管;12-后支腿;13-前支腿

混凝土振动设备按其工作方式分为内部振动器、表面振动器和振动台等。这些振动设备的构造原理,主要是利用偏心轴或偏心块的高速旋转,使振动器因离心力的作用而振动。

(1)内部振动器。

内部振动器又称插入式振动器,其构造如图 1-2-24 所示,适用于振捣各类构件和大体积混凝土。

插入式振动器的振捣方法有两种:一是垂直振捣,即振动棒与混凝土表面垂直;二是斜向振捣,即振动棒与混凝土表面呈 40°~45°。使用振动器时,不允许将其支承在结构钢筋上或碰撞钢筋,不宜紧靠模板振捣。内部振动器如图 1-2-25a)所示。

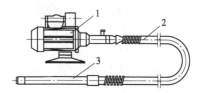

图 1-2-24　插入式振动器
1-电动机;2-软轴;3-振动棒

(2)表面振动器。

表面振动器又称平板振动器,是将电动机轴上装有左右两个偏心块的振动器固定在一块平板上而成,其振动作用可直接传递于混凝土面层上。这种振动器适用于振捣薄壁结构,如图 1-2-25b)所示。

(3)外部振动器。

外部的振动器又称附着式振动器,它是直接安装在模板上进行振捣,利用偏心块旋转时产生的振动力通过模板传给混凝土,达到振实的目的,适用于振捣断面较小或钢筋较密的构件,如图 1-2-25c)所示。

(4)振动台。

振动台是指装在模板内的混凝土预制品放在与振捣器连接的台面上,振捣器产生的振动波通过台面与模板传给混凝土预制品,一般在预制厂用于振实干硬性混凝土和轻集料混凝土,如图 1-2-25d)所示。由于混凝土振动台需承受强力振动而使混凝土振实成型,故应安装在牢固的基础上。

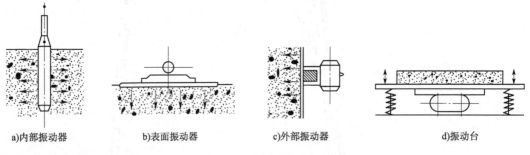

图 1-2-25 振动设备示意图

4. 预应力张拉设备

1)先张法的施工设备

(1)台座。

张拉台座是先张法生产的主要设备之一,它承受预应力筋的全部张拉力,因此须有足够的强度、刚度和稳定性,并满足生产工艺的要求。

台座按构造形式分为墩式和槽式两类。

①墩式台座。

墩式台座适用于地质条件良好、张拉线较长的长线台座,由承力架、台面、横梁和定位钢板等组成。台面是制作构件的底模,要求平整、光滑,一般采用在夯实平整的基土上浇一层 5~8cm 的 C15~C20 素混凝土,并每隔 10~20cm 留伸缩缝,且沿长度方向有 0.3% 的坡度,以利排水。承力架也叫传力墩,它要承受全部的张拉力,须保证变形小、经济、安全和操作方便。横梁是将预应力筋张拉力传给承力架的构件,常用型钢设计制成,应保证其刚度和稳定性,避免受力后产生变形和挠曲。定位钢板用来固定预应力筋的位置,其圆孔位置按梁体预应力筋的设计位置确定,孔径比预应力筋大 2~5cm,以便穿筋。

墩式台座的几种形式如图 1-2-26 所示。

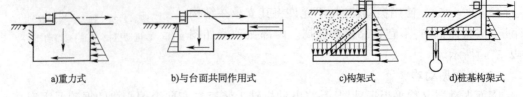

图 1-2-26 墩式台座

②槽式台座。

当现场地质条件较差,台座又不很长时,可采用槽式台座。台座由台面、传力柱、横梁、横系梁、砖墙等组成,传力柱和横系梁一般用钢筋混凝土做成,其他部分与墩式台座的相同。槽式台座与墩式台座不同之处在于预应力筋张拉力由传力柱承受而得到平衡。

(2)夹具。

夹具是先张法构件施工时保持预应力筋拉力,并将其固定在张拉台座(或设备)上的临时性锚固装置。按其工作用途不同分为锚固夹具和张拉夹具。

①钢丝锚固夹具。

常用钢丝锚固夹具有钢质锥形夹具和镦头夹具。

a. 钢质锥形夹具。可分为圆锥齿板式夹具和圆锥槽式夹具,如图 1-2-27 所示。

b. 镦头夹具。如图 1-2-28 所示,采用镦头夹具时,将预应力筋端部热镦或冷镦,通过承力分孔板锚固。

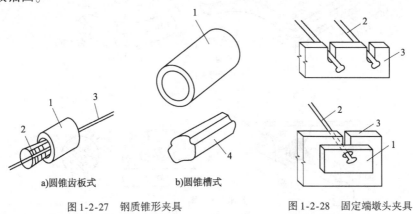

图 1-2-27　钢质锥形夹具
1-套筒;2-齿板;3-钢丝;4-锥塞

图 1-2-28　固定端墩头夹具
1-垫片;2-墩头钢丝;3-承力板

②钢筋锚固夹具。

钢筋锚固常用圆套筒三片式夹具,由套筒和夹片组成,如图 1-2-29 所示。其型号有 YJ12、YJ14,适用于先张法;用 YC-18 型千斤顶张拉时,适用于锚固直径为 12mm、14mm 的单根冷拉 HRB335、HRB400、RRB400 级钢筋。

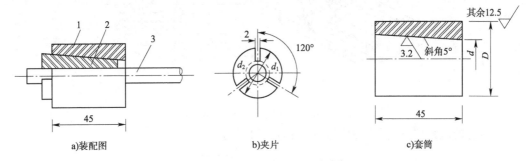

图 1-2-29　圆套筒三片式夹具(尺寸单位:mm)
1-套筒;2-夹片;3-预应力钢筋

③张拉夹具。

张拉夹具是夹持住预应力筋后,与张拉机械连接起来进行预应力筋张拉的机具。常用的张拉夹具有月牙形夹具、偏心式夹具、楔形夹具等,如图 1-2-30 所示,适用于张拉钢丝和直径 16mm 以下的钢筋。

(3)张拉设备。

张拉机具是制作预应力构件的专用设备,它主要由张拉千斤顶、高压油泵和压力表 3 部分组成。张拉机具的张拉力应不小于预应力筋张拉力的 1.5 倍,张拉机具的张拉行程不小于预应力筋伸长值的 1.1~1.3 倍。

①钢丝张拉设备。

钢丝张拉分单根张拉和成组张拉。用钢模以机组流水法或传送带法生产构件时,常采用成组钢丝张拉。在台座上生产构件一般采用单根钢丝张拉,可采用电动卷扬机、电动螺杆张拉机进行张拉。

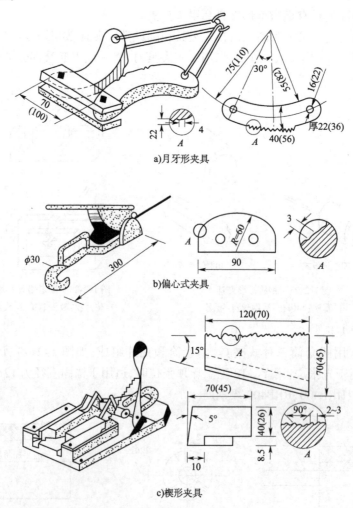

图 1-2-30 张拉夹具(尺寸单位:mm)

电动卷扬机张拉、杠杆测力装置,如图 1-2-31 所示。

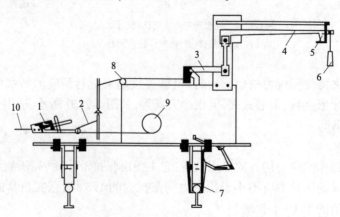

图 1-2-31 卷扬机张拉、杠杆测力装置示意图
1-钳式张拉夹具;2-钢丝绳;3、4-杠杆;5-断电器;6-砝码;7-夹轨器;8-导向轮;9-卷扬机;10-钢丝

电动螺杆张拉机由螺杆、顶杆、张拉夹具、弹簧测力器及电动机组成。电动螺杆张拉机的工作原理图如图 1-2-32 所示。

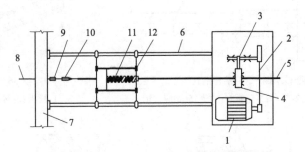

图 1-2-32 电动螺杆张拉机的工作原理图

1-电动机;2-皮带传动;3-齿轮;4-齿轮螺母;5-螺杆;6-顶杆;7-台座横梁;8-钢丝;9-锚固夹具;10-张拉夹具;11-弹簧测力器;12-滑动架

②钢筋张拉设备。

穿心式千斤顶用于直径为 12~20mm 的单根钢筋、钢绞线或钢丝束的张拉。如图 1-2-33 所示,用 YC-20 型穿心式千斤顶张拉时,高压油泵启动,从后油嘴进油,前油嘴回油,被偏心夹具夹紧的钢筋随液压缸的伸出而被拉伸。YC-20 型穿心式千斤顶的最大张拉力为 20kN,最大行程为 200mm。适用于用圆套筒三片式夹具张拉锚固 12~20mm 单根冷拉 HRB335、HRB400 和 RRB400 钢筋。四横梁式钢筋成组张拉装置如 1-2-34 所示。

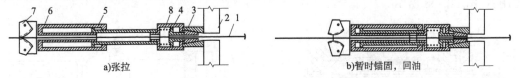

a)张拉   b)暂时锚固,回油

图 1-2-33 YC-20 型穿心式千斤顶张拉过程示意图

1-钢筋;2-台座;3-穿心式夹具;4-弹性钉压;5、6-油嘴;7-偏心式夹具;8-弹簧

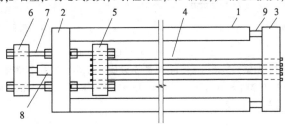

图 1-2-34 四横梁式钢筋成组张拉装置

1-台座;2、3-前后横梁;4-钢筋;5、6-拉力架;7-螺丝杆;8-千斤顶;9-放张装置

2)后张法施工设备

(1)单根粗筋施工设备。

单根粗钢筋是指直径为 18~36mm 的钢筋。

①锚具。

单根粗钢筋的预应力筋,如果采用一端张拉,则在张拉端用螺钉端杆锚具,固定端用帮条锚具或镦头锚具;如果采用两端张拉,则两端均用螺钉端杆锚具。螺丝端杆锚具如图 1-2-35 所示,帮条锚具如图 1-2-36 所示。

②张拉设备。

单根粗钢筋张拉可采用拉杆式千斤顶(YL-60),如图 1-2-37 所示。

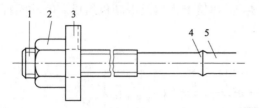
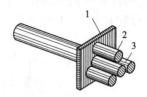

图 1-2-35　螺钉端杆锚具　　　　　　　图 1-2-36　帮条锚具
1-螺钉端杆；2-螺母；3-垫板；4-对焊；5-预应力钢　　1-衬板；2-帮条；3-钢筋

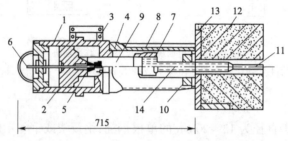

图 1-2-37　YL-60 拉杆式千斤顶（尺寸单位：mm）

1-主缸；2-主缸活塞；3-主缸油嘴；4-副缸；5-副缸活塞；6-副缸油嘴；7-连接器；8-顶杆；9-拉杆；10-螺母；11-预应力筋；12-混凝土构件；13-预埋钢板；14-螺丝端杆

穿心式千斤顶（YC-60、YC-20、YC-18），配置撑脚和拉杆等附件后，可作为拉杆式千斤顶使用，如图 1-2-38 所示。

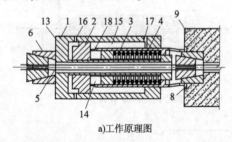

a) 工作原理图　　　　　　　b) 配装撑脚和拉杆后的外貌图

图 1-2-38　YC-60 穿心式千斤顶

1-张拉油缸；2-顶压油缸（即张拉活塞）；3-顶压活塞；4-弹簧；5-预应力筋；6-工具锚；7-螺母；8-锚环；9-构件；10-撑脚；11-张拉杆；12-连接器；13-张拉工作油室；14-顶压工作油室；15-张拉回程油室；16-张拉油嘴；17-顶压缸油嘴；18-油孔

（2）钢筋束、钢绞线施工设备。

①锚具。

钢筋束、钢绞线采用的锚具有 JM 型、KT-Z 型、XM 型、QM 型和镦头锚具等。其中镦头锚具用于非张拉端。

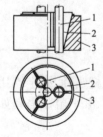

图 1-2-39　JM 型锚具
1-预应力筋；2-夹片；3-锚具

JM 型锚具由锚环与夹片组成（图 1-2-39）。JM 型锚具与 YL60 型千斤顶配套使用，适用于锚固 3~6 根直径为 12mm 的光面或螺纹钢筋束，也可用于锚固 5~6 根直径为 12mm 或 15mm 的钢绞线束。

KT-Z 型锚具由锚环和锚塞组成，如图 1-2-40 所示，分为 A 型和 B 型两种。当预应力筋的最大张拉力超过 450kN 时采用 A 型，不超过 450kN 时，采用 B 型。KT-Z 型锚具适用锚固 3~6 根直径为 12mm 的钢筋束或钢绞线束。

XM 型和 QM 型锚具是一种新型锚具，由锚环和夹片组成（图

1-2-41)。利用楔形夹片,将每根钢绞线独立地锚固在带有锥形的锚环上,形成一个独立的锚固单元。XM 型锚具的夹片为斜开缝。XM 型锚具既可作为工作锚,又可兼作工具锚。

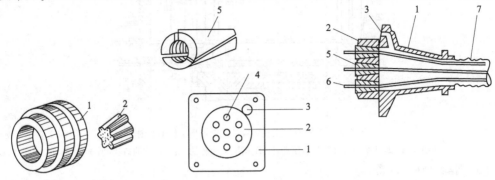

图 1-2-40 KT-Z 型锚具
1-锚环;2-锚塞

图 1-2-41 XM 型锚具图
1-喇叭管;2-锚环;3-灌浆孔;4-圆锥孔;5-夹片;6-钢绞线;7-波纹管

QM 型锚具与 XM 型锚具相似,也是由锚板和夹片组成(图 1-2-42)。但锚孔是直的,锚板顶面是平的,夹片垂直开缝。此外,备有配套喇叭形铸铁垫板与弹簧等。

镦头锚具用于固定端,它由锚固板和带镦头的预应力筋组成,如图 1-2-43 所示。

图 1-2-42 QM 型锚具

图 1-2-43 镦头锚具

1-钢绞线;2-金属螺旋管;3-带预埋管的喇叭管;4-锚板;5-夹片;6-灌浆孔

②张拉设备。

锥锚式千斤顶(YZ60、YZ85)用于 KT-Z 及钢制锥形锚具,如图 1-2-44 所示。

穿心式千斤顶(YC60、YC120)用于 JM-12 型、QM 型、XM 型锚具,如图 1-2-38 所示。

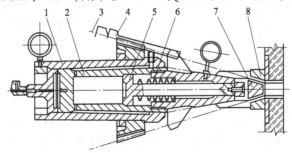

图 1-2-44 锥锚式千斤顶构造简图
1-张拉缸;2-顶压缸;3-钢丝;4-楔块;5-活塞杆;6-弹簧;7-锚塞;8-锚环(圈)

大孔径穿心式千斤顶(YCD 型、YCQ 型、YCW 型)用于大吨位钢绞线束(群锚),如图 1-2-45 所示。

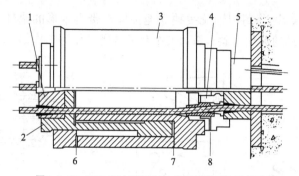

图 1-2-45　YCD 型大孔径穿心式千斤顶工作示意图

1-工具锚；2-活塞；3-缸体；4-顶压器；5-工作锚；6-回程油口；7-张拉油口；8-顶压油口

(3) 钢丝束施工设备。

①锚具。

钢丝束用做预应力筋时，由几根到几十根直径为 3~5mm 的平行碳素钢丝组成。其固定端采用钢丝束镦头锚具，张拉端锚具可采用钢质锥形锚具、锥形螺杆锚具、XM 型锚具及 QM 型锚具。

锥形螺杆锚具(图 1-2-46)用于锚固 14 根、16 根、20 根、24 根或 28 根直径为 5mm 的碳素钢丝。

钢丝束镦头锚具(图 1-2-47)适用于 12~54 根直径为 5mm 的碳素钢丝。常用镦头锚具分为 A 型与 B 型。A 型由锚杯与螺母组成，用于张拉端。B 型为锚板，用于固定端。

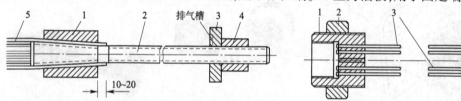

图 1-2-46　锥形螺杆锚具(尺寸单位：mm)　　　　图 1-2-47　镦头锚具

1-套筒；2-锥形螺杆；3-垫板；4-螺母；5-碳素钢丝 φ5mm　　1-A 型锚杯；2-螺母；3-钢丝束；4-B 型锚板

钢质锥形锚具(图 1-2-48)用于锚固以锥锚式双作用千斤顶张拉的钢丝束，适用于锚固 6 根、12 根、18 根或 24 根直径为 5mm 的钢丝束。

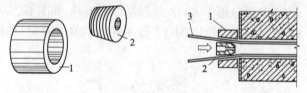

图 1-2-48　钢质锥形锚具

1-锚环；2-锚塞；3-钢丝束

②张拉设备。

锥形螺杆锚具、钢丝束镦头锚具宜采用拉杆式千斤顶(YL60 型)或穿心式千斤顶(YC60 型)张拉锚固。钢质锥形锚具应用锥锚式双作用千斤顶(常用 YZ60 型)张拉锚固。

5. 其他常用机具与设备

1) 桩工机械

(1) 桩工机械的用途和分类。

桩工机械是用于各种桩基础、地基改良加固、地下挡土连续墙施工、地下防渗连续墙施工及其他特殊地基基础等工程施工的机械设备,其作用是将各式桩埋入土中,以提高基础的承载能力。

桥梁工程用的基础桩有两种基本类型:预制桩和灌注桩。前者用各种打桩机将其埋入土中,后者用钻孔机钻出深孔以灌注混凝土。

根据预制桩和灌注桩的施工可把桩工机械分为预制施工机械和灌注桩施工机械两大类。

(2)预制桩施工机械。

预制桩施工机械包括打桩机、振动沉拔桩机和液压静力压桩机3大类。它们也可用于沉井基础施工和管柱基础施工等。

①打桩机。

打桩机由桩锤和桩架组成,靠桩锤冲击桩头,使桩在冲击力的作用下贯入土中,故又称冲击式打桩机,如图1-2-49所示。

②振动沉拔桩机。

振动沉拔桩机由振动桩锤和桩架组成,振动桩锤利用机械振动法使桩沉入或拔出。

振动沉桩机是利用机械振动力使土壤颗粒发生位移,从而减少了土壤与桩表面间的摩擦阻力,使桩在自重作用下下沉。振动沉桩机具有结构简单、辅助设备少、工作效率高、质量轻、体积小、对桩头的作用力均匀而使桩头不易损坏等特点,还可以用来拔桩,因此已得到广泛使用。

桥梁工程中广泛采用振动沉桩法施工,来解决板桩、钢管桩、钢筋混凝土桩和管桩的施工问题。振动沉桩机沉钢桩作业图如图1-2-50所示。

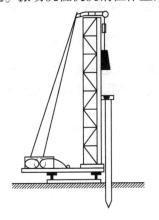
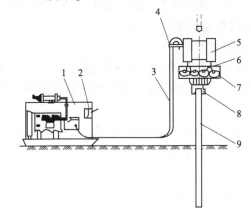

图1-2-49 打入桩施工　　　　　图1-2-50 振动沉桩机作业图

1-动力装置;2-操纵杆;3-电线;4-弹性悬挂装置;5-隔振器;6-电动机;7-不平衡块;8-夹紧装置;9-桩

③静力压桩机。

静力压桩机采用机械或液压方式产生静压力,利用压桩架的自重和配重,通过卷扬机牵引,由钢丝绳、滑轮和压梁,将整个桩机的重力(800~1500kN)反压在桩顶上,以克服桩身下沉时与土的摩擦力,迫使预制桩下沉。静力压桩机适用于不能有噪声和振动影响邻近建筑物的软土地区,桩的断面宜≤40cm×40cm或φ45cm以内的管桩。静力压桩机示意图如图1-2-51所示。

④桩架。

桩架支持桩身和桩锤,是打桩机的配套设备,是在打桩过程中引导桩的方向及维持桩的稳定,并保证桩锤沿着所要求方向冲击的设备。桩架应能承受自重、桩锤重、桩及辅助设备等重力。

桩架用钢材制作,一般由底盘、导向杆、起吊设备、撑杆等组成,按移动方式有轮胎式、履带式、轨道式等。履带式桩架如图 1-2-52 所示。

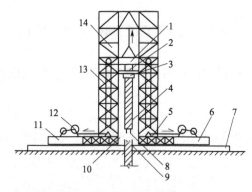

图 1-2-51　静力压桩机示意图
1-活动压梁;2-油压表;3-桩帽;4-上段桩;5-加重物仓;6-底盘;7-轨道;8-上段接桩锚筋;9-下段桩;10-桩架;11-底盘;12-卷扬机;13-加压钢绳滑轮组;14-桩架导向笼

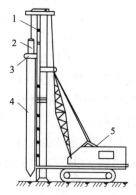

图 1-2-52　履带式桩架
1-导架;2-桩锤;3-桩帽;4-桩;5-吊车

(3)灌注桩施工机械。

灌注桩是直接在桩位上用机械成孔或人工挖孔,在孔内安放钢筋、灌注混凝土而成型的桩。与预制桩相比,灌注桩具有不受地层变化限制,不需要接桩和截桩,节约钢材、振动小、噪声小等特点。灌注桩按成孔方法分为泥浆护壁成孔灌注桩、沉管灌注桩、干作业钻孔灌注桩、人工挖孔灌注桩等。

①钻孔机械的选择。

灌注桩基础施工工艺过程繁多,在整个施工过程中,关键环节是钻孔。因此钻孔机械的选用尤为重要,其他工艺过程的机械随钻孔机械而进行配套。钻孔机械就是灌注桩基础施工的主导机械。

钻孔机的种类有:旋转式钻孔机、冲击式钻孔机、冲抓钻机、套管钻机、潜水钻机等。各种钻机有其各自的工作特点和使用范围。各种钻孔方法适用范围见表 1-2-2。

各种钻孔方法适用范围　　表 1-2-2

各类灌注桩适用范围		使用条件
泥浆护壁成孔灌注桩	冲击成孔	用于各种地质情况
	冲抓成孔	用于一般黏土、砂土、砂砾土
	旋转正、反循环钻成孔	用于一般黏土、砂土、砂砾土等土层,在砂砾或风化岩层中亦可应用机械旋转钻孔。但砾石粒径超过钻杆内径时不宜采用反循环钻孔
	潜水钻成孔	用于黏性土、淤泥、淤泥质土、砂土
干成孔灌注桩	螺旋钻成孔	用于地下水位以上黏性土、砂土及人工填土
	钻孔扩底	用于地下水位以上坚硬塑黏性土、中密以上砂土
	人工成孔	用于地下水位以上黏性土、黄土及人工填土
沉管灌注桩	锤击沉管	用于可塑、软塑、流塑黏性土、黄土、碎石土及风化岩
	振动沉管	
爆扩灌注桩	爆扩	用于地下水位以上黏性土、黄土、碎石土及风化岩

②干作业成孔灌注桩。

干作业成孔灌注桩一般采用螺旋钻机钻孔。螺旋钻头外径分别为400mm、500mm、600mm,钻孔深度相应为12m、10m、8m。该类型灌注桩适用于成孔深度内没有地下水的一般黏土层、砂土及人工填土地基,不适于有地下水的土层和淤泥质土。螺旋钻机钻孔灌注桩施工如图1-2-53所示。

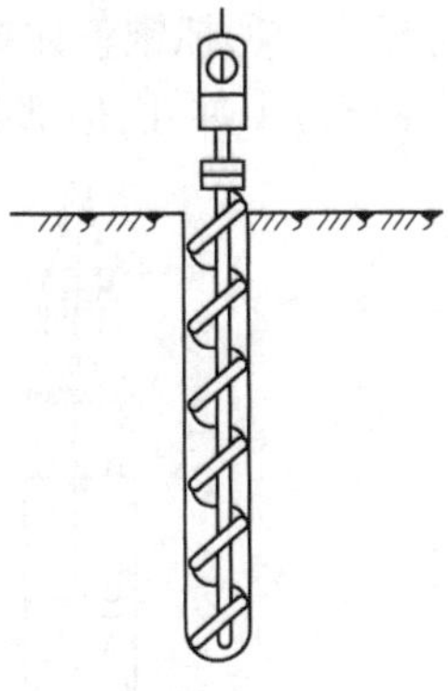

③泥浆护壁成孔灌注桩。

泥浆护壁成孔是利用泥浆保护稳定孔壁的机械钻孔方法。它通过循环泥浆将切削碎的泥石渣屑悬浮后排出孔外,适用于有地下水和无地下水的土层。成孔机械有潜水钻机、冲击钻机、冲抓锥等。

图1-2-53 螺旋钻机钻孔灌注桩施工

a. 潜水钻机。

潜水钻机是一种旋转式钻孔机,其防水电机变速机构和钻头密封在一起,由桩架及钻杆定位后可潜入水、泥浆中钻孔。注入泥浆后通过正循环或反循环排渣法将孔内切削土粒、石渣排至孔外。潜水钻机钻孔示意图如图1-2-54所示。

b. 冲击钻成孔。

冲击钻机通过机架、卷扬机把带刃的重钻头(冲击锤)提高到一定高度,靠自由下落的冲击力切削破碎岩层或冲击土层成孔(图1-2-55)。冲击钻头形式有十字形、工字形、人字形等,一般常用十字形冲击钻头。

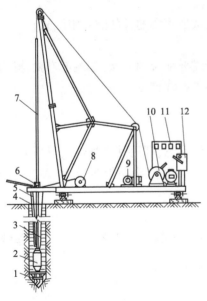

图1-2-54 潜水钻机钻孔示意图
1-钻头;2-潜水钻机;3-电缆;4-护筒;5-水管;6-滚轮(支点);7-钻杆;8-电缆盘;9-5kN卷扬机;10-10kN卷扬机;11-电流电压表;12-启动开关

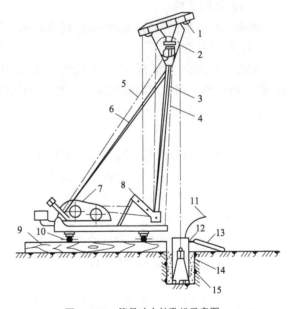

图1-2-55 简易冲击钻孔机示意图
1-副滑轮;2-主滑轮;3-主杆;4-前拉索;5-后拉索;6-斜撑;7-双滚筒卷扬机;8-导向轮;9-垫木;10-钢管;11-供浆管;12-溢流口;13-泥浆渡槽;14-护筒回填土;15-钻头

c. 冲抓锥成孔。

冲抓锥锥头上有一重铁块和活动抓片,通过机架和卷扬机将冲抓锥提升到一定高度,下落时松开卷筒制动,抓片张开,锥头便自由下落冲入土中,然后开动卷扬机提升锥头,这时抓片闭合抓土。冲抓锥整体提升至地面上卸去土渣,依次循环成孔。该方法适用于松软土层(砂土、黏土)中冲孔,但遇到坚硬土层时宜换用冲击钻施工。冲抓锥头如图 1-2-56 所示。

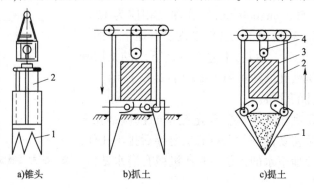

图 1-2-56　冲抓锥头
1-抓片;2-连杆;3-压重;4-滑轮组

2)钢筋加工机械

钢筋机械可在混凝土预制构件生产和混凝土工程施工过程中对所需钢筋进行加工,包括钢筋调直、弯曲成型、切断、绑扎成型、预应力拉伸、钢筋焊接等设备。

(1)钢筋调直切断机。

钢筋调直切断机亦称甩直机械,用于将成盘的细钢筋和经冷拔的低碳钢丝调直。常用的定型调直机有 GT4/8 型和 GT4/14 型及数控钢筋调直机。

(2)钢筋切断机。

钢筋切断机是把钢筋原材料和已矫直的钢筋切断成所需要的长度的专用机械。

(3)钢筋弯曲机。

钢筋经过调直、切断后,需加工成构件或构件中所需要配置的形状,如端部弯钩、梁内弓筋、起弯钢筋等。钢筋弯曲机又称冷弯机,常用型号为 GW40 型。

(4)钢筋焊接机。

①对焊机。

对焊机是将两根钢筋的端部加热到近于熔化的高温状态,利用其高塑性实行顶锻,而达到连接的一种工艺。采用对焊机可提高工效、节约钢材,而且能确保焊接质量,大量利用短料钢筋。

②电弧焊机。

电弧焊机适于各种形状钢材的焊接,是金属焊接中使用较广的工艺。主要设备是弧焊机,它分交流弧焊机和直流弧焊机。

③自动电渣焊机。

电渣压力焊时,主要设备是自动电渣焊机。

3)高压油泵

高压油泵是预应力液压机具的动力源,按驱动方式,分为手动和电动两种。其特点是流量较小,能够连续供油,供油稳定,操作方便。

4)水泵

根据转变能量的方法水泵主要分为叶轮式(旋转式)和活塞(往复)式两大类。叶轮式水泵又分离心式与轴流式两种基本类型。前者是利用叶轮旋转时所产生的离心力吸水和压水,后者是利用叶轮旋转时的轴向推力吸水与压水。

5)空气压缩机

空气压缩机是一种将空气压缩,使其压力增高,从而具有一定能量的动力机械。桥梁工程中,开挖所使用的凿岩机、破碎机、潜孔钻机等都是以压缩空气驱动的,同时可用于混凝土凿毛工作面的吹洗等。此外,金属结构的铆接、喷涂、轮胎充气以及机械操作和制动控制等,需要压缩空气作为动力。

二、施工材料准备

1. 钢筋

1)一般规定

钢筋混凝土中的钢筋和预应力混凝土中非预应力钢筋必须符合《钢筋混凝土用钢 第1部分:热轧光圆钢筋》(GB 1499.1—2008)、《钢筋混凝土用钢 第2部分:热轧带肋钢筋》(GB 1499.2—2007)、《冷轧带肋钢筋》(GB 13788—2008)、《低碳钢热轧圆盘条》(GB/T 701—2008)的规定。环氧树脂涂层钢筋的标准可按照《环氧树脂涂层钢筋》(JG 3042—1997)执行。

钢筋必须按不同钢种、等级、牌号、规格及生产厂家分批验收,分别堆存,不得混杂,且应设立识别标志。钢筋在运输过程中,应避免锈蚀和污染。钢筋宜堆置在仓库(棚)内,露天堆置时,应垫高并加遮盖。

钢筋表面上的油渍、漆污和锤击能剥落的浮皮、铁锈应清除干净。带有颗粒状或老锈的钢筋不得使用。钢筋除锈通常可通过在冷拉或调直过程中除锈,少量的除锈可采用电动除锈机或喷砂,局部除锈可采用人工用钢丝刷或砂轮等方法进行,亦可将钢筋通过砂箱往返搓动除锈。如除锈后钢筋表面有严重的麻坑、斑点,已伤蚀截面时,应降级使用或剔除不用。

钢筋应具有出厂质量证明书和试验报告单。对桥涵所用的钢筋应抽取试样做力学性能试验。

以另一种强度、牌号或直径的钢筋代替设计中所规定的钢筋时,应了解设计意图和代用材料性能,并须符合《公路钢筋混凝土及预应力混凝土桥涵设计规范》(JTG D62—2012)的有关规定。重要结构中的主钢筋在代用时,应由原设计单位做变更设计。

预制构件的吊环,应采用未经冷拉的 R235 热轧钢筋制作。

2)桥涵工程常用钢筋类型

我国的钢筋产品分为热轧钢筋、中高强钢丝和钢绞线以及冷加工钢筋3大系列。

(1)热轧钢筋。

热轧钢筋是由钢厂用普通低碳钢(含碳量不大于0.25%)和普通低合金钢(合金元素不大于5%)制成。R235钢筋为热轧光面钢筋,HRB335和HRB400是热轧变形钢筋,RRB400是余热处理钢筋。在公路桥涵工程中,热轧光面钢筋用R235表示,余热处理钢筋用KL400表示。余热处理钢筋是将屈服强度相当于HRB335的钢筋在轧制后穿水冷却,然后利用芯部的余热对钢筋表面的淬水硬壳回火处理而成的变形钢筋。其性能接近于HRB400级钢筋,但不如HRB400级钢筋稳定,焊接时钢筋回火强度有所降低,因此应用范围受到限制。

为了简化起见,在设计计算书和施工图纸上,各种强度等级的热轧钢筋均以表1-2-3中的符号代表。因此,要记住各个符号代表的钢筋级别,不要将它们混淆。

热轧钢筋等级和直径符号   表1-2-3

强度等级代号	外形	钢种	公称直径（mm）	符号	主 要 用 途	常用材料
HPB235	光圆	低碳钢	8～20	Φ	非预应力	Q235
HRB335	月牙肋	合金钢	6～50	Φ	非预应力、预应力	20MnSi
HRB400			6～50	Φ		25MnSi
RRB400			6～50	Φ^R	预应力	40Si2MnV

  钢筋的直径范围并不表示在此范围内任何直径的钢筋钢厂都生产。钢厂提供的钢筋直径为 6mm、6.5mm、8mm、8.2mm、10mm、12mm、14mm、16mm、18mm、20mm、22mm、25mm、28mm、32mm、36mm、40mm 和 50mm。其中直径为 8.2mm 的钢筋仅适用于有纵肋的热处理钢筋。设计时,应在表 1-2-3 的直径范围和上述提供的直径内选择钢筋。直径大于 40mm 的钢筋主要用于大坝一类大体积混凝土结构中。当采用直径大于 40mm 的钢筋时,应有可靠的工程经验。

  (2)中、高强钢丝和钢绞线。

  中、高强钢丝的直径为 4～10mm,捻制成钢绞线后也不超过 15.2mm。钢丝外形有光面、刻痕、月牙肋及螺旋肋几种,而钢绞线则为绳状,由 2 股、3 股或 7 股钢丝捻制而成,均可盘成卷状。刻痕钢丝、螺旋肋钢丝和绳状钢绞线的形状如图 1-2-57 所示。

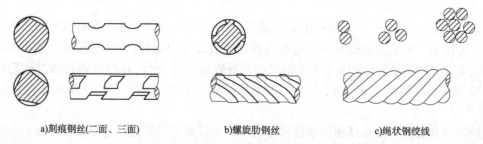

a)刻痕钢丝(二面、三面)   b)螺旋肋钢丝   c)绳状钢绞线

图 1-2-57   刻痕钢丝、螺旋肋钢丝和绳状钢绞线

  (3)冷加工钢筋。

  冷加工钢筋是指在常温下采用某种工艺对热轧钢筋进行加工得到的钢筋。常用的加工工艺有冷拉、冷拔、冷轧和冷轧扭 4 种。其目的都是为了提高钢筋的强度,以节约钢材。但是,经冷加工后的钢筋在强度提高的同时,延伸率显著降低,除冷拉钢筋仍具有明显的屈服点外,其余冷加工钢筋均无明显屈服点和屈服台阶。

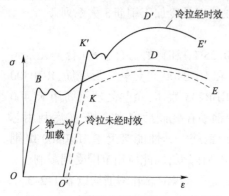

图 1-2-58   钢筋冷拉前后的应力—应变曲线

①冷拉钢筋。

  冷拉是使热轧钢筋的冷拉应力值先超过屈服强度,如图 1-2-58 所示的 K 点,然后卸载。在卸载过程中,$\sigma-\varepsilon$ 曲线沿着直线 KO'($KO'//BO$)回到 O' 点,这时钢筋产生残余变形 OO'。如果立即重新张拉,$\sigma-\varepsilon$ 曲线将沿着 $O'KDE$ 变化,这时拉伸曲线将沿 $O'KDE$。如果停留一段时间后再进行张拉,则 $\sigma-\varepsilon$ 曲线沿着 $O'K'D'E'$ 变化,屈服点从 K 提高到 K' 点。这种现象称为时效硬化。温度对时效硬化影响很大,例如 HPB235 级钢在常温情况下 20d 完成时效硬

化,若温度为100℃时仅需2h完成时效硬化。但如果继续加温可能得到相反的效果。为了使钢筋冷拉时效后,既能显著提高强度,又能使钢材具有一定的塑性,应合理选择张拉控制点K。K点相对应的应力称为冷拉控制应力,K点相对应的应变OO'称为冷拉率。冷拉工艺分为控制应力和控制应变(冷拉率)两种方法。

②冷拔钢筋。

冷拔是将钢筋用强力拔过比其直径小的硬质合金拔丝模(图1-2-59)。这时钢筋受到纵向拉力和横向压力的作用,内部结构发生变化,截面变小而长度增加。经过几次冷拔,钢筋强度比原来有很大提高,但塑性则显著降低,且没有明显有屈服点(图1-2-60)。冷拔可以同时提高钢筋的抗拉强度和抗压强度。

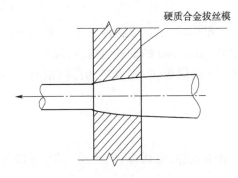

图1-2-59 钢筋冷拔示意

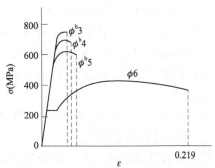

图1-2-60 冷拔对钢筋应力—应变曲线的影响

冷拔低碳钢丝为光圆钢丝,直径为3mm、4mm、5mm,强度为550MPa、650MPa和750MPa三种。其中,550MPa冷拔低碳钢丝用作非预应力钢筋,其余用作预应力钢筋。

③冷轧带肋钢筋。

冷轧带肋钢筋是以低碳筋或低合金钢筋为原材料,在常温下进行轧制而成的表面带有纵肋和月牙纹横肋的钢筋(图1-2-61)。它的极限强度与冷拔低碳钢丝相近,但伸长率比冷拔低碳钢丝有明显提高。用这种钢筋逐步取代普通低碳钢筋和冷拔低碳钢丝,可以改善构件在正常使用阶段的受力性能和节省钢材。冷轧带肋钢筋的直径从4~12mm,按0.5mm变化,抗拉强度分为550MPa、650MPa、800MPa、970MPa和1170MPa几种。其中,550MPa的冷轧带肋钢筋用作非预应力钢筋,其余的用作预应力钢筋。

④冷轧扭钢筋。

冷轧扭钢筋是以热轧光面钢筋HPB235为原材料,按规定的工艺参数,经钢筋冷轧扭机一次加工轧扁扭曲呈连续螺旋状的冷强化钢筋(图1-2-62)。其规格按原材料$\phi6.5$、$\phi8$、$\phi10$和$\phi12$分别有$\phi R6.5$、$\phi R8$、$\phi R10$、$\phi R12$,抗拉强度标准值为600MPa。

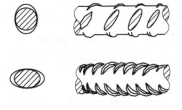

月牙肋(两面、三面)

图1-2-61 冷轧带肋钢筋外形

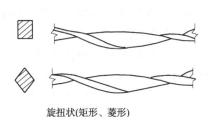

旋扭状(矩形、菱形)

图1-2-62 冷轧扭钢筋外形

冷拔低碳钢丝、冷轧带肋钢筋和冷轧扭钢筋都有专门的设计与施工规程,供设计与施工时查用。

3)钢筋的检测

(1)钢筋进场时的验收。

钢筋进场时,应按照国家标准《钢筋混凝土用钢 第2部分:热轧带肋钢筋》(GB 1499.2—2007)等的规定抽取试件作力学性能检验,其质量必须符合有关标准规定。

验收方法:检查产品合格证、出厂检验报告和进场复验报告。

取样方法:按照同一批量、同一规格、同一炉号、同一出厂日期、同一交货状态的钢筋,每批质量不大于60t为一检验批,进行现场见证取样;当不足60t时也为一个检验批,进行现场见证取样。试样分为抗拉试件两根,冷弯试件两根。试验室进行检验时,每一检验批至少应检验一个拉伸试件,一个弯曲试件。

试件长度:冷拉试件长度一般≥500mm(500~650mm),冷弯试件长度一般≥250mm(250~350mm)。取样时,从任一钢筋端头,截取500~1000mm的钢筋,再进行取样。

冷拉钢筋:应进行分批验收,每批质量不大于20t的同等级、同直径的冷拉钢筋为一个检验批次。

取样数量:两个拉伸试件、两个弯曲试件。

(2)钢筋焊接质量检测。

钢筋焊接在桥涵施工中一般分为:闪光对焊、电阻点焊、电弧焊、电渣压力焊、预埋件T形接头埋弧压力焊、钢筋气压焊。

取样方法有闪光对焊、电阻点焊、电弧焊和电渣压力焊。

①闪光对焊。在同一工作班内,由同一焊工完成的300个同级别、同直径钢筋焊接接头应作为一检验批。当同一台班内不足300个接头时也作为一个检验批。

其机械性能试验包括拉伸试验和弯曲试验,应从每批成品中切取6个试件,3个做拉伸试验,3个做弯曲试验。拉伸试件长度一般≥500mm(500~650mm),冷弯试件长度一般≥250mm(250~350mm)。

验收方法如下:

a.接头处不得有横向裂纹。

b.与电极接触处的钢筋表面,Ⅰ~Ⅲ级钢筋焊接时不得有明显烧伤;Ⅳ级钢筋焊接时不得有烧伤;负温闪光对焊时,对于Ⅱ~Ⅳ级钢筋,均不得有烧伤。

c.接头处的弯折角不得大于4°。

d.接头处的钢筋轴线偏移,不得大于钢筋直径的1/10,同时不得大于2mm。

②电阻点焊。凡钢筋级别、直径及尺寸均相同的焊接制品,即为同一类型制品,每200件为一批。

热轧钢筋点焊做抗剪试验,试件为3件,长度一般≥600mm;拔低碳钢丝焊点,除做抗剪试验外,还应对较小钢丝做拉伸试验,试件为3件,试件长度一般≥500mm(500~650mm)。

③电弧焊。在现场安装条件下,每一楼层中以300个同类型接头(同钢筋级别、同接头类型、同焊接位置)作为一批,不足300个时,仍作为一批。

从每批成品中切取3个接头做拉伸试验,试件长度一般≥500mm(500~650mm)。

④电渣压力焊。在一般构筑物中,每300个同类型接头(同钢筋级别、同焊接位置)作为一批;在现浇混凝土框架结构中,每一楼层中以300个同类型接头作为一批。

从每批成品中切取3个接头做拉伸试验,试件长度一般≥500mm(500~600mm)。

验收方法如下：
a. 接头焊包均匀，不得有流疱、裂纹，焊包自钢筋表面至其外边缘宽度≥2mm，厚度≥4mm。
b. 焊接时钢筋表面不得有明显烧伤，其零线不得接在构件主筋上。
c. 接头处的钢筋轴线偏移不得大于钢筋直径的1/10，同时不得大于2mm。
d. 接头处的弯折角不得大于4°。
(3) 钢筋力学性能检测。
普通钢筋力学性能试验包括钢筋拉伸试验和冷弯试验。

拉伸试验：测定钢筋屈服强度、抗拉强度和伸长率，这三个指标均符合相应标准中的规定时，该批钢筋方为合格。在第一次试验中，若一根试件的屈服强度、抗拉强度和伸长率三个指标中有一个指标不符合标准时，既为不合格，应取双倍数量试件重新测定；在第二次试验中，如果仍有一个指标不符合规定，不论这个指标在第一次试验中是否合格，判定拉伸试验项目仍为不合格，表示该批钢筋为不合格样品。

冷弯试验：用以检验钢筋在常温下承受规定弯曲程度的弯曲变形的能力。冷弯是评定钢材塑性和工艺性能的重要依据，通过冷弯试验，不仅能检验钢筋适应冷加工能力和显示钢筋内部缺陷状况，而且也可考察钢筋在复杂应力状态下发展塑性变形能力的情况。冷弯试验后，弯曲外侧表面无裂纹、断层或起层，判定为合格。在第一次试验中，若一根试件不合格，应取双倍数量试件重新测定；在第二次试验中，如果仍有一根不合格，即判定该批钢筋为不合格品。

(4) 钢筋机械连接接头检测。
钢筋机械连接接头检测项目是根据钢筋机械连接接头的性能等级和应用场来确定的。其项目有静力单向拉伸、高应力反复拉压、大变形反复拉压、抗疲劳、耐低温等各项性能。

基本要求是：接头抗拉强度达到或者超过母材抗拉强度的标准值，并具有高延性及反复拉压性能。

2. 混凝土原材料

1) 水泥

(1) 应选用品质稳定的硅酸盐水泥或普通硅酸盐水泥；对于环境作用严重条件下的混凝土，宜采用硅酸盐水泥或低热水泥；在有充分证明条件时也可选用其他水泥。

(2) 不同强度等级、品种的水泥不宜混合存放、使用。当对水泥质量有怀疑（如受潮等）或存放时间超过3个月，应重新取样检验，并按其复验结果使用。

(3) 水泥的含碱量应符合下列要求：
① 当集料具有碱—硅酸反应活性时不应超过0.6%。
② C40及以上混凝土，不宜超过0.6%。

2) 细集料

(1) 细集料应采用级配良好、质地坚硬、吸水率小、颗粒洁净的河砂；河砂不易得到时，也可用硬质岩石加工的符合国家标准的人工砂。

细集料不宜采用海砂，不得不采用海砂时，应具备可靠的冲洗条件。冲洗后的细集料，其氯离子含量等技术指标必须符合表1-2-4的规定。

氯盐锈蚀环境严重作用下的混凝土，不宜采用抗渗性较差的岩质（如花岗岩、砂岩等）作细集料。

砂(细集料)技术指标　　　　　　　　　　　　表1-2-4

项　目		技术要求		
		Ⅰ类	Ⅱ类	Ⅲ类
有害物质含限值	天然砂含泥量(按质量计,%)	<1.0	<3.0	<5.0
	云母(按质量计,%)	<1.0	<2.0	<2.0
	轻物质(按质量计,%)	<1.0	<1.0	<1.0
	有机物(比色法)	合格	合格	合格
	硫化物及硫酸盐(按SO_3质量计,%)	<0.5	<0.5	<0.5
	氯化物(以CL^-质量计,%)	<0.01	<0.02	<0.06
亚甲蓝试验	人工砂(MB值<1.4或合格)石粉含量(按质量计,%)	<3.0	<5.0	<7.0①
	人工砂(MB值>1.4或不合格)石粉含量(按质量计,%)	<1.0	<3.0	<5.0
	天然砂、人工砂泥块含量(按质量计,%)	<0	<1.0	<2.0
坚固性(硫酸钠溶液法经5次循环后)质量损失小于值(%)		<8	<8	<10
人工砂粒单级最大压碎值(%)		<20	<25	<30
表观密度(kg/m³)		>2500		
松散堆积密度(kg/m³)		>1350		
空隙率(%)		<47		
碱集料反应		经碱集料反应试验后由砂制备的试件无裂封、酥裂、胶体外溢等现象,在规定的试验龄期膨胀率小于0.10%		

注:1. 当碱集料反应不符合表中要求时,应按有关采取抑制碱集料反应的技术措施。
　　2. 根据《公路工程混凝土结构防腐蚀技术规范》(JTG/T B07-01—2006),宜对重要结构建议提高要求:
　　a. 处在冻融循环下的重要工程混凝土应进行坚固性和抗冻融试验。坚固性试验结果失重率应小于5%。
　　b. 对于可能处于干湿循环、冻融循环下的混凝土含泥量应低于1%。
　　c. 硫化物及硫酸盐折合SO_3含量均不宜超过胶凝材料质量的0.5%。
　①为该含量可根据使用地区和用途,在试验验证的基础上,由供需双方协商确定。

细集料的试验可按《公路工程集料试验规程》(JTG E42—2005)执行。

(2)砂按规格分可分为粗、中、细三种细度模数,见表1-2-5。

砂的分类　　　　　　　　　　　　表1-2-5

砂组	粗砂	中砂	细砂
细度模数	3.7~3.1	3.0~2.3	2.2~1.6

(3)砂按用途分为Ⅰ类、Ⅱ类、Ⅲ类。Ⅰ类宜用于强度等级大于C60的混凝土;Ⅱ类宜用于强度等级大于C30~C60及有抗冻、抗渗或其他要求的混凝土;Ⅲ类宜用于强度等级小于C30的混凝土和建筑砂浆。

(4)砂的技术要求。

①砂的级配应符合表1-2-6中所规定的级配范围。

②砂的其他技术指标要求详见《公路桥涵施工技术规范》(JTG/T F50—2011)。

3)粗集料

(1)桥涵混凝土的粗集料,应采用质地坚实、均匀洁净、级配合理、粒形良好、吸水率小的碎石,也可采用碎卵石、低强度等级混凝土,还可采用卵石。

砂的分区及级配范围　　　　　表1-2-6

标准筛筛孔尺寸(mm)	级配区 1	级配区 2	级配区 3	标准筛筛孔尺寸(mm)	级配区 1	级配区 2	级配区 3
	累计筛余(%)				累计筛余(%)		
9.5	0	0	0	0.60	85~71	70~41	40~16
4.75	10~0	10~0	10~0	0.30	95~80	92~70	85~55
2.36	35~5	25~0	15~0	0.15	100~90	100~90	100~90
1.18	65~35	50~10	25~0	—			

注：1. 表中除4.75mm、0.6mm筛孔外，其余各筛孔累计筛余允许超出分界线，但其总量应小于5%。
   2. 人工砂中0.15mm筛孔的累计筛余：1区可以放宽到85~100，2区可以放宽到80~100，3区可以放宽到75~100。
   3. 配不同等级的混凝土宜优先选2区砂；1区砂宜提高砂率以配低流动性混凝土；3区砂宜适当降低砂率以保证混凝土的强度。
   4. 对于高强泵送混凝土用砂宜选用中砂，细度模数宜为2.6~2.9。

氯盐锈蚀环境严重作用下的混凝土，不宜采用抗渗性较差的岩质（如花岗岩、砂岩等）作粗集料。粗集料的技术指标应符合表1-2-7的要求。

粗集料的技术指标　　　　　表1-2-7

项目		技术要求		
		R235	Ⅱ级	Ⅲ级
碎石压碎指标（%）		<10	<20	<30
卵石压碎指标（%）		<12	<16	<16
坚固性（按质量损失计,%）		<5	<8	<12
针片状颗粒含量（按质量计,%）		<5	<15	<25
有害物质	含泥量（按质量计,%）	<0.5	<1.0	<1.5
	泥块含量（按质量计,%）	<0	<0.5	<0.7
	有机物含量（按质量计,%）	合格	合格	合格
	硫化物及硫酸盐（按SO_3质量计,%）	<0.5	<1.0	<1.0
岩石抗压强度（MPa）		火成岩>80；变质岩>60；水成岩>30		
表观密度（kg/m³）		>2500		
松散堆积密度（kg/m³）		>1350		
空隙率（%）		<47		
碱集料反应		经碱集料反应试验后，试件无裂纹、酥裂、胶体外溢等现象，在规定试验龄期的膨胀率应小于0.10%		

注：1. R235宜用于强度等级大于C60的混凝土；Ⅱ级宜用于强度等级大于C30~C60及有抗冻、抗渗或其他要求的混凝土；Ⅲ级宜用于强度等级小于C30的混凝土。
   2. 岩石的抗压强度与混凝土强度等级之比不应小于1.5倍，或制成的混凝土其性能（如弹模、抗渗等）应高于设计、规范要求。
   3. 参照《公路工程混凝土结构防腐蚀技术规范》(JTG/T B07-01—2006)的要求，建议对于重要结构提高要求：
     ①为配制耐久性混凝土的指标，碎石、卵石压碎指标应小于10%；吸水率应小于2%；针片状颗粒含量（按质量计）应小于7%。
     ②对于可能处于干湿循环、冻融循环下的混凝土含泥量应低于0.7%。
     ③硫化物及硫酸盐折合SO_3含量均不宜超过胶凝材料质量的0.5%。
   4. 材料的坚固性还应满足《公路桥涵施工技术规范》(JTG/T F50—2011)碎石或卵石的坚固性试验的要求。

(2)粗集料应采用二级或多级配。粗集料的颗粒级配,宜采用连续级配或连续级配与单粒级配合使用。在特殊情况下,通过试验证明混凝土无离析现象时,也可采用单粒级。粗集料的级配范围应符合表1-2-8的要求。

碎石或卵石的颗粒级配规格　　　　　　　　　　　　　　　表1-2-8

级配情况	公称粒级(mm)	累计筛余(按质量百分率计,%)										
		方孔筛筛孔尺寸(mm)										
		2.36	4.75	9.50	16.0	19.0	26.5	31.5	37.5	53	63.0	75.0	90
连续级配	5~10	95~100	80~100	0~15	0	—	—	—	—	—	—	—	—
	5~16	95~100	85~100	30~60	0~10	0	—	—	—	—	—	—	—
	5~20	95~100	90~100	40~80	—	0~10	0	—	—	—	—	—	—
	5~25	95~100	90~100	—	30~70	—	0~5	0	—	—	—	—	—
	5~31.5	95~100	90~100	70~90	—	15~45	—	0~5	0	—	—	—	—
	5~40	—	95~100	70~90	—	30~65	—	—	0~5	0	—	—	—
单粒级	10~20	—	95~100	85~100	—	0~15	0	—	—	—	—	—	—
	16~31.5	—	95~100	—	85~100	—	—	0~10	0	—	—	—	—
	20~40	—	—	95~100	—	80~100	—	—	0~10	0	—	—	—
	31.5~63	—	—	—	95~100	—	—	75~100	45~75	—	0~10	0	—
	40~80	—	—	—	—	95~100	—	—	70~100	—	30~60	0~10	0

(3)粗集料最大粒径应按混凝土结构情况及施工方法选取,但最大粒径不得超过结构最小边尺寸的1/4和钢筋最小净距的3/4;在两层或多层密布钢筋结构中,不得超过钢筋最小净距的1/2,同时最大粒径不得超过100mm;混凝土实心板的集料最大粒径不宜超过板厚的1/3且不得超过40mm。

氯盐锈蚀环境严重作用下的混凝土,粗集料粒径不宜超过2.5mm(大体积混凝土除外),且不得超过保护层厚度的2/3。

(4)混凝土结构物处于表1-2-9所列条件下时,应对碎石或卵石进行坚固性试验,试验结果应符合表内的规定。

碎石或卵石的坚固性试验　　　　　　　　　　　　　　　表1-2-9

混凝土所处环境条件	在溶液中循环次数	试验后质量损失不宜大于(%)
寒冷地区,经常处于干湿交替状态	5	5
严寒地区,经常处于干湿交替状态	5	3
混凝土处于干燥条件,但粗集料风化或软弱颗粒过多时	5	12
混凝土处于干燥条件,但抗疲劳、耐磨、抗冲击要求高或强度大于C40	5	5

注:1.有抗冻、抗渗要求的混凝土用硫酸钠法进行坚固性试验不合格时,可再进行直接冻融试验。
　　2.处在冻融循环下的重要工程混凝土应进行坚固性和抗冻融试验。坚固性试验结果失重率应小于10%。

(5)施工前宜对所用的碎石或卵石进行碱活性检验,在条件许可时尽量避免采用有碱活性反应的骨料,或采取必要的措施。具体试验方法可参照《公路工程集料试验规程》(JTG E42—2005)进行。

4）水

（1）拌制混凝土宜采用饮用水，一般能满足要求，使用时可不经试验。

（2）当采用其他水源时水质应符合表1-2-10的规定

拌和用水的品质指标 表1-2-10

项 目	预应力混凝土	钢筋混凝土	素混凝土
PH 值	≥5.0	≥4.5	≥4.5
不溶物（mg/L）	≤2000	≤2000	≤5000
可溶物（mg/L）	≤2000	≤5000	≤10000
氯化物（以 Cl^- 计，mg/L）	≤500	≤1000	≤3500
硫酸盐（以 SO_4^{2-} 计，mg/L）	≤600	≤2000	≤2700
碱含量（rag/L）	≤1500	≤1500	≤1500

注：1. 对于设计使用年限为100年的结构混凝土，氯离子含量不得超过500 mg/L；对使用钢丝或经热处理钢筋的预应力混凝土，氯离子含量不得超过350 mg/L。

2. 碱含量按 $Na_2O+0.658K_2O$ 计算值来表示。采用非碱活性集料时，可不检验碱含量。

（3）被检验水样应与饮用水样进行水泥凝结时间对比试验。对比试验的水泥初凝时间差及终凝时间差均不应大于30min，同时，初凝和终凝时间应符合国家标准《通用硅酸盐水泥》（GB 175—2007）的规定。

（4）被检验水样应与饮用水样进行水泥胶砂强度对比试验，被检验水样配制的水泥胶砂3d和28d强度不应低于饮用水配制的水泥胶砂3d和28d强度的90%。

（5）混凝土拌和用水不应有漂浮明显的油脂和泡沫，不应有明显的颜色和异味。

（6）经处理的海水严禁用于钢筋混凝土和预应力混凝土的拌制、养护。

3. 掺和料

掺和料主要为粉煤灰、磨细矿渣、硅灰等。使用时应保证其产品品质稳定，来料均匀。

（1）掺和料在运输与存储中，应有明显标志，严禁与水泥等其他材料混淆。

（2）施工需要掺用掺和料（粉煤灰、磨细矿渣、硅灰等），使用前应通过试配检验，确定其掺量。掺用掺和料的混凝土应符合设计、有关的施工要求，并符合国家现行有关标准的规定。

（3）严禁使用已结硬、结团的或失效的掺和料用于混凝土工程中。

（4）应采取有效措施防止由于在混凝土中掺入掺和料而产生的不利影响（如：掺入硅粉后应加强降温和保湿养生，避免混凝土的温缩、干缩和自缩裂缝产生）。

4. 外加剂

（1）外加剂的品种应根据设计和施工要求选择，应采用减水率高、坍落度损失小、能明显改善混凝土性能的质量稳定产品。工程使用的外加剂与水泥、矿物掺和料之间应有良好的相容性。

（2）试配掺外加剂的混凝土时，应采用工程使用的原材料，按设计与施工要求进行检测，检测条件应与施工条件相同，当材料或混凝土性能变化时应重新进行试配。

（3）所采用的外加剂，应对人员、环境无毒作用，其质量应符合《混凝土外加剂》（GB 8076—2008）的规定，其中主要外加剂的性能应符合表1-2-11的要求。

（4）每批外加剂使用前应复验，其效果应与试配时一致，否则应立即停止使用。有关混凝土外加剂现场复试检测项目及标准见《混凝土外加剂》（GB 8076—2008）附录F-2。

外加剂的性能指标 表1-2-11

性能要求		高效减水剂	早强减水剂	引气减水剂	缓凝高效减水剂	早强剂	泵送剂
减水率(%)≥		15	8	12	15	—	坍落度增加值≥100mm
泌水率(%)≤		90	95	70	100	100	90
含气量(%)		≤4.0	≤3.0	>3.0	<4.5	—	≤4.5
凝结时间(min)	初凝	−90~+120	−90~+90	−90~+120	>+90	−90~+90	坍落保留值 30min,≥150mm
	终凝				—		60min,≥120mm
抗压强度比(%)≥	1d	140	140	—	—	135	—
	3d	130	130	115	125	130	90
	7d	125	115	110	125	110	90
	28d	120	105	100	120	100	90
28d 收缩率比(%)≤		120	120	120	120	120	125
抗冻标号		50	50	200	50	50	50
对钢筋锈蚀作用		对钢筋无锈蚀作用					

注:1.表中的减水率、泌水率、凝结时间、抗压强度比、收缩率比等数据为掺外加减混凝土与基准混凝土差值或比值。
2.凝结时间"−"表示提前,"+"表示延缓。
3.泵送剂基准混凝土坍落度为(80±10)mm。泵送剂性能指标值仅为参考值。
4.参考《公路工程混凝土结构防腐蚀技术规范》(JTG/T B07-01—2006)的要求:高效减水剂硫酸钠含量应≤15%,建议在重要结构施工中采用。

(5)钢筋混凝土结构的混凝土中掺入外加剂还应满足:
①不得掺用含氯盐外加剂。
②掺引气剂或引气减水剂混凝土的含气量宜为3.5%~5.5%。
③宜用卧式、行星式或逆流式搅拌机搅拌,搅拌时间宜控制在3~5min。
④凝结时间应适应混凝土的运输和浇筑需要。
⑤外加剂应存放在专用仓库或固定的场所妥善保管,不同品种外加剂应有标记,分别储存。粉状外加剂在运输和储存过程中应注意防水防潮。严禁使用已结硬、结团的外加剂用于混凝土工程中。
(6)膨胀剂。
①公路工程宜用硫铝酸钙类膨胀剂,但此类膨胀剂不得掺于硫铝酸盐水泥、铁铝酸盐水泥和高铝水泥中。
②膨胀剂性能应符合《混凝土外加剂应用技术规范》(GB 50111—2013)的规定。
③膨胀剂适用于有边界、有约束条件下的混凝土结构和填充性混凝土结构。

5.混凝土的配合比

(1)混凝土的配合比,应以质量比表示,应按照《普通混凝土配合比设计规程》(JGJ 55—2011)进行计算并通过试配确定。混凝土的试配强度,应根据设计强度等级、环境作用、耐久性、工程要求,工作性等要求,并参照《公路桥涵施工技术规范》(JTG/T F50—2011)附录F-4计算确定。对于有特殊要求的混凝土的配合比设计(包括抗渗混凝土、抗冻混凝土、高强混凝土、高性能混凝土、泵送混凝土、大体积混凝土),在符合国家现行有关标准的专门规定条件下,亦可参照上述规程,经过试配确定。在施工过程中,应及时积累资料,为合理调整混凝土配合比提供依据。

(2)混凝土进行试配时应采用与工程中相同原材料,配制的混凝土拌和物性能应满足施工工艺要求(和易性好、凝结速度符合施工需要、不泌水、不离析、坍落度损失小等);制成的混凝土应符合强度、耐久性(抗冻、抗渗、抗侵蚀)等质量要求,还应满足经济合理。当设计有要求或构件有变形控制要求时,配制的混凝土还应满足弹性模量值的要求。

(3)混凝土的坍落度宜根据施工工艺要求确定,尽量选用低坍落度的混凝土施工。坍落度可参照表1-2-12选用。

混凝土浇筑入模时的坍落度 表1-2-12

结 构 类 别	坍落度(mm)(振动器振动)
小型预制块及便于浇筑振动的结构	0~20
桥涵基础、墩台等无筋或少筋的结构	10~30
普通配筋率的钢筋混凝土结构	30~50
配筋较密、断面较小的钢筋混凝土结构	50~70
配筋极密、断面高而窄的钢筋混凝土结构	70~90

注:1. 本表建议的坍落度是未考虑掺用外加剂而产生的作用。
2. 水下混凝土、泵送混凝土的坍落度,另见《公路桥涵施工技术规范》(JTG/T F50—2011)有关章节的规定。
3. 用人工捣实时,坍落度宜增加20~30mm。
4. 浇筑较高结构物混凝土时,坍落度宜随混凝土浇筑高度上升而分段变动。

(4)工程施工应进行耐久性设计,结构混凝土的基本要求应符合表1-2-13的规定。

结构混凝土耐久性的基本要求 表1-2-13

环境类别	环 境 条 件	最大水灰比	最小水泥用量 (kg/m³)	最低混凝土强度等级	最大氯离子含量 (%)	最大碱含量 (kg/m³)
Ⅰ	温暖或寒冷地区的大气环境、与无侵蚀的水或土接触的环境	0.55	275	C25	0.30	3.0
Ⅱ	严寒地区的大气环境、使用除冰盐环境、滨海环境	0.50	300	C30	0.15	3.0
Ⅲ	海水环境	0.45	300	C35	0.10	3.0
Ⅳ	受侵蚀性物质影响的环境	0.40	325	C35	0.10	3.0

注:1. 有关现行规范对海水环境中结构混凝土的最大水灰比和最小水泥用量有更详细规定时,可参照执行。
2. 本表中的氯离子含量系指其与水泥用量的百分比。
3. 预应力混凝土构件中的最大氯离子含量为0.06%,最小水泥用量为350kg/m³。

(5)不同强度等级的混凝土的最大胶凝材料总量(水泥和掺合料)要求如下:大体积混凝土不宜超过350kg/m³;C40以下不宜大于400kg/m³;C40~C50不宜大于450kg/m³;C60不宜大于500kg/m³(非泵送混凝土)和530kg/m³(泵送混凝土)。对于暴露于空气中的一般混凝土,粉煤灰掺量不宜大于20%,且每方混凝土的硅酸盐水泥用量不宜小于240kg/m³。

(6)混凝土的碱含量除应符合《公路桥涵施工技术规范》(JTG/T F50—2011)的规定外,还应按下述要求控制:

①对特殊大桥、大桥和重要桥梁不宜大于1.8 kg/m³。

②由外加剂、掺和料带入而增加的碱含量也应计入上述数量内。

③当混凝土处于与水接触或潮湿环境时由外加剂带入的碱含量(以当量氧化钠计)不宜超过 1.0 kg/m³。

处在潮湿环境中的混凝土,因条件限制不得不使用有潜在碱活性集料时,水泥中的碱含量应予以限制,并宜掺用大掺量的矿物掺和料。

④当处于受严重侵蚀的环境(海水环境、受侵蚀性物质影响的环境或使用除冰盐和滨海环境),宜使用非碱活性集料,且不宜单独采用硅酸盐水泥或普通硅酸盐水泥作为胶凝材料,应掺用大掺量或较大掺量的掺和料,并加入少量的硅粉。

(7)混凝土施工配合比及施工配料量。

经过监理工程师和有关方面批准后使用的实验室配合比,是以砂、石等材料处于干燥状态下为基准计算的。而在施工现场,砂石材料露天存放,不可避免地含有一定的水,且其含水率随着场地条件和气候而变化。因此,在实际配制混凝土时,就必须考虑砂石的含水率对混凝土的影响,将实验室配合比换算成考虑了砂石含水率的施工配合比,作为混凝土配料的依据。

换算方法是:先测定施工现场砂、石的含水率,并计算出每立方米混凝土中砂、石的含水量,将含水质量分别增加到配合比所确定的砂、石质量中去,拌和水则相应减少,即得到施工现场每立方米混凝土中砂、石、水的实际用量。设实验室配合比为:水泥:砂:石子 = $1:x:y$,水灰比为 $z = w/c$,实测得砂石的含水量分别为 w_x、w_y,则施工配合比为:

$$水:水泥:砂:石子 = (z - xw_x - yw_y):1:x(1 + w_x):y(1 + w_y)$$

按实验室配合比 1m³ 混凝土的水泥用量为 $C(kg)$,计算施工配合比时保持混凝土的水灰比不变,则每 1m³ 混凝土的各种材料的用量如下。

水泥:C

砂:$S = Cx(1 + w_x)$

石子:$G = Cy(1 + w_y)$

水:$W = Cz - Cxw_x - Cyw_y$

施工配合比调整后,还必须根据工地使用搅拌机的出料容量与进料容量算出每一盘(拌)的各种材料下料量。搅拌机装料数量(装入粗骨料、细骨料、水泥等松体积的总数)不应大于搅拌机标定进量容量的 110%,否则就会使材料在搅拌筒内无充分的空间进行掺和,影响混凝土拌和物的均匀性;如装料过少,则不能充分发挥搅拌机的效能。为了便于施工计量,使用袋装水泥时,计算出的每盘水泥用量应取半袋的倍数。

(8)通过设计和试配确定配合比后,应填写试配报告单,提交监理工程师或有关方面批准。混凝土配合比使用过程中,应根据混凝土质量的动态信息,及时进行调整、报批。

任务实施

任务实施主要掌握:桥涵施工常用机械和设备、桥涵施工原材料的准备。

现以某桥梁施工选用常用机械和设备、原材料的准备为例,将任务实施简述如下。

一、任务概况

详见学习情境中工作任务一的任务实施。

二、原材料的准备

1. 当地建筑材料的分布情况

1）钢材

南昌市钢材市场发达、规格齐全，主要来自南钢、萍钢等大型钢厂，主要钢材拟采用公开招标方式采购。

2）水泥

南昌当地水泥供应能力充足，水泥质量稳定，拟采用公开招标方式采购。

3）石料

赣江沿线石料资源较为丰富，主要是石灰岩和花岗岩。由于环保的需要，沿线各市国土局相继关闭了许多小石场，但线路附近仍分布有一些较大的采石场，可在就近石场购买。

4）砂

赣江水系发达，沿线天然河砂资源丰富，产砂点众多，工程用砂可由沿线砂场供应，采用汽车运输至工地。

2. 其他条件

桥位距市区较近，医疗、生活供应机构齐全，生活用品采取从市区购买方式，施工期间拟在项目部设立临时医疗点。

三、常用机械和设备的选择

该桥梁工程施工拟投入的各种机械和设备如表 1-2-14 所示。

某桥梁施工拟投入的机械设备表　　　　表 1-2-14

序号	设备名称	规格型号	数量	用途
1	混凝土搅拌车	9m³	6台	混凝土运输
2	钢筋切断机	gq50	6台	钢筋切断
3	钢筋弯曲机	gw50	4台	钢筋成型
4	插入式振动器	fh2-65	20台	混凝土振捣
5	全站仪	莱卡	2台	测量放线
6	汽车泵	45m	4台	混凝土灌注
7	运输汽车	30t	1台	材料倒运
8	电焊机	ZX5-400	8台	钢筋安装
9	汽车吊机	25t	2台	材料倒运
10	发电机	500kW	1台	备用电源
11	空气压缩机	20m³/min	2台	凿除原有桥梁防撞栏及翼缘
12	混凝土搅拌站	HZS90	2套	混凝土生产
13	装载机	LG850	10台	淤泥清除及换填土
14	氧气、乙炔工具	—	10套	切割钢料
15	导链	5t/2t	若干	模板安装
16	汽车吊机	100t	4台	中小桥梁、人行天桥架设

学习情境一:桥涵施工准备	班级			
工作任务二:桥涵施工设备及施工材料准备	姓名		学号	
	日期		评分	

一、任务内容

了解某桥梁施工组织设计方案中桥涵施工设备选择及施工材料准备方案。

二、基本知识

1. 有哪些原材料?其要求是什么?

2. 机械设备

(1)请将在施工过程中可能用到的施工机具、设备进行归类。

(2)桥梁构件吊装用的钢丝绳,其破断拉力决定于它的容许拉力,钢丝绳的容许拉力在近似计算中,决定于钢丝绳的( )。

  A.直径   B.强度   C.加工质量   D.工作环境

3. 混凝土设备有哪些?

4. 钢筋加工设备有哪些?

5. 起吊设备有哪些?

6. 浅基础施工设备有哪些?

7. 桩基础施工设备有哪些?

— 50 —

8. 水上施工设备有哪些？

9. 预应力张拉锚固设备有哪些？

10. 桥梁安装设备有哪些？

三、任务实施
1. 如何进行桥涵施工常用机械和设备的选择？

2. 如何进行桥涵施工原材料的准备和选择？

3. 如何进行混凝土现场施工配合比的计算？

四、任务小结
通过此工作任务的实施，各小组集中完成下述工作。
你认为本次实训是否达到预期目的？还有什么意见和建议？

工作任务三　桥涵施工放样

 **任务概述**

1. 应知应会

(1) 了解桥涵施工放样的重要性。
(2) 掌握桥涵施工控制测量。
(3) 掌握直线桥涵墩台中心定位方法。
(4) 了解曲线桥梁的墩台定位。
(5) 掌握桥梁高程及细部工程施工放样。
(6) 掌握桥梁工程竣工测量及沉降与位移观测。

2. 学习要求

(1) 研读教材内容。
(2) 结合某桥梁施工方案,学习某一梁桥施工放样实际案例。

 相关知识

一、认知桥涵施工放样

公路桥涵按其多孔跨径总长或单孔跨径可分为特大桥、中桥、小桥、涵洞 5 种形式,如表 1-3-1 所示。桥涵施工测量的方法及精度要求随跨径和河道及桥涵结构的情况而定。

桥梁涵洞按跨径分类　　　　　　　　　　　　　表 1-3-1

桥涵分类	多孔跨径总长 $L(\mathrm{m})$	单孔跨径长 $L(\mathrm{m})$
特大桥	$L > 1000$	$L > 150$
大桥	$100 \leqslant L \leqslant 1000$	$40 \leqslant L \leqslant 150$
中桥	$30 < L < 100$	$20 \leqslant L < 40$
小桥	$8 \leqslant L \leqslant 30$	$5 \leqslant L < 20$
涵洞	$L < 8$	$L < 5$

桥涵工程施工放样的主要任务是根据桥涵的形式、跨径及设计要求的施工精度,确定利用原设计网点加密或重新布设控制网点,补充施工需要的水准点、桥涵轴线、墩台控制桩,将设计图上的工程构造物的平面位置和高程在实地标定出来,作为施工、纠正施工偏差和检查验收的依据。桥涵工程施工放样的依据是桥梁工程施工技术规范、测量规范、工程设计图纸及文件。

测量放样工作应遵循从整体到局部的原则,先进行控制测量,再进行细部定位放样测量。通过控制测量,建立起平面控制点和高程控制点与工程构造物特征点之间的平面位置和高程的几何联系。以平面控制点的坐标和高程控制点的高程为依据,利用传统测量仪器进行距离、高程和角度的测量放样,也可利用现代化的全站仪和 GPS 进行测量放样。

在放样过程中,工程设计图纸是图解控制点和工程构造物特征点之间几何关系的依据;现行的施工技术规范、规程以及测量规范是核查放样结果精度的依据。

1. 桥梁施工测量的主要内容

（1）平面控制测量。包括测设与校核桥位中心线控制桩,测设桥梁墩、台中心位置,以及上部结构的平面形状的测量放样。

（2）高程控制测量。布设施工临时水准点网,进行施工高程测量工作。

（3）施工放样测量。包括基础施工放样、墩台施工细部放样和桥梁上部构造安装放样,同时测量各部位的高程。

（4）竣工测量。工程竣工以后,应对结构物各部位的平面位置、尺寸、高程等,按照设计要求进行测量验收。

2. 桥梁施工测量的基本要求

为满足施工的需要,对放样测量技术人员的基本要求如下：

（1）应熟悉设计图样,理解图样的设计思路,核实图样的有关数据,做好施工测量的数据准备工作。

（2）了解施工工作计划和安排,协调测量和施工进度的关系,落实施工测量方案。

（3）应核查并检测有关的控制点在实地的位置,并与设计资料中的点标记相对照,确认点位的准确可靠。若原控制点点位丢失,应按照原控制等级进行恢复,并满足精度要求。

（4）了解施工现场的地貌形态和地物分布情况,做好控制点的复测工作。

（5）应加强测量标志的管理、保护,注意受损测量标志的恢复。测记标志包括控制点标志和放样点标志。

（6）施工过程中,应测定并经常检查桥涵结构浇砌和安装部分的位置和高程,并做出测量记录和结论,如超过允许偏差时,应分析原因,并予以补救和改正。

（7）为防止差错,施工测量必须由两个人相互检查校对并做出测量和检查核对记录。

二、施工控制测量

桥梁控制测量的目的是为测量桥位地形、施工放样和变形观测提供具有足够精度的控制点。在施工放样前,应对设计单位提供的桥梁工程项目内所有的导线点和水准点进行认真细致的复测,并建立测量控制网。

导线点的复测采用附合导线测量法,即在桥梁工程项目前（后）范围内导线点中选用两点作为测量基准点,在桥梁工程项目后（前）范围内导线点中选取两点作为附合导线点,按照导线测量的要求使用全站仪对桥梁工程项目内导线点进行认真测量,平差后若不能符合规范要求,则报业主调整后重新进行复测,直到满足要求,并报监理工程师认可。

水准点的复测采用附合水准测量法,并按照业主提供的水准点等级进行同级复测。其方法是:在桥梁工程项目后（前）范围内选取1~2个设置牢固的点作基准点（若路线附近有国家级水准点则优先选用）,另在桥梁工程项目前（后）范围内选取一水准点作为附合点,对桥梁工程项目内所有提供的水准点进行往返复测,并认真做好记录,平差后若不符合规范要求,则报请业主调整后进行复测,直到满足要求,并报监理工程师认可。

对复测合格的导线点、水准点应采取必要的加固保护措施,并设立可靠标志以利寻找,在施工期间定期进行复测,以保证控制的精度。

桩位复测无误后,应根据现场情况在通视良好地带设置控制网。为满足桥梁工程施工精度要求,区域内设置三角导线控制网,导线网点同时作为水准网点。

三角网的基线不应少于2条,依据当地条件,可设于河流的一岸或两岸。基线一端应与桥轴线连接,并尽量近于垂直。当桥轴线较长时,应尽可能两岸均设基线,长度一般不小于桥轴线长度的 0.7 倍,困难地段不得小于 0.5 倍。设计单位布设的基线桩精度够用时应予以利用。三角网所有角度宜布设在 30°～120°之间,困难情况下不应小于 25°,如图 1-3-1 所示。

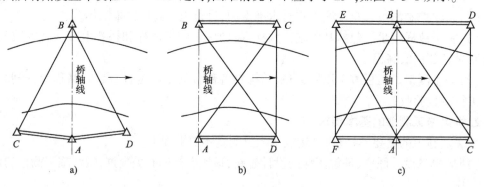

图 1-3-1　三角控制网

导线点应布设在地基稳定不受施工及洪水影响的地方。导线点埋设方法为:在地上挖一直径为 40cm、深 50～100cm 的基坑,埋入带有测钉的预制方柱,回填混凝土并用钢锯条在测钉上画上十字线。导线点埋设好以后,根据已有导线点进行加密测量,平差后即可确定坐标。加密导线点测设及计算资料应及时上报测量监理工程师,复验认可后方可使用。

加密导线点应定期进行联测,如发现导线点变位,应废弃不用,或加固后重新测设确定坐标并报验后再用。

施工期间为确定桥梁结构各控制点的垂直位置,需要在桥址附近设立一系列基本水准点和施工水准点,组成桥梁高程控制网。在桥梁建成投入运营之后,高程控制网还要作为沉降变形观测的依据。

为了获取可靠的高程起算数据,江河两岸的基本水准点应与桥址附近的国家高级水准点进行联测。其次是进行桥位实地水准测量,最后通过过河水准测量,将两岸高程联系起来,以此可检核两岸国家水准点有无变动,并从中选取一稳固可靠、精度较高的国家水准点作为桥梁高程控制网的高程起算点。

过河水准测量在桥梁高程控制测量中极为重要,应采用精密的方法测定。当水准路线通过宽度为各等级水准测量的标准视线长度 2 倍以下的江河、山谷时,可用一般观测方法进行,但在测站上应变换一次仪器高度,观测 2 次,2 次高差之差应符合规定,取平均值作为结果。当高程视线长度超过各等级水准测量标准视线长度的 2 倍以上时,应按表 1-3-2 选择观测方法。

跨河高程测量的观测方法及跨越视线长度　　　表 1-3-2

观测方法	跨越视线长度(m)	观测方法	跨越视线长度(m)
直接读数法	三、四等≤300	倾斜螺旋法	≤1500
	五等≤500	测距三角高程法	≤3500
光学测微法	≤500		

所有水准点,包括基本水准点和施工水准点,都应定期进行测量,检验其稳定性,以保证桥梁墩、台及其他施工高程放样测量的精度。加密水准点应设置在路线附近安全处,并便于观测。加密水准点做好后,应与原有水准点进行联测,以确定加密水准点高程。根据施工进度情况,应适时将水准点引测到承台、墩柱上,以便测量。

任务实施主要掌握：直线桥梁墩台中心定位、曲线桥梁的墩台定位、桥梁高程及细部工程施工放样、桥梁工程竣工测量及沉降与位移观测。

一、直线桥梁墩台中心定位

桥梁墩台的中心定位是根据桥梁设计施工详图上所设计的两桥台及各桥墩中心的里程，以桥梁中心线控制桩、桥梁三角网控制点为基准，按规定精度放样出墩台中心的位置，它是桥梁施工测量中的关键性工作。常用的测设方法有光电测距法（或全站仪）、直接丈量法、方向交会法、极坐标及直角坐标法等。

1. 光电测距法

光电测距仪广泛应用桥梁的墩台中心定位，因其精度高、操作快、计算简便、通视不受地形限制，成为测定桥轴线比较好的一种仪器。

光电测距时应在气象比较稳定，大气透明度好，附近没有光电信号干扰的情况下进行，且应在不同的时间进行往返观测。观测时间的选择，应注意不要使反光镜面正对太阳的方向。

当照准方向时，待显示读数变化稳定后，测 3~4 次，取平均值，此平均值即为斜距。为了得到平距，还应读取垂直角，经倾斜改正后，即为单方向的水平距离观测值（如果用的是电子全站仪，可直接得到平距）。如果往返观测值之差在容许范围之内，则取往返观测值的平均值作为该边的距离观测值。

2. 直接丈量法

位于浅水河道、干河或封冻的深水河道上的大中桥，以及河水虽深但桥台间距在 50m（钢尺长度）以内时，均可采用直接丈量法测定桥轴线长度。图 1-3-2 中，A、B 为桥梁中线的定位桩，精确地测定 AB 长度后，即可分别由 A、B 点标定出桥台和桥墩的位置。

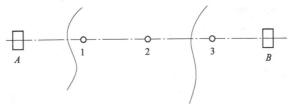

图 1-3-2 桥轴直接丈量

为了保证施工期间的长度丈量精度和量具精度的一致性，在量距之前应对所用的钢尺进行严格的检定，取得尺长改正数 Δ_l。

用钢尺量距的方法如下：

（1）对桥梁中线范围内进行一次彻底的清理。

（2）在 A 控制桩上设置经纬仪，沿桥轴线 AB 方向用经纬仪定线，钉出一系列木桩。地面平坦时，桩顶可与地面平；地面起伏时，应使点位满足尺段悬空丈量的要求。桩顶中心应加一小钉，其偏离直线最大不得超过 ±1cm。为了便于丈量，桩间距应小于尺长 10cm 以上。

（3）用水准仪测出相邻桩顶间的高差，为了校核应测两次，读至毫米，两次高差之差应不超过 2mm。

（4）在丈量的每个尺段桩跨时，都应测读钢尺边的温度一次，其精度读到 0.5℃。

(5)丈量的工作一般由5人组成,其中2人拉尺,2人观尺读数,1人指挥兼顾记录。

丈量时应对钢尺施以标准拉力,并将尺边对好桩顶小铁钉,由两个观测员在统一的口令下同时读出两端尺数,精确至0.1mm,并将其结果记入"精密量距记录计算表"中,每尺段要移动位置2~3次,各次测得的长度差不得超过2mm,若超过时则必须重量。丈量时,每一尺段可连续测量3次,每次读数时均应变换钢尺的前后位置,以防差错。

(6)计算桥轴线长度。每一尺段的丈量结果应进行尺长改正 Δ_l,温度改正 Δ_t 以及倾斜改正 Δ_h,即:

$$l_i = l_i' + \Delta_l + \Delta_t + \Delta_h \tag{1-3-1}$$

式中:l_i——各尺段经过各项改正后的长度;

l_i'——各尺段未经过各项改正的实量长度;

Δ_l——尺长改正数,$\Delta_l = L_0 - L$,L_0 为检定时的标准长度,L 为名义长度;

Δ_t——温度改正数,$\Delta_t = l_i'\alpha(t-20)$,$\alpha$ 为钢尺线膨胀系数,t 为测量时温度;

Δ_h——倾斜改正值,$\Delta_h = -\dfrac{h^2}{2l_i'}$,$h$ 为相邻桩顶高差。

则桥轴线一次测量的总长为:

$$L_i = l_1 + l_2 + \cdots + l_n \tag{1-3-2}$$

取各次丈量结果的平均值,即为桥轴线的长度。

(7)评定丈量的精度。

桥轴线的中误差为:

$$M = \pm \sqrt{\frac{[VV]}{n(n-1)}} \tag{1-3-3}$$

桥轴线的相对中误差为:

$$\frac{M}{L} = \frac{1}{n} \tag{1-3-4}$$

式中:L——桥轴线的平均长度;

V——桥轴线的平均长度与每次观测值之差;

n——丈量的次数。

丈量结果的相对中误差应满足估算精度的要求。

桥梁轴线长度测量后,既可采用同样的方法直接丈量墩台位置,但不同的是要在测设前要将尺长改正、温度改正、倾斜改正考虑后,将已知长度转化为钢尺丈量长度。

3. 方向交会法

由于大中型桥梁的桥墩位于水中,采用直接丈量法有困难时,或不能保证必要的精度时,它的中心位置可采用已建立的三角网,在三个控制点上安置经纬仪,从三个方向(其中一个为轴线方向)间接丈量法测定桥轴线,交会墩台位置。

如图1-3-3所示,AB 为桥轴线,C、D 为桥梁平面控制网中的控制点,把桥轴线 AB 作为三角网的一个边长,测量基线长度 AC、AD,用三角测量的原理测量并解算,即可得出桥轴线的长度 AB。P_i 点为第 i 个桥墩设计的中心位置(待测设的点),在 A、C、D 三点上各安置一台经纬仪。A 点上的经纬仪瞄准 B 点,定出桥轴线方向;C、D 两点上的经纬仪均先瞄准 A 点,并分别测设根据 P_i 点的设计坐标和控制点坐标计算的 α、β 角,以正倒镜分中法定出交会方向线。

理论上从 C、A、D 指来的三条方向线是交于一点的,该交点就是要测设的桥墩中心位置。但实际上由于测量误差的存在,三条方向线一般不是交于一点,而是构成误差三角形 $P_1P_2P_3$。如果误差三角形在桥轴线上的边长(P_1P_3)在容许范围之内(对于墩底放样为 2.5cm,对于墩顶放样为 1.5cm),则取 C、D 两点指来的方向线的交点 P_2 在桥轴线上的投影 P_i 作为桥墩放样的中心位置。

在桥墩施工中,随着桥墩的逐渐筑高,中心的放样工作需要重复进行,且要求迅速和准确。为此,在第一次求得正确的桥墩中心位置 P_i 以后,将 CP_i 和 DP_i 方向线延长到对岸,设立固定的瞄准标志 C' 和 D',如图 1-3-4 所示。以后每次作方向交会放样时,从 C、D 点直接瞄准 C'、D' 点,即可恢复点的交会方向。

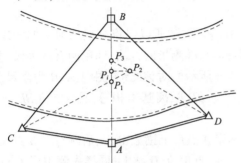
图 1-3-3 三方向交会法的误差三角形

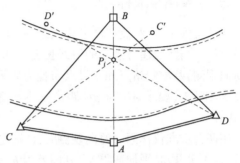
图 1-3-4 三方向交会法的固定瞄准标志

4. 极坐标及直角坐标法

如果在桥梁设计中,墩台中心坐标 (x,y) 已设计出,则可用经纬仪加测距仪或全站仪按极坐标法测设,原则上可将仪器放置在任何一个控制点上,根据墩台坐标和测站点坐标,求算出极坐标放样数据(角度和距离),然后依此测设墩台的中心位置。但是,若测设桥墩中心位置,最好是将仪器安置于桥轴线上的 A 点(或 B 点)处,瞄准轴线上的另一点 B(或 A),定出轴线方向,然后指挥棱镜安置在该方向上测设 AP_i(BP_i)的距离即可定出桥墩的中心位置,如图 1-3-3 所示。

对于全站仪,则还可以根据测站点、后视点及待放点的直角坐标,自动计算出待放点相对于测站点的极坐标数据,再以此测设点位。

二、曲线桥梁的墩台定位

在线路中,有许多桥梁位于各种平面曲线上,需做成曲线桥。其上部结构一般有连续弯梁和简支直梁等形式,但下部一般都是利用墩台中心构成的折线交点而形成弯桥,如图 1-3-5 所示。

在设计文件已给定墩、台定位有关数据时,只需重新复核无误即可进行放样定位。若数据不能满足施工的需要,应按路线测设资料、曲线有关要素,由计算公式求出各墩台中心为顶点的直线,再用偏角进行定位。

对于坐标值的计算,一般在直角坐标系中进行较为普遍、简便。可以先建立以墩台中心为原点,切线及法线方向为坐标轴的局部坐标系,在局部坐标系中确立待放点局部坐标值,再利用墩台中心的路线坐标值将局部坐标值转换至路线坐标中。

桥涵墩台定位的方法,根据不同的条件可采用偏角法、长弦偏角法、利用坐标的交会法和坐标法等。基本步骤与直线桥相类似,在此不再详述。

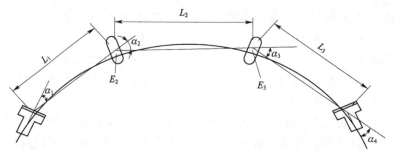

图 1-3-5　曲线桥的布置

三、桥梁高程放样

在桥梁施工中,河流两岸应建立统一、可靠的高程系统,所以应将高程从河流的一岸传到另一岸。当河宽超过规定的视线长度时,应用跨河水准测量的方法,即用两台水准仪同时作对向观测,两岸测站点和立尺点布置为如图 1-3-6 所示的对称图形,图中,A、B 为立尺点,C、D 为测站点,要求 AD 与 BC 距离基本相等,AC 与 BD 距离基本相等,且 AC 和 BD 不小于 10m。

用两台水准仪作同时对向观测时,C 站先测本岸 A 点尺上读数得 a_1,后测对岸 B 点尺上读数 2~4 次,取其平均数得 b_1,其高差为 $h_1 = a_1 - b_1$,此时在 D 站上,同样先测本岸 B 点尺上读数得 b_2,后测对岸 A 点尺上读数 2~4 次,取其平均数得 a_2,其高差为 $h_2 = a_2 - b_2$。取 h_1 和 h_2 的平均数,完成一个测回,一般进行 4 个测回。

由于过河观测的视线长,远尺读数困难,可以在水准尺上安装一个能沿尺面上下移动的觇牌,如图 1-3-7 所示,由观测者指挥立尺者上下移动觇牌,使觇牌的红白交界处与十字横丝重合,由立尺者记下水准尺上读数。

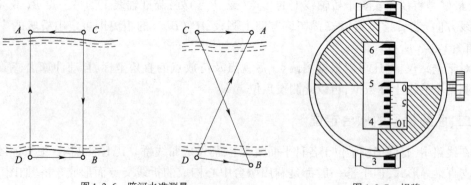

图 1-3-6　跨河水准测量　　　　图 1-3-7　觇牌

高程放样就是将桥梁各部分的建筑高度控制在设计高度。常规的水准测量操作简单,速度快。但在桥梁施工过程中,由于墩、台基础或顶部与桥边水准点的高差较大,用水准测量来传递高程非常不方便。所以,在桥梁施工时,常用到三角高程测量或垂吊钢尺等方法来传递高程。

1. 三角高程法

如图 1-3-8 所示,在桥墩基础施工时,由于高差大,用水准测量来传递高程,需多次转换测点,用三角高程测量则非常方便。假设在某水准点设立测站,在桥墩基础顶面设置反光棱镜,水准点高程为 H_0,仪器高度为 i,棱镜高度为 l,用光电测距仪测得仪器与反光棱镜之间

的倾斜距为 S,(有些测距仪可直接测得两点之间的高差 Δ_h),竖直角为 α,则桥墩基础顶面的高程为:

$$H = H_0 - S \cdot \sin\alpha + i - l + \frac{l-k}{2R} \cdot S^2 \tag{1-3-5}$$

式中:R——地球平均半径,取 6.371×10^3 m;

　　k——折光系数,可以自己测定。

当 $S < 400$ m 时,两差改正值可以忽略,因此:

$$H = H_0 - S \cdot \sin\alpha + i - l \tag{1-3-6}$$

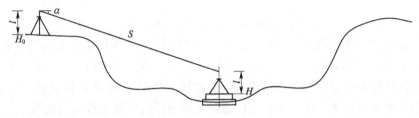

图 1-3-8　三角高程法

2. 垂吊钢尺法

当桥墩施工至一定高度时,水准测量无法将高程传递至工作面,而工作面上架设棱镜也不方便,这时,可用检定过的钢尺进行垂吊测量,如图 1-3-9 所示。

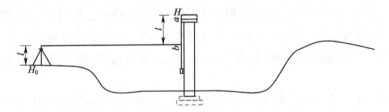

图 1-3-9　垂吊钢尺法

用一个稳定支架将钢尺垂挂至距地面 1m 左右,在钢尺下端悬挂,在观测水准尺时,宜用三丝读数,取其平均值。应特别注意的是,每次读数前都必须使水准仪气泡居中。

用钢尺进行垂吊测量时,在工作面边缘用钢尺垂吊一个与标定钢尺时拉力相等的重锤,钢尺的零端读数放在下面,在钢尺静止时,在工作面边缘读取钢尺读数 a;然后在地面上 1 点安置水准仪一台,按水准测量的方法进行观测,在钢尺上读取中丝读数 b,则改正后钢尺测量长度为:

$$l = \left[1 + \frac{\Delta_l + \Delta_t}{L} + \alpha(t - 20)\right] \cdot |b - a| \tag{1-3-7}$$

式中各符号意义如前所述。

则工作面边缘的高程为:

$$H = H_0 + i - l \tag{1-3-8}$$

四、桥梁细部施工放样

1. 墩、台纵横轴线的放样及固定

在墩台中心定位之后,还应放样出墩台的纵横轴线,作为墩台细部放样的依据。

在放样后的旱桥桥梁墩台中心位置点位上设置经纬仪,直接用拨角法放样。直线桥的墩台纵轴线与桥轴线相重合,横轴线与纵轴线垂直;曲线桥若墩台中心位于路线中心上,则墩台的纵轴线为墩台中心处曲线的切线方向;对于等跨直梁曲线桥,墩台的中心位于梁的中心线顶点处的分角线上,如图 1-3-10 所示。

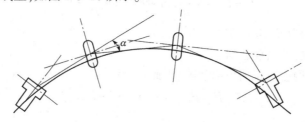

图 1-3-10　等跨直梁曲线桥纵横轴线图

在纵横轴线的每端方向上至少定出 2 个方向桩(护桩),各桩应在基坑开挖线以外 1～2m。如果采用筑岛或围堰施工时,可把纵横轴线测设于岛上或围堰上。墩台纵横轴线方向桩是施工过程中随时恢复墩台中心位置和细部放样的基础,应妥善进行保护。如有必要,在使用前应进行必要的复测工作。尤其应注意防止桥梁墩台纵横轴线方向桩被偶发的洪水冲毁,必要时在其四周筑岛围堰并使用深埋钢筋混凝土桩。

2. 明挖扩大基础放样

旱地施工时,在地基较好,基础不深的情况下,常采用明挖基础。

在基础开挖前,首先应根据施工图样中的基础底面尺寸、开挖深度、合理的放坡等情况计算出原地面开挖边线的尺寸,然后根据墩台中心及其纵横轴线即可放出基坑的边线。当基坑开挖到设计高程以后,应进行基底平整或依据施工图样做必要的地基处理,然后在基础垫层上放出墩台中心及其纵横轴线,作为绑扎钢筋、安装模板、浇筑混凝土基础及墩身的依据。

应注意基坑底部尺寸应根据实际情况比设计需要的尺寸每边增加 50～100cm 的余量,以便为边坡支护、支立模板等操作提供必要的空间。

根据墩台的纵横轴线的护桩,将墩台中心位置引测至基坑底部,放出控制桩位置,并用木桩加铁钉标出,然后用钢尺进行量距,以检查基底尺寸。基础轴线偏位不应超过 15mm,墩台轴线偏位不应超过 10mm。

模板检查与放样的方法相同,都是根据桥墩中心位置及其纵横轴线进行的。一般模板常采用 3m 一段,安装后要进行检查,看其上、下口是否都符合设计的要求。在检查模板上口时,事先要用较重的垂球将标定的纵横轴线移至上口。模板高程、内部尺寸与设计值的差值不应超过规定的允许偏差,否则应进行调整。

3. 桩基放样

根据墩台纵横轴线用钢尺测设出 4 根边角桩位,并用钢尺复核这 4 根桩的相对位置无误后(矩形对角线长度相等原理),就可根据这 4 个点用钢尺测设桥墩的其他桩位。

水中桩位和沉井位置的放样,与水中墩位的放样方法相同,在水中平台、围囹或围堰上测设位置,经复测后方可施工。

4. 桥梁墩台的细部放样

墩身和台身的细部放样,也是主要以它的纵横轴线为依据。在模板的外侧预先画出中心线,然后在纵横轴线的护桩上架设经纬仪,照准该轴线方向上的另一护桩,根据这一方向校正模板的位置,直至模板中心线位于视线的方向上。

在施工过程中,经常要利用护桩恢复墩、台的纵横轴线,即在墩、台身一侧的护桩上架设经纬仪,照准另一侧的护桩。但墩身筑高以后,会阻挡视线,无法通视,应在墩身尚未阻挡视线以前,将轴线方向用油漆标记在已成的墩身上,以后恢复轴线时可在护桩上架设仪器,照准这个标志即可。

如果桥墩位于水中,无法标示出桥墩的纵横轴线时,可用光电测距仪或交会法恢复墩中心的位置。在用光电测距仪时,墩的横轴线方向是利用桥轴线的控制桩来确定的。在桥轴线一端的控制桩上安置仪器,照准另一端的控制桩,则视线方向即为桥轴线方向,也是墩的横轴线方向(直线桥)。在此视线方向上,于墩中心附近前后各找出一点 a_1 和 a_2 安置反光镜,测出它们至控制桩的距离 d,于两点间用钢尺定出墩中心的位置。

利用交会法测设墩中心时应至少选 3 个以上的方向进行交会。误差三角形最大边在墩的下部不超过 25mm,在墩的上部不超过 15mm,取三角形的重心作为墩中心的位置。

在墩、台帽模板安装到位后应再一次进行复测,确保墩、台帽位置符合设计要求。模板位置中心的偏差不得大于 1cm,并在模板上标出墩顶高程,以便控制灌注混凝土的高程。当混凝土灌注至墩帽顶部时,在墩的纵横轴线及墩的中心处,可埋设中心标志,在纵轴线两侧的上下游埋设两个水准点,并测定出中心标志的坐标和水准点的高程,作为大致安置支撑垫石的参考依据。

5. 梁体施工时的测量工作

梁体施工是桥梁主体结构施工的最后一道工序。桥梁上部结构较为复杂,要求对墩台方向、距离和高程以较高的精度测定。

桥梁中心线方向测定,在直线部分采用准直法,用经纬仪正倒镜观测,刻画方向线。如果跨距较大(>100m),应逐墩观测左、右角。在曲线部分,则采用测定偏角或坐标法。

相邻墩中心点间的距离用光电测距仪观测,在已刻画的方向线的大致位置上,适当调整使中心点里程与设计里程完全一致。在中心点架设经纬仪放出里程线,与方向线正交,形成墩台十字中心线。以此精确放出支座底板中心线,并以墨线弹出。

墩台顶面高程用精密水准测定,构成水准路线,附合到两岸基本水准点上。

梁体具体施工过程中的测量工作如下:

(1)对大跨度钢桁架或连续梁采用悬臂或半悬臂安装架设的桥梁,在拼装架设前,应在梁顶部和底部分中点做出标志,架梁时用以测量梁体中心线与桥梁中心线的偏差值。在梁的拼装开始后,应通过不断的测量,保证梁体在正确的平面位置上。高程控制一般以大节点挠度和整跨拱度为主要控制。对需要在跨中合龙的桥梁,合龙前的控制重点应放在两端悬臂的相对位置上。

(2)对于预制安装的箱梁、板梁、T梁等,测量的主要工作在于平面位置的控制。在架设前,应在梁顶部和底部分中点做出标志,架梁时用以测量梁体中心线与支座中心线的偏差值。在梁体安装基本到位后,应通过不断的微调保证梁体在正确的平面位置上。

(3)对于支架现浇的梁体结构,测量的主要工作在于高程的控制上。对于支架预压前后的高程应进行连续测量,以测得弹性变形,消除塑性变形,同时应根据设计保留一定的预拱度。在梁体现浇的过程中,应对支架的变形进行跟踪测量,如果变形过大,则应暂停施工,并采用相应的措施。

(4)对于悬臂施工的梁体结构,测量的主要工作在于高程的控制上。对于挂篮预加荷载前后的高程应进行测量,测得弹性变形,消除塑性变形;同时在不同节段的浇筑前,应根据施工图中不同节段预拱度的设计值,并结合已浇筑的前一节段的高程,调整相应的预拱度,使合龙前两端悬臂的相对位置满足要求,没有积累误差。

6. 桥台锥体护坡放样

锥坡护坡及坡脚通常为椭圆形曲线,放样方法很多,如支距法、图解法、坐标值量距法、经纬仪设角法、放射线式放样法,应先求出坡脚椭圆形的轨迹线,测设到地面上,然后再按规定的边坡放出样线,以据此施工,对于斜桥锥坡还应考虑到斜度系数。

1) 锥坡支距放样法

锥坡支距放样法适用于锥坡不高,底脚地形平坦,桥位中线和水流正交的情况。其具体做法如下。

如图 1-3-11 所示将 b 分为 n 等份(一般为 10 等份或 8 等份),则可根据下式求得 i 点对应的支距:

$$a_i = \frac{a}{b}\sqrt{b^2 - (i \cdot l)^2} = a\sqrt{1 - \frac{i^2}{n^2}} \tag{1-3-9}$$

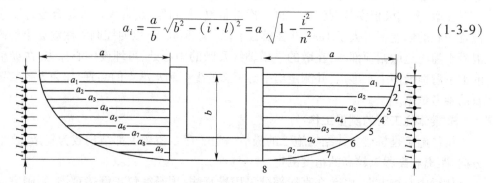

图 1-3-11 支距放样法示意图

然后根据 i 点在 b 方向的分量 $i \times l$ 和在 a 方向的分量 a_i 可在现场放出 i 点。

当锥坡底面有土石堆积,曲线内侧难以量距时,可改由曲线外侧测量放样,定出椭圆曲线上各点。

如图 1-3-12 所示,在椭圆曲线外侧,即在 OX 轴对面平行线 ED 上,采用钢尺沿 ED 找出 $0.1a$、$0.1a$、$0.2a$、$0.3a$、……各点,使用直角尺按平行于椭圆短轴半径 b 的方向,量出各相应的 y 值 $0.005b$、$0.020b$、$0.046b$……,即可定出 p_1、p_2、p_3……各点连成曲线,依此曲线周长上各点 p_1、p_2、p_3……与锥坡顶上固定点拉下的坡度放样线砌筑石料,即成锥体护坡。为了校核 ED 线长度和方向是否正确,可用钢尺连 EF 和 FD 构成直角三角形 EFD,定出 D 点。

对于道路中心与水流方向斜交的桥台椭圆锥坡,必须视斜交角 α 的不同乘以角度系数 C 后按量距法进行放样,如图 1-3-13 所示。C 的计算公式为:

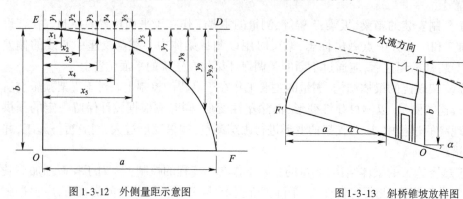

图 1-3-12 外侧量距示意图　　　　图 1-3-13 斜桥锥坡放样图

$$C = \sec\alpha \quad (1\text{-}3\text{-}10)$$

各点坐标值计算见表1-3-3。

斜桥锥坡放样曲线坐标值　　　　表1-3-3

等分点	1/10	2/10	3/10	4/10	5/10	6/10	7/10	8/10	9/10	9.5/10
距E点长度x	$0.1aC$	$0.2aC$	$0.3aC$	$0.4aC$	$0.5aC$	$0.6aC$	$0.7aC$	$0.8aC$	$0.9aC$	$0.95aC$
纵向y值	$0.005b$	$0.002b$	$0.046b$	$0.083b$	$0.134b$	$0.20b$	$0.286b$	$0.40b$	$0.564b$	$0.688b$

2) 纵横等分图解法

纵横图分解法的做法为：如图1-3-14所示，按 a 和 b 的长度引一平行四边形；将 a' 和 b' 均分为10等份，并将各点顺序编号；由 b' 之0点连 a' 之1点，由 b' 之1点连 a' 之2点……依此类推，最后由 b' 之9点连 a' 之10点，即形成锥坡之底线。

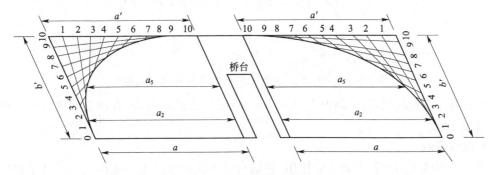

图1-3-14　纵横等分图解法

放出样线后，在锥坡挖基、修筑基础以及砌筑坡面时，应悬挂准绳，使铺砌式样尺寸符合标准。在施工过程中应随时防止样线走动或脱开样线铺砌而进行必要的检查复核工作。

五、桥梁工程竣工测量及沉降与位移观测

1. 桥梁工程竣工测量

全桥的桥梁墩台竣工后，为了查明墩台的各主要部分的平面位置及高程是否符合设计要求，需要进行竣工测量，为下阶段桥梁上部构造的定位和安装提供可靠的原始数据。桥梁墩台竣工测量的主要内容为：测定各墩台中心的实际坐标及其间距、进行检查性的水准测量、检查垫石及墩帽各处的高程、丈量墩台各部分的尺寸。

在桥梁施工时，常用到三角高程测量或垂吊钢尺等方法来传递高程。桥梁竣工测量的内容有：测定主梁轮廓尺寸、轴线、高程，立柱的垂直度以及各个墩上梁的支点与墩台中心的相对位置，进行工程质量的检查验收。

2. 沉降观测

桥梁墩台在修建和使用期间可能发生沉降和位移，如果数值较大，将直接影响到桥梁使用寿命和行车的安全，应及时采取补救措施。为确定其变形的数值，应对桥梁进行周期性的沉降和位移观测，一般在桥梁建成初期，间隔时间较短，而在其后则间隔时间可长些。

为进行沉降观测，必须在桥墩的两边适宜于立尺的地方各埋设一个顶端是球形的水准标志，作为观测点，供沉降观测使用。

水准线路可采用闭合或附合水准线路。如图1-3-15所示，每岸至少埋设3个永久性水准点，并使其近似地在同一圆弧上，这样在每天观测时，水准仪可安置在圆弧中心处。若3

个水准点的三段高差无变更,说明各水准点是稳固的。有时往往需与设立在远处的土质较坚硬地区的水准基点进行联测。

为使观测的沉降数值可靠,每次观测的水准线路要求相同,各次观测最好都使用同一台水准仪。如图 1-3-15 所示,同一桥墩上的两个观测点有时因视线受阻而不通视,这时各墩台观测点要用两条水准线路连接,一条在上游,一条在下游,又因水准仪只能隔一桥墩设一测站,所以每条水准线路实际上必须施测两次,才能把墩顶上全部观测点与岸上固定水准点连接起来。

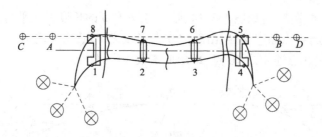

图 1-3-15　进行桥墩位移和沉降观测时所用标志布设示意图

根据各时期观测结果,编制出墩台沉降一览表,绘出沉降曲线,直接表明墩台沉降的相应数值和速度。

3. 位移观测

由于受水流压力等各方面力的作用,使墩台的平面位置产生一定的位移。桥墩横轴线方向位移的观测可用方向线法。为此,在桥墩上跨越结构的右侧或左侧的同一方向线上设置观测标志,同时在同方向的两岸稳固地方各埋设两个固定标志,使岸上的 4 个标志在一条直线上,如图 1-3-16 中的虚线所示。观测前先检查 C、A、B、D 是否在同一直线上,即这 4 个固定点本身是否稳固,若有变动,应求出其变动数值,以便用来改正观测结果。

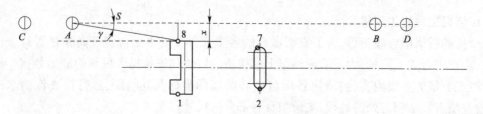

图 1-3-16　桥墩位移观测

如图 1-3-16 所示,观测时在 A 点上安置经纬仪,在 B 点和各桥墩的观测标志上安置观测觇牌,观测 AB 方向与 A 点到各桥墩点间的小角 γ 值。观测的测回数可根据使用的仪器精度而定,一般要求测角中误差不得大于 $0.8'' \sim 1.0''$。根据测得的小角 γ 以及仪器到桥墩的距离 S,可按下式计算桥墩的位移值 x 为:

$$x = \frac{S \cdot \gamma}{\rho} \tag{1-3-11}$$

式中,$\rho = 206265''$。

由于 x 值与 S 成正比。因此,在 A 点可由近至远依次观测各桥墩的小角 γ。到达桥中部后,将经纬仪迁至 B 点,觇牌设置 A 点,再在 B 点由远至近依次观测到最近一个桥墩。

除此以外,水平位移观测可采用前方交会法进行观测。

学习情境一:桥涵施工准备	班级			
工作任务三:桥涵施工放样	姓名		学号	
	日期		评分	

一、任务内容

认知某桥梁施工放样方案。

二、基本知识

1. 桥轴线测量的方法有_____、_____、_____三种。

2. 桥梁施工时采用高程控制测量时,当桥长在300m以上时,应采用( )水准。
　　A. 一等　　　B. 二等　　　C. 三等　　　D. 四等

3. 作为高程控制测量的水准点,桥长在200m以上,每岸至少设_____个;200m以下,每岸至少设_____个。

4. 桥梁墩台砌筑的定位放样,当墩台身和基础较低时,可采用_____法;较高时,可采用_____法。

5. 桥位施工测量的主要任务有哪些?

6. 桥梁竣工测量有哪些项目?

7. 平面控制网可采用_____和_____。

8. 平面控制网三角测量:三角网的基线不应少于_____,基线一端应与桥轴线连接,并尽量近于_____。当桥轴线较长时,应_____,长度一般不小于桥轴线长度的_____。三角网所有角度宜布设在_____之间,困难情况下不应小于的_____。

9. 水准测量等级的确定应符合下列要求:2000m以上的特大桥一般为_____,1000～2000m的特大桥一般为_____,1000m以下的为_____。

10. 二等水准测量主要技术要求:观测次数要求_____,附和或环线要求_____。往返闭和差为_____。

11. 桥梁竣工后应进行竣工测量,测量的项目不包括( )。
　　A. 桥梁中线,丈量跨径　　　　　B. 丈量墩、台(或塔、锚)各部尺寸
　　C. 丈量墩、台(或塔、锚)的沉降变形　　D. 检查桥面高程

12. 试述方向交会法测量的基本原理。

三、任务实施

1. 如下图所示：一般桥梁放样宜选择_____，大桥放样宜选择_____，考虑到近岸处桥墩的交会，可选择_____。

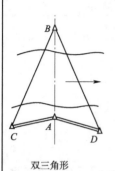 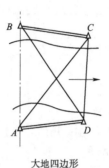 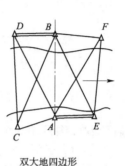 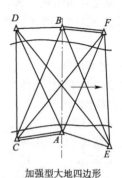

双三角形　　　　　大地四边形　　　　　双大地四边形　　　　加强型大地四边形

桥梁三角控制网各种图形

2. 桥梁施工放样的任务有哪些？

3. 桥梁施工放样的主要内容有哪些？

四、任务小结

通过此工作任务的实施，各小组集中完成下述工作。

你认为本次实训是否达到预期目的？还有什么意见和建议？

学习情境二　桥涵基础施工

情境概述

一、职业能力分析

通过本情境的学习,期望达到下列目标。

1. 专业能力

(1) 会桥涵扩大基础的施工。
(2) 掌握桥涵桩基础的施工。
(3) 了解沉井基础施工。

2. 社会能力

(1) 通过分组活动,培养团队协作能力。
(2) 通过规范文明操作,培养良好的职业道德和安全环保意识。
(3) 通过小组讨论、上台演讲评述,培养与客户的沟通能力。

3. 方法能力

(1) 通过查阅资料、文献,培养个人自学能力和获取信息能力。
(2) 通过情境化的工作任务活动,掌握解决实际问题的能力。
(3) 填写任务工作单,制订工作计划,培养工作方法能力。
(4) 能独立使用各种媒体完成学习任务。

二、学习情境描述

施工小组在接到桥涵基础的施工任务后,小组分析施工任务,合理选择施工方法,各成员根据拟订的方法编写总体方案和施工技术要点,提交成果,小组讨论其可行性,教师参与小组讨论并进行评定,各成员完善施工方案,提交实施成果报告。

本学习情境包含浅基础施工、桩基础施工、沉井施工3个工作任务。

三、教学环境要求

将整个学习内容划分成若干个工作任务,每个工作任务利用多媒体教学设备、课件和视频、桥涵基础施工方案、桥涵基础施工动画和视频、桥涵基础施工案例等教学资料,按照"资讯→计划→决策→实施→检查→评估"的六步教学法开展教学,学生在教师指导下制订方案、实施方案,最终评估学习的结果。

工作任务一　浅基础施工

1. 应知应会

（1）熟悉浅基础定位放样。

（2）掌握浅基础基坑开挖和基坑排水。

（3）掌握浅基础基底处理方法。

（4）了解浅基础基础结构的砌筑或浇筑工作。

2. 学习要求

（1）研读教材内容。

（2）查阅某一桥梁浅基础施工方案。

（3）重视理论联系实际。

一、旱地基坑的开挖

基坑开挖前应准确测定基础轴线、边线位置及高程，并根据地质水文资料及现场具体情况，决定坑壁开挖坡度或支护方案，做好防水、排水工作。基坑开挖大小应满足基础施工需要，考虑排水布置与模板支设，一般基底尺寸比设计平面尺寸各边增宽0.5~1.0m。

基坑开挖，如是范围较小的桥梁基础施工，常用位于坑顶的吊机操纵的抓土斗等；遇到开挖工作量特别大的基坑，还常用铲式挖土机、铲运机、推土机和自卸式汽车等。

1. 无围护基坑

当基坑较浅，地下水位较低或渗水量较少，不影响邻近建筑物，能保证坑壁稳定时，可采用不加支撑的无围护基坑，基坑形式如图2-1-1所示。

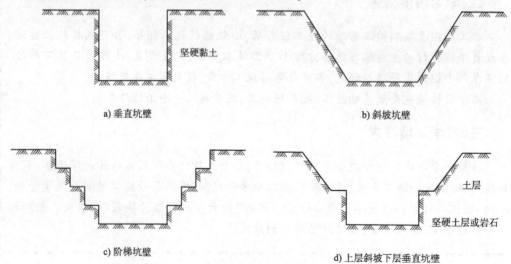

图2-1-1　无围护基坑形式

竖直坑壁只适宜在岩石地基或基坑较浅又无地下水的硬黏土中采用。在一般土质条件下开挖基坑时，应采用放坡开挖的方法。基坑坑壁坡度应按地质条件、基坑深度、施工方法等情况确定。当为无水基坑且土层构造均匀时，基坑坑壁坡度可按表2-1-1确定。如土的湿度有可能使坑壁不稳定而引起坍塌时，基坑坑壁坡度应缓于该湿度下的天然坡度。

基坑坑壁坡度 表2-1-1

坑壁土类	坑壁坡度		
	坡顶无荷载	坡顶有静荷载	坡顶有动荷载
砂类土	1:1	1:1.25	1:1.5
卵石、砾类土	1:0.75	1:1	1:1.25
粉质土、黏质土	1:0.33	1:0.5	1:0.75
极软岩	1:0.25	1:0.33	1:0.67
软质岩	1:0	1:0.1	1:0.25
硬质岩	1:0	1:0	1:0

注：1. 坑壁有不同土层时，基坑坑壁坡度可分层选用，并酌设平台。
  2. 坑壁土类按照《公路土工试验规程》（JTG E40—2007）划分。
  3. 岩石单轴极限强度为小于5.5MPa、5.5~30MPa、大于30MPa时，分别定为极软、软质、硬质岩；
  4. 当基坑深度大于5m时，基坑坑壁坡度可适当放缓或加设平台。

当基坑有地下水时，地下水位以上部分可以放坡开挖；地下水位以下部分，若土质易坍塌或水位在基坑底以上较深时，应加固开挖。

2. 有围护基坑

当基坑壁坡不易稳定并有地下水渗入，或放坡开挖场地受到限制，或基坑较深、放坡开挖工程量大，不符合技术经济要求时，可视具体情况，采取合适的加固坑壁的支护措施。常用坑壁支护结构有挡板支护、板桩墙支护、临时挡土墙支护和混凝土加固等形式。挡板支护有木挡板、钢结构挡板、钢筋混凝土挡板等形式；板桩墙支护有悬臂板桩、锚拉式板桩等形式。

1）挡板支护

挡板围护结构适用于开挖面积不大、深度较浅的基坑，挡板的作用是挡土，工作特点是先开挖后设置围护结构，挡板支护形式包括木挡板、钢木组合挡板。木挡板支护有垂直挡板式支护[图2-1-2a)]、水平挡板式支护[图2-1-2b)]以及上层一定深度采用水平挡板、下层用垂直挡板的混合支护等形式。挡板支撑方式有连续式和间断式。一般可以一次开挖到基底后再安装支撑，对于黏性差、易坍塌的土，可以分段下挖，随挖随撑。间断支撑以保证土不从挡板间隙中坍落为前提。

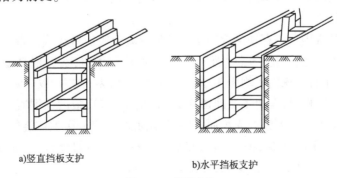

a)竖直挡板支护　　　b)水平挡板支护

图2-1-2　挡板支护

对于大型基坑,土质较差或地下水位较高时,宜采用钢木混合支护或钢结构支护基坑,用型钢做立木和纵横支撑、定型钢模板作为挡板,如图2-1-3所示。钢结构支护的优点是便于安装、拆卸,材料消耗少,有利于标准化、工具化发展。其缺点是刚度较弱,施工中应根据土质和荷载情况,合理布置千斤顶位置。

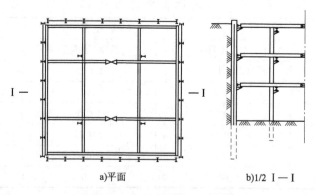

图2-1-3 钢结构支护结构示意图

2)板桩墙支护

当基坑面积较大,深度较深,尤其基坑底面在地下水位以下超过1m,涌水量较大不宜用挡板支护时,可以在基坑四周先沉入板桩,然后开挖基坑,必要时加内撑或锚杆。这种支护既能挡土,又能挡水。板桩墙分为无支撑式、支撑式和拉锚式,如图2-1-4所示。无支撑式只适用于基坑较浅的情况,并且要求板桩有足够的入土深度,以保证板桩的稳定性;支撑式板桩适用于较深基坑的开挖,按照设置支撑的层数可分为单支撑板桩和多支撑板桩。板桩墙按照材料分为木板桩、钢板桩和钢筋混凝土板桩等。钢板桩强度较大、结构轻,能穿过较坚硬的土层,不易漏水,并可以重复使用,在桥梁施工中应用较为广泛。

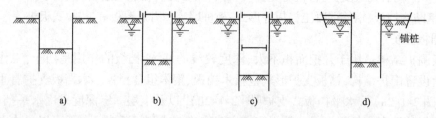

图2-1-4 板桩墙

为了避免内支撑影响基坑施工,工程中采用桩墙——锚杆结构围护基坑,该方法是采用锚杆技术将桩墙(排桩)固定在基坑外侧稳定土体内,如图2-1-5所示。

3)混凝土加固

混凝土加固的常用方式有现浇混凝土和喷射混凝土等护壁形式。现浇混凝土支护基坑自上而下分层垂直开挖,开挖一层后随即进行支模、浇筑混凝土,分层高度视土质或定型钢模板尺寸而定,以垂直开挖面不坍塌为原则,一般顶层高2m左右,以下每层高1~1.5m(图2-1-6)。每次安装模板时,在上下层间留0.2m高的浇筑口,最后用混凝土堵塞。为防止已浇筑的围圈混凝土施工时因失去支承而下坠,顶层混凝土应一次整体浇筑,以下各层均间隔开挖和浇筑,并将上下层混凝土纵向接缝错开。开挖面应均匀分布、对称施工,及时浇筑混凝土壁支护,每层坑壁无混凝土壁支护总长度应不大于周长的一半。混凝土厚度一般为8.0~15cm,强度等级不低于C15,混凝土要掺早强剂。

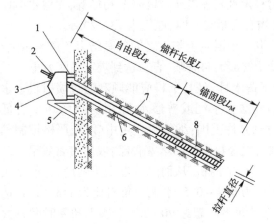

图 2-1-5 桩墙—锚杆结构示意图
1-锚杆头部围檩或横梁；2-螺母；3-承压板；4-台座；
5-支架；6-定中器或隔离架；7-塑料套管；8-水泥浆

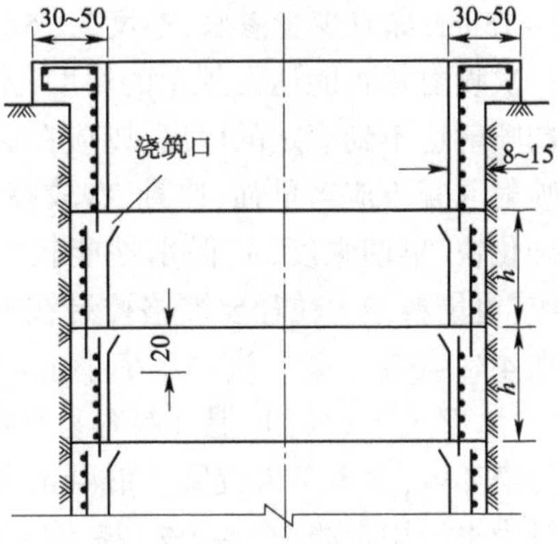

图 2-1-6 混凝土加固坑壁钢模板示意图
（尺寸单位：cm）

喷混凝土支护是以高压空气为动力，用喷混凝土机械将混凝土喷涂于坑壁表面，并在坑壁形成混凝土加固层，对土体起加固和保护作用，防止坑壁风化、雨水冲刷和浅层坍塌剥落。宜用于土质较稳定、渗水量不大、深度小于 10m、直径为 6~12m 的圆形基坑。施工时在基坑口开挖环形沟槽作土模，浇筑混凝土坑口护筒，然后分层开挖喷护混凝土，如图 2-1-7 所示，每层高 1m 左右，深水较大时不宜超过 0.5m。

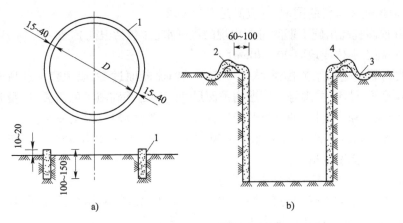

图 2-1-7 喷混凝土支护示意图（尺寸单位：mm）
1-混凝土护筒；2-坑口环圈；3-截水沟；4-喷射混凝土护壁

采用喷射混凝土护壁时，根据土质和渗水等情况，坑壁可以选择接近陡立或稍有坡度，每开挖一层喷护一层，每层高度为 1m 左右，土层不稳定时应酌减，渗水较大时不宜超过 0.5m。

混凝土的喷射顺序，对无水、少量渗水坑壁可由下向上一环一环进行；对渗水较大坑壁，喷护应由上向下进行，以防新喷的混凝土被水冲流；对有集中渗出股水的基坑，可从无水或水少处开始，逐步向水大处喷护，最后用竹管将集中的股水引出。喷射作业应沿坑周分若干区段进行，区段长度一般不超过 6m。

喷射混凝土厚度主要取决地质条件、渗水量大小、基坑直径和基坑深度等因素。根据实践经验，对于不同土层，可取下列数值：一般黏性土、砂土和碎卵石类土层，如无渗水，厚度为

3～8cm,如有少量渗水,厚度为5～10cm;对稳定性较差的土,如淤泥、粉砂等,无渗水时厚度为10～15cm,如有少量渗水,厚度为15cm,当有大量渗水时,厚度为15～20cm。

一次喷射是否能达到规定的厚度,主要取决于混凝土与土之间的黏结力和渗水量大小。如一次喷射达不到规定的厚度,则应在混凝土终凝后再补喷,直至达到规定厚度为止。

喷射混凝土应当早强、速凝、有较高的不透水性,且其干料应能顺利通过喷射机。水泥应用硬化快、早期强度高、保水性能较好的硅酸盐水泥或普通水泥,其强度等级不宜低于32.5级;粗集料最大粒径要严格控制在喷射机允许范围;细集料宜用中砂,应严格控制其含水率在4%～6%之间。当含水率小于4%时,混合料易胶结堵塞管路,或使喷射效果显著降低;当含水率大于6%时,混合料容易在喷射过程中离析,从而降低混凝土强度,并产生大量粉尘污染环境,危害工人健康。混凝土水灰比为0.4～0.5,水泥与集料比为1:5～1:4,速凝剂掺量为水泥用量的2%～4%,掺入后停放时间不应超过20min。混凝土初凝时间宜大于5min,终凝时间不大于10min。

二、水中基坑的开挖

在水中修筑桥梁基础时,开挖基坑前需在基坑周围先修筑一道防水围堰,把围堰内水排干后,再开挖基坑修筑基础。如排水较困难,也可在围堰内进行水下挖土,挖至预定高程后先灌注水下封底混凝土,然后再抽干水继续修筑基础。在围堰内不但可以修筑浅基础,也可以修筑桩基础等。

围堰的结构形式和材料要根据水深、流速、地质情况、基础形式以及通航要求等条件进行选择。任何形式和材料的围堰,均应满足下列要求:

(1)围堰顶高宜高出施工期间可能出现的最高水位(包括浪高)0.5～0.7m,用于防御地下水的围堰宜高出水位或地面20～40cm。

(2)围堰外形应适应水流排泄,大小不应压缩河流断面过多,以免壅水过高危害围堰安全,以及影响通航、导流、防洪等。围堰内平面尺寸应满足基础施工的需要,堰身断面尺寸应保证有足够的强度和稳定性,使基坑开挖后,围堰不致发生破裂、滑动或倾覆。

(3)围堰要求防水严密,应尽量采取措施防止或减少渗漏,以减轻排水工作。对围堰外围边坡应有防护水流冲刷措施。

(4)围堰施工一般应安排在枯水期进行。

公路桥涵施工中常用围堰的类型有土围堰、草(麻)袋围堰、钢板桩围堰、双壁钢围堰和地下连续墙围堰等,其适用条件见表2-1-2。

围堰类型及适用条件　　　　　表2-1-2

围堰类型		适用条件
土石堰	土堰	适于水深<2m,流速≤0.5m/s,河床不透水,河边浅滩;如外坡有防护措施时,可不限于小于0.5m/s的流速
	草(麻)袋堰	适于水深为3.5m以内,流速为1.0～2.0m/s,河床不透水
	木桩竹条堰	适于水深为1.5～7m,流速≤2.0m/s,能打桩、不透水河床,盛产竹木地区
	竹篱堰	适于水深为1.5～7m,流速≤2.0m/s,能打桩、不透水河床,盛产竹木地区
	竹笼堰	适用范围较广,盛产竹木地区
	堆石土堰	适用于河床不透水,多岩石的河谷,水流速在3m/s以内

续上表

围堰类型		适用条件
木堰	木板堰	适用于水深为2m,流速≤2.0m/s,较坚实土质河床,盛产木材地区
	枵槎堰	适用于水深为2m,流速≤2.0m/s,较坚实土质河床,盛产木材地区
	木笼堰	适用于深水、急流,或有流冰、深谷、险滩,河床坚硬平坦无覆盖层,盛产木材地区
套箱	木(钢)套箱	适用于深水,流速≤2.0m/s,无覆盖层,平坦的岩石河床
	钢丝网混凝土套箱	适用于深水,流速≤2.0m/s,无覆盖层,平坦的岩石河床
板桩围堰	木板桩围堰	单层木板桩适用于水深为2~4m,能打下木板桩的土质河床;双层木板桩中填亚黏土墙,适用于水深为4~6m
	钢板桩围堰	适用于深水或深基坑,较坚硬的土石河床,防水性能好,整体刚度较强
	钢筋混凝土板桩围堰	适用于深水或深基坑,各种土质河床,可作为基础结构的一部分,亦有采用拔除周转使用的,能节省大量木材

1. 土石围堰

在水深较浅,流速缓慢,河床渗水较小的河流中修筑基础可采用土围堰(图2-1-8)或草袋围堰(图2-1-9)。土围堰用黏性土填筑,无黏性土时,也可用砂类土填筑,但须加宽堰身以加大渗流长度,砂土颗粒越大堰身越要加厚。围堰断面一般为梯形,大小应根据使用土质条件、渗水程度及在水压力作用下的稳定性确定。若堰外流速较大时,可在外侧用草袋柴排防护。

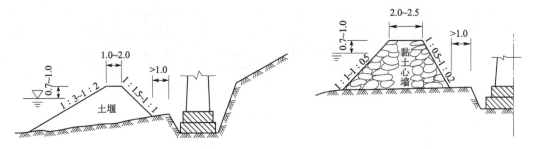

图2-1-8 土围堰(尺寸单位:m)　　图2-1-9 草袋围堰(尺寸单位:m)

在岩层裸露河底不能打桩,或流速较大且水深在1.5~4.0m的情况下,可以用木(竹)笼围堰,其结构由内外两层装片石的竹(木)笼中间填黏土心墙组成,黏土心墙厚度不应小于2m(图2-1-10)。为避免土石笼对基坑顶部压力过大,并为必要时变更基坑边坡留有余地,片石笼围堰内侧一般应距基坑顶缘3m以上。

2. 钢板桩围堰

钢板桩本身强度高,防水性能好,打入土层时穿透能力强,可适用于砂类土层、半干硬黏性土、碎石类土以及风化岩等地层中修筑10~30m深围堰,堰内抽水深度最大可达20m左右。钢板桩常用截面形式有U形、Z形和直腹板式,板桩之间用锁口连接,如图2-1-11所示。锁口既能加强连接,又能防渗,还可做适当转动以适应弧形围堰的需要。

为确保施工后的板桩轴线及方向准确,应利用导向装置将钢板桩打入要求深度[图2-1-12a)]。河水较深的地方,常用围图作为钢板桩的导向系统[图2-1-12b)]。施工要点是:先在岸上或驳船上拼装好围图,用驳船运到设计位置,在围图中打定位桩,将围图挂在定位桩上作为施工平台,然后在围图周围的导框间插打钢板桩;其次序应从上游分头插向下游合拢,以保证施工的安全和顺利进行。当全部钢板桩逐根或分组插打到稳定深度后(砂类土一般为2~3m),再依次打到设计深度。

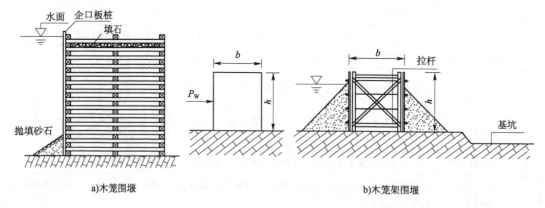

图 2-1-10　木(竹)笼围堰

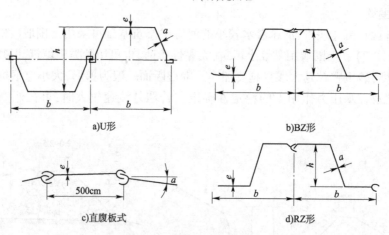

图 2-1-11　常用板桩截面形式

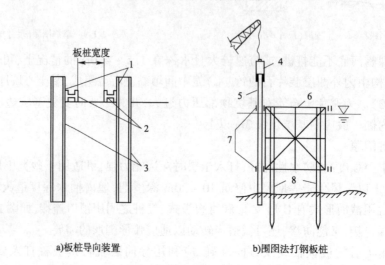

图 2-1-12　钢板桩导向装置
1-焊接;2-导梁;3-导桩;4-桩锤;5-钢板桩;6-围图;7-导环;8-定位桩

— 74 —

打钢板桩所用桩锤一般使用复打汽锤,下配桩帽,用吊机吊置于桩上锤击。为加速打桩进度并减少锁口渗漏,宜事先将2～3块钢板桩拼成一组。组拼时,在锁口内填充防水混合料,其配合比可为:黄油:沥青:干锯末:干黏土＝2:2:2:1,咬合的锁口再用棉絮、油灰嵌缝严密。与封底混凝土接触的钢板桩面涂防水混合料作为隔离层,以减小后来拔桩时的阻力。组拼时每隔3～6m,以与围堰弧度相同的夹具夹紧,要求组拼后的钢板桩两端平齐,误差不大于3mm,每组上下宽度一致,误差不大于30mm。

钢板桩围堰在使用过程中应防止围堰内水位高于围堰外水位,一般可在低于低水位处设置连通管,到围堰内抽水时,再予以封闭。围堰内抽水到各层支撑导梁处,应逐层将导梁与钢板桩之间的缝隙用木楔楔紧,使导梁受力均匀。

围堰内除土一般采用$\phi150$～$\phi250$空气吸泥机进行,吸泥达到预计高程就可清底灌注水下混凝土封底,然后在围堰内抽水。水抽干后在封底混凝土顶面清除浮浆和污泥后修筑基础及墩身,墩身出水后再拆除钢板桩围堰,继续周转使用。

围堰使用完毕,可用千斤顶、浮式起重机、振动法或双动汽锤倒打法拔出板桩。先将钢板桩与导梁间焊接物切除,然后向围堰内灌水至高出围堰外水位1～1.5m,使钢板桩较易与水下混凝土脱离;在下游选择一组或一块较易拔除的钢板桩,先略锤击振动或射水稍予松动后拔高1～2m,然后依次将所有钢板桩均拔高1～2m,使其均松动后,再从下游开始分两侧向上游依次拔除。

3. 双壁钢围堰

在深水中修建桥梁基础还可以采用双壁钢围堰。双壁钢围堰一般做成圆形结构,它本身实际上是个浮式钢沉井。井壁钢壳由有加劲肋的内外壁板和若干层水平钢桁架组成,中空的井壁提供的浮力可使围堰在水中自浮,使双壁钢围堰在漂浮状态下分层接高下沉。在两壁之间设数道竖向隔舱板将圆形井壁等分为若干个互不连通的密封隔舱,利用向隔舱不等高灌水来控制双壁围堰下沉及调整下沉时的倾斜。井壁底部设置刃脚以利切土下沉。双壁围堰内外壁板间距一般为1.2～1.4m,这就使围堰刚度很大,围堰内无须设支撑系统。双壁围堰根据起重运输条件,可以分节整体制造,也可以分层分块制造。

双壁围堰钻孔基础施工程序如下:

(1) 在拼装船上拼装底节钢壳。

(2) 将拼装船及导向船拖拽到墩位抛锚定位。

(3) 吊起底节钢壳,撤除拼装船,将底节钢壳吊放下水,漂浮在水中。

(4) 逐层接高(焊接)钢壳,并向中空的钢壳双壁内灌水,使它下沉到河床定位。

(5) 在围堰内吸泥使它下沉,围堰重力不足时,可在双壁腔内填充水下混凝土加重,直到刃脚下沉到设计高程。

(6) 潜水工下水将刃脚底空隙用垫块填塞,并清基。

(7) 在围堰顶部安装施工平台,在底部安装钻孔钢护筒。

(8) 灌注水下封底混凝土。

(9) 钻孔嵌岩,在孔内安放钢筋笼,再在孔内灌注水下混凝土。

(10) 围堰内抽水后灌注基础混凝土,再修筑墩身。

(11) 墩身出水后,在水下切割河床以上部分的钢壳围堰吊走,用于修建下一个桥墩基础重复使用。

由于双壁钢围堰刚度较大,强度较高,所以能承受很大的水头差(30m以上),既能承受向内的压力也能承受向外的压力,故能度汛(不怕洪水淹没围堰)。围堰内无支撑体系,工作面开阔,吸泥下沉、清基钻孔、灌注水下混凝土均很方便。由于双壁钢壳在施工中仅起围堰作用,因而部分钢壳可以水下割除回收重复使用。此外,双壁围堰通过若干个大直径钻孔基础与岩盘牢固结合,从而避免了沉井基础水下大面积清基和穿过风化岩层。它的这些优点给修建深水基础带来很大方便,因而常为一些大型桥梁深水墩基础所采用。

三、基坑排水

基坑坑底多位于地下水位以下,随着基坑的下挖,渗水将不断涌集基坑,为保持基坑的干燥,便于基坑挖土和基础的砌筑与养护,施工过程中必须采取必要的排水措施。目前常用的基坑排水方法有表面排水法和井点法降低地下水位两种。

1. 表面排水法

基坑较浅,土体较稳定或土层渗水量不大时可用表面排水法(图2-1-13)。施工工序是:在基坑内基础范围外坑角或每隔30~40m设置集水井,井间挖排水沟,使基坑渗水通过排水明沟汇集于集水井内,然后用水泵抽出,将水面降至坑底以下。排水明沟应布置在拟建基础边0.4m以外,沟边缘距边坡坡脚不小于0.3m;沟底比坑底低约0.4m,井底低于沟底0.5~1.0m,并随基坑的挖深而加深;沟、井断面根据排水量确定,井的容积须保证当水泵停止运转10~15min时,由排水沟流入井内的水量不致漫溢。井壁可用竹、木等简易加固。当基坑挖至设计高程后,井底铺设碎石滤水层,以免在抽水时间较长时将泥砂抽出,并防止井底的土被搅动。

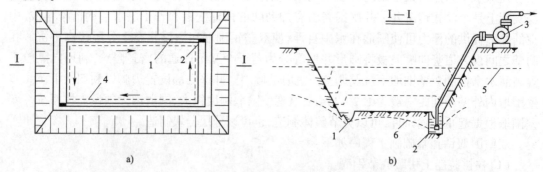

图2-1-13 表面排水法
1-排水明沟;2-集水井;3-水泵;4-基础边线;5-原地下水位线;6-降水后水位线

表面排水常用水泵有潜水泵和离心泵,一般所选水泵的排水量为基坑涌水量的1.5~2.0倍。

2. 井点法降低地下水位

采用表面排水法施工,当基坑土质为细砂土或粉砂土时,随着基坑开挖面的下降,坑底与地下水位的高差越来越大,在地下水的动水压力作用下,坑下的土有时会形成流动状态,并随着地下水流入基坑,这种现象称为流砂现象。出现流砂现象时,土完全丧失承载力,土体边挖边冒流砂,使施工条件恶化,基坑难以挖到设计深度,严重时会引起基坑坑底凸起、边坡塌方、临近建筑因地基被掏空而出现开裂、下沉、倾斜甚至倒塌,具有较大的危害。

采用井点法人工降低地下水位,可避免上述现象的发生。其方法是:在基坑开挖前,预先在基坑四周埋设一定数量的滤水管(井),利用抽水设备从中抽水,使地下水位降落到坑底以下,并在基坑施工过程中不间断,使所挖基坑土层始终保持干燥状态,从根本上防止流砂发生,改善工作条件。

根据使用设备的不同,井点法施工的主要类型有轻型井点、喷射井点、管井井点、深井泵以及电渗井点等,可根据土的渗透系数、降低水位的深度、工程特点及设备条件等,参照表2-1-3进行选择。

各种井点法的适用范围　　　　　　　表2-1-3

井点类别	土壤渗透系数（m/d）	降低水位深度（m）	井点类别	土壤渗透系数（m/d）	降低水位深度（m）
一级轻型井点法	0.1～80	3～6	电渗井点法	<0.1	5～6
二级轻型井点法	0.1～80	6～9	管井井点法	20～200	3～5
喷射井点法	0.1～50	8～20	深井泵法	10～80	>15
射流泵井点法	0.1<50	<10			

注:1. 降低土层中地下水位时,应将滤水管埋没于透水性较大的土层中。
　　2. 井点管的下端滤水管长度应考虑渗水土层的厚度,但不得小于1m。

3. 轻型井点布置与施工

轻型井点法是井点降水施工最常用的方法,是沿基坑的四周将许多直径较细的井点管埋入地下蓄水层内,井点管的上端通过弯联管与总管相连接,利用抽水设备将地下水从井点管内不断抽出,将原有地下水位降至坑底以下,如图2-1-14所示。

1) 轻型井点设备

轻型井点设备由管路系统和抽水设备组成,管路系统包括滤管、井点管、弯联管及总管等。

滤管是井点设备的一个重要部分,其构造是否合理,对抽水效果影响较大。滤管的直径宜为38mm或51mm,长度为1.0～1.5m,管壁上钻有直径为12～18mm的小孔,外包两层滤网(图2-1-15),内层细滤网采用30～40眼/cm的铜丝布或尼龙丝布,外层粗滤网宜采用5～10眼/cm的铁丝布或尼龙丝布。常用滤网类型有方织网、斜织网和平织网,一般在细砂中采用平织网,中砂宜采用斜织网,粗砂、砾石中则用方织网。为使水流畅通,避免滤孔淤塞时影响水流进入滤管,在管壁与滤网间用小塑料管(或铁丝)绕成螺旋形隔开。滤网的外面用带孔的薄铁管或粗铁丝网保护。滤管下端有一锥形铸铁头以利井管插埋。

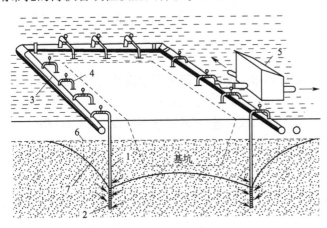
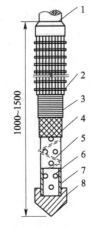

图2-1-14　轻型井点示意图
1-井点管;2-滤管;3-总管;4-弯联管;5-水泵房;6-原有地下水位线;
7-降低后地下水位线

图2-1-15　滤管构造(尺寸单位:mm)
1-井点管;2-粗铁丝保护网;3-粗滤网;
4-细滤网;5-缠绕的塑料管;6-管壁上的
小孔;7-钢管;8-铸铁头

井点管宜采用直径为 38mm 或 51mm 的钢管,其长度为 5~7m,可整根或分节组成。

井点管的上端用连接管与总管相连。连接管用胶皮管、塑料透明管或钢管弯头制成,直径为 38~55mm。每个连接管均宜装有阀门,以便检修井点。

总管宜采用直径为 100~127mm 的钢管,总管每节长度为 4m,其上每隔 0.8m 或 1.2m 设有一个与井点管连接的短接头。

早期的抽水设备由真空泵、离心泵和水气分离器等组成,现多使用射流泵井点。射流泵的原理如图 2-1-16a)、b)所示,采用离心泵驱动工作水运转,当水流通过喷嘴时,由于截面收缩,流速突然增大而在周围产生真空,把地下水吸出,而水箱内的水呈一个大气压的天然状态,现场布置示意图如图 2-1-16c)所示。射流泵能产生较高真空度,但排气量小,稍有漏气则真空度易下降,因此它带动的井点管根数较少。但它耗电少、重量轻、体积小、机动灵活。

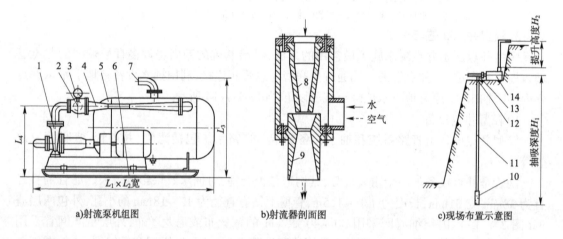

a)射流泵机组图　　b)射流器剖面图　　c)现场布置示意图

图 2-1-16　射流泵井点系统工作简图

1-离心泵;2-进水口;3-真空表;4-射流器;5-水箱;6-底座;7-出水口;8-喷嘴;9-喉管;10-滤水管;11-井点管;12-软管;13-总管;14-机组

2)轻型井点布置

轻型井点布置根据基坑大小与深度、土质、地下水位高低与流向、降水深度要求等确而定,包括平面布置与剖面布置。

(1)平面布置。

当基坑或沟槽宽度小于 6m,且降水深度不超过 5m 时,可采用单排井点,布置在地下水流的上游一侧,其两端的延伸长度一般以不小于坑(槽)宽为宜[图 2-1-17a)]。如基坑宽度大于 6m 或土质不良,则宜采用双排井点。当基坑面积较大时,宜采用环形井点[图 2-1-17b)]。有时为了施工需要,也可留出一段(地下水流下游方向)不封闭。井点管距离基坑壁一般不宜小于 0.7~1.0m,以防局部发生漏气。

(2)高程布置。

轻型井点抽吸地下水深度,理论上可达 10m,但由于实际使用时会产生真空损失与水头损失,在实际布置井点管时,管壁处降水深度以不超过 6m 为宜。

为了充分利用抽吸能力,总管的布置高程宜接近原有地下水位线(要事先挖槽),水泵轴心高程宜与总管齐平或略低于总管。总管应具有 0.25%~0.5% 坡度,坡向泵房。在降水深度不大,真空泵抽吸能力富裕时,总管与抽水设备也可放在天然地面上。

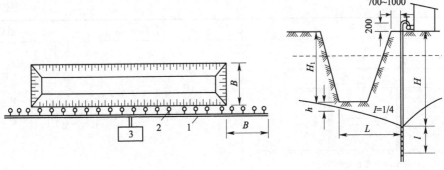

a) 单排井点布置

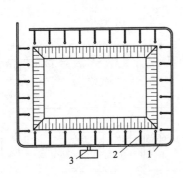
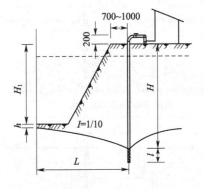

b) 环状井点布置

图 2-1-17 轻型井点布置图(尺寸单位:mm)
1-总管;2-井点管;3-抽水设备

井点管的埋置深度 H（不包括滤管），可按式(2-1-1)计算：

$$H \geq H_1 + h + IL \tag{2-1-1}$$

式中：H_1——井点管埋置面至基坑底面的距离，m；

h——基坑底面至降低后的地下水位线的距离，一般取 0.5~1.0m；

I——水力坡度，环形井点取 1/10，单排井点取 1/4；

L——井点管至基坑中心(环状井点)或基坑对边(单排井点)的水平距离，m。

若计算出的 H 值大于 6m，则应降低井点管的埋置面，以适应降水深度要求。此外在确定井点管埋置深度时，还要考虑井点管一般是标准长度，井点管露出地面为 0.2~0.3m。在任何情况下，滤管必须埋在透水层内。

潜水基坑涌水量公式见表 2-1-4。

潜水基坑涌水量公式 表 2-1-4

图 形	计 算 公 式	适用条件
岸边降水	$Q = 1.366 K \dfrac{(2H-S)S}{\lg \dfrac{2b}{r_0}}$	岸边降水 $b < 0.5R$

续上表

图形	计算公式	适用条件
基坑位于两地表水体间	$Q = 1.366K \dfrac{(2H-S)S}{\lg\left[\dfrac{2(b_1+b_2)}{\pi r_0}\cos\dfrac{\pi(b_1-b_2)}{2(b_1+b_2)}\right]}$	基坑位于两地表水体间
近河基坑含水层厚度不大	$Q = 1.366KS \left[\dfrac{l+S}{\lg\dfrac{2b}{r_0}} + \dfrac{l}{\lg\dfrac{0.66l}{r_0} + 0.25\dfrac{l}{M}\cdot\lg\dfrac{b^2}{M^2-0.14l^2}}\right]$	近可基坑，含水层厚度不大 $b > \dfrac{M}{2}$（M 为井点管底至含水层底的距离）
近河基坑含水层厚度很大	$Q = 1.366KS\left[\dfrac{l+S}{\lg\dfrac{2b}{r_0}} + \dfrac{l}{\lg\dfrac{0.66l}{r_0} - 0.22\mathrm{arsh}\dfrac{0.44l}{b}}\right]$	近河基坑，含水层厚度很大 $b > l$
	$Q = 1.366KS\left[\dfrac{l+S}{\lg\dfrac{2b}{r_0}} - \dfrac{l}{\lg\dfrac{0.66l}{r_0} - 0.11\dfrac{l}{b}}\right]$	近河基坑，含水层厚度很大 $l > b$

3) 轻型井点施工

轻型井点系统的施工，主要包括施工准备、井点系统安装与使用及井点拆除。

准备工作包括井点设备、动力、水源及必要材料的准备，开挖排水沟，观测附近建筑物高程以及实施防止附近建筑物沉降的措施等。

井点管埋设一般用水冲法，分为冲孔与埋管填料两个过程。冲孔时，先用起重设备将冲管吊起并插在井点的位置上，然后，开动高压水泵，将土冲松，边冲边沉。冲孔直径一般为 300mm，以保证井管四周有一定厚度的砂滤层，冲孔深度宜比滤管底深 0.5m 左右，以防冲管拔出时，部分土颗粒沉于底部而触及滤管底部。

井孔冲成后，立即拔出冲管，插入井点管，并在井点管与孔壁之间迅速填灌砂滤层，以防孔壁塌土。砂滤层的填灌质量是保证轻型井点顺利抽水的关键，一般宜选用干净粗砂，填灌均匀，并填至滤管顶上 1~1.5m，以保证水流畅通。井点填砂后，在地面以下 0.5~1.0m 范围内须用黏土封口，以防漏气。

井点管埋设完毕，应接通总管与抽水设备进行试抽水，检查有无漏水、漏气，出水是否正常、有无淤塞等现象。如有异常情况，应检修好后方可使用。

井点管使用时，应保证连续不断地抽水，并准备双电源，按照正常出水规律操作。抽水时需要经常观测真空度以判断井点系统工作是否正常。真空度一般应不低于 55.3~66.7kPa，并检查观测井中水位下降情况。如果有较多井点管发生堵塞，影响降水效果时，应逐根用高压水反向冲洗或拔出重埋。

基础工程施工完毕且基坑已回填土后，方可拆除井点系统。井点管所留井孔，必须用砂砾或黏土填实。

四、基坑开挖与基底检查

开挖工作应尽量在枯水或少雨季节进行,且不宜间断。基坑挖至基底设计高程时应立即对基底土质及坑底情况进行检验,验收合格后应尽快修筑基础,不得将基坑暴露过久。基坑可用机械或人工开挖。采用机械挖土时,由于不能准确地挖至设计高程,往往会使基土遭受破坏,因此,接近基底设计高程应预留200~300mm土层,在下一道施工工艺前由人工铲除,以免破坏基底土的结构。

应避免超挖。如超挖,应将松动部分清除,其处理方案应报监理、设计单位批准。挖至高程的土质基坑不得长期暴露、扰动或浸泡,应尽快进行地基检验和基础施工。

地基检验的主要内容有:施工记录及有关试验资料是否完整并符合有关要求;基底处理和排水情况是否符合要求;基底平面位置、尺寸大小、基底高程是否在允许偏差范围内;基底地质情况和承载力是否与设计资料相符。一般要求平面周线位置不小于设计要求,土质基底高程偏差不超过±50mm,石质基底高程偏差在+50~-200mm之间。

按桥涵大小、地基土质复杂(如溶洞、断层、软弱夹层、易熔岩等)情况及结构对地基有无特殊要求,可采用以下检查方法:

(1)小桥涵的地基检验,可采用直观或触探方法,必要时可进行土质试验。

(2)大、中桥和地基土质复杂、结构对地基有特殊要求的地基检验,一般采用触探和钻探(钻深至少4m)取样做土工试验,或按设计的特殊要求进行荷载试验。特大桥按设计要求处理。

五、软弱地基及特殊地基处理

地基处理或地基加固的对象是软弱地基和特殊土地基。

1. 软弱地基

软弱地基系指主要由淤泥、淤泥质土、冲填土、杂填地或其他高压缩性土层构成的地基。

1)软(黏)土

淤泥及淤泥质土总称为软黏土。其分类和特性将在特殊土地基中阐述。

2)冲填土

在整治和疏通江河航道时,用泥浆泵将挖泥船挖出的大量泥沙加大量水分,通过输泥管吹填到江河两岸而形成的沉积土称为冲(吹)填土。

冲填土的成分比较复杂,如以黏性土为例,由于土中含有大量的水分而难以排出,土体在沉积初期处于流动状态。因而冲填土属于强度较低、压缩性较高的欠固结土。另外,主要以砂或其他粗粒土所组成的冲填土,其性质基本上类似于粉细砂而不属于软弱土范围。可见,冲填土的工程性质主要取决于其颗粒组成、均匀性和沉积过程中的排水固结条件。

3)杂填土

杂填土是由于人类活动而任意堆填的建筑垃圾、工业废料和生活垃圾。杂填土的成因很不规律,组成物杂乱分布极不均匀,结构松散。它的主要特性是强度低、压缩性高和均匀性差,一般还具有浸水湿陷性。对有机质含量较多的生活垃圾和对基础有侵蚀性的工业废料等杂填土,未经处理不宜作为基础的持力层。

4)其他高压缩性土

饱和松散粉细砂(包括部分粉土)也应该属于软弱地基的范围。当机械设备振动或地震荷载重复作用于该类地基土时,将使地基土产生液化,基坑开挖时也会产生管涌。

对软弱地基的勘察,应查明软弱土层的均匀性、组成、分布范围和土质情况。对冲填土应了解排水固结条件,对杂填土应查明堆载历史,明确在自重作用下的稳定性和湿陷性等基本因素。

2. 特殊土地基

特殊土地基大部分具有地区性特点,它包括软土、湿陷性黄土、膨胀土、红黏土和冻土等。

1) 软土

软土是在静水或非常缓慢的流水环境中沉积,并经生物化学作用形成,其天然含水量大于液限,天然孔隙比大于1.0的黏性土。当软土的天然孔隙比大于1.5时称为淤泥。软土广泛分布在我国东南沿海、内陆平原和山区。

软土的特性是天然含水率高、天然孔隙比大、抗剪强度低、压缩系数大、渗透系数小。在外荷载作用下地基承载力低、变形大、不均匀变形也大、透水性差和变形稳定历时较长。在比较深厚的软土层上。建筑物基础的沉降常持续数年乃至数十年之久。

2) 湿陷性黄土

凡天然黄土在上覆土的自重应力作用下,或在上覆土自重应力和附加应力的共同作用下,受水浸湿后土的结构迅速破坏而发生显著附加沉降的黄土,称为湿陷性黄土。

由于黄土的浸水湿陷而引起建(构)筑物的不均匀沉降是造成黄土地区工程事故的主要原因,设计时首先要判断其是否具有湿陷性,再考虑如何进行地基处理。

我国湿陷性黄土广泛分布在甘肃、陕西、黑龙江、吉林、辽宁、内蒙古、山东、河北、河南、山西、宁夏、青海和新疆等地。

3) 膨胀土

膨胀土是指土的黏性成分主要是由亲水性黏土矿物组成的黏性土,是一种吸水膨胀和失水收缩,具有较大的胀缩变形性能且反复变形的高塑性黏土。

我国膨胀土分布在广西、云南,湖北、河南、安徽、四川、河北、山东、陕西、江苏、贵州和广东等省。利用膨胀土作为建筑物地基时,必须进行地基处理。

4) 红黏土

在亚热带温湿气候条件下,石灰岩和白云岩等碳酸盐类岩石经风化作用所形成的褐红色黏性土,称为红黏土。

红黏土通常是较好的地基土,但由于下卧岩层面起伏变化,以及基岩的溶沟、溶槽等部位常常存在软弱土层,致使地基土层厚度及强度分布不均匀,此时容易引起地基的不均匀变形。

5) 冻土

当温度低于0℃时,土中液态水冻结成冰并胶结土粒而形成的一种特殊土,称为冻土。冻土按冻结持续时间又分为季节性冻土和多年冻土。季节性冻土是指冬季冻结,夏季融化的土层。冻结状态持续3年以上的土层称为多年冻土或冻土。

季节性冻土在我国东北、华北和西北广大地区均有分布,因其呈周期性的冻结和融化,对地基的稳定性影响较大。例如,冻土区地基因冻胀而隆起。可能导致基础被抬起、开裂及变形,而融化又使地基沉降,再加上建筑物下面各处地基土冻融程度不均匀,往往造成建筑物的严重破坏。

6) 岩溶

岩溶(喀斯特)主要出现在碳酸类岩石地区。其基本特性是地基主要受力层范围内受水的化学和机械作用形成溶洞、溶沟、溶槽、落水洞以及土洞等。

我国岩溶地基广泛分布在贵州和广西两省。溶洞的大小不同,且沿水平方向延伸,有的有经常性水流,有的已干涸或被泥砂填实。

建造在岩溶地基上的建筑物,要慎重考虑可能会造成的地面变形和地基陷落。山区地基条件比较复杂,主要表现在地基的不均匀性和场地的稳定性方面,基岩表面常常起伏大,而且可能存在大块孤石,另外还会遇到滑坡、崩塌和泥石流等不良地质现象。

3. 地基处理方法

地基处理方法的分类有很多种,可以从地基处理的原理,地基处理的目的、地基处理的性质、地基处理的时效和动机等不同角度进行分类。其中最本质的是根据地基处理的原理进行分类,见表 2-1-5。

常用地基处理方法的原理、作用及适用范围　　　　　表 2-1-5

分类	处理方法	原理及作用	适用范围
换土垫层法	机械碾压法	挖除浅层软弱土或不良土,分层碾压或夯实土,按回填的材料可分为砂垫层、碎石垫层、粉煤灰垫层、干渣垫层、灰土垫层、二灰垫层和素土垫层等。它可提高持力层的承载力,减少沉降量,消除或部分消除土的湿陷性和胀缩性,防止土的冻胀作用以及改善土的抗液化性	常用于基坑面积宽大和开挖土方量较大的回填土方工程,一般适用于处理浅层软弱地基、湿陷性黄土地基、膨胀土地基、季节性冻土地基、素填土和杂填土地基
	重锤夯实法		一般适用于地下水位以上稍湿的黏性土、砂土、湿陷性黄土、杂填土以及分层填土地层
	平板振动法		适用于处理无黏性土或黏粒含量少和透水性好的杂填土地基
	强夯挤淤法	采用边强夯、边填碎石、边挤淤的方法,在地基中形成碎石墩体,以提高地基承载力和减小沉降	适用于厚度较小的淤泥和淤泥质土地基。应通过现场试验才能确定其适用性
深层密实法	强夯法	强夯法系利用强大的夯击能,迫使深层土液化和动力固结而密实	适用于碎石土、砂土、素填土、杂填土、低饱和度的粉土与黏性土、湿陷性黄土,对淤泥质土经试验证明施工有效时方可使用
	挤密法(砂桩挤密法,振动水冲法,灰土、二灰或土桩挤密法,石灰桩挤密法)	挤密法系通过挤密或振动使深层土密实,并在振动挤密过程中,回填砂、砾石、灰土、土或石过灰等形成砂桩、碎石桩、灰土桩、二灰桩、土桩或石灰桩,与桩间土一起组成复合地基,从而提高地基承载力,减少沉降量,消除或部分消除土的湿陷性或液化性	砂桩挤密法和振动水冲法一般适用于杂填土和松散砂土,对软土地基经试验证明加固有效时方可使用灰土桩、二灰桩、土桩挤密法一般适用于地下水位以上,深度为 5～10m 的湿陷性黄土和人工填土
排水固结法	堆载预压法、真空预压法、降水预压法、电渗排水法	通过布置垂直排水井,改善地基的排水条件,及采取加压、抽气、抽水和电渗等措施,以加速地基土的固结和强度增长,提高地基土的稳定性,并使沉降提前完成	适用于处理厚度较大的饱和软土和冲填土地基,但需要有预压的荷载和时间的条件。对于厚的泥炭层则要慎重对待

续上表

分类	处理方法	原理及作用	适用范围
加筋法	加筋土、土锚、土钉		加筋土和土锚适用于人工填土的路堤和挡墙结构,土钉适用于土坡稳定
	土工聚合物	在人工填土的路堤或挡墙内,铺设土工聚合物、铜带、钢条、尼龙绳或玻璃纤维等作为拉筋,或在软弱土层上设置树根桩或碎石桩等,使这种人工复合土体,可承受抗拉、抗压、抗剪和抗弯作用,借以提高地基承载力、增加地基稳定性和减少沉降	适用于砂土、黏性土和软土
	树根桩		适用于各类土
	碎石桩		碎石桩(包括砂桩)适用于黏性土。对于软土,经试验证明施工有效时方可采用
热学法	热加固法	热加固法是通过渗入压缩的热空气和燃烧物,并依靠热传导而将细颗粒土加热到适当温度(如温度在100℃以上),则土的强度就会增加,压缩性随之降低	适用于非饱和黏性土、粉土和湿陷性黄土
	冻结法	冻结法是采用液体氮或二氧化碳膨胀的方法,或采用普通的机械制冷设备与一个封闭式液压系统相连接,使冷却液在里面流动,从而使软而湿的土进行冻结,以提高土的强度和降低土的压缩性	适用于各类土,对于临时性支承和地下水控制;特别在软土地质条件,开挖深度大于7~8m,以及低于地下水位的情况下,是一种普遍而有用的施工措施
化学加固法	灌浆法	通过注入水泥浆液或化学浆液的措施,使土粒胶结。用以改善土的性质,提高地基承载力,增加稳定性,减少沉降,防止渗漏	适用于处理岩基、砂土、粉土、淤泥质黏土、粉质黏土、黏土和一般填土层
	高压喷射注浆法	将带有特殊喷嘴的注浆管通过钻孔投入要处理的土层的预定深度,然后将浆液(常用水泥浆)以高压冲切土体,在喷射浆液的同时,以一定速度旋转、提升,即形成水泥土圆柱体;若喷嘴提升不旋转,则形成墙状赐化体可用以提高地基承载力,减少沉降,防止砂土液化、管涌和基坑隆起,建成防渗帷幕	适用于处理淤泥、淤泥质土、黏性黏土、粉土、黄土、砂土、人工填土和碎石土等地基。当土中含有较多的大粒径块石、坚硬黏性土、大量植物根茎或有过多的有机质时,应根据现场试验结果确定其适用程度
	水泥土搅拌法	分湿法(亦称深层拌法)和干法(亦称粉体喷射搅拌法)两种。湿法是利用深层搅拌机将水泥浆与地基土在原位拌和;干法是利用喷粉机,将水泥粉(或石灰粉)与地基土在原位拌和,搅拌后形成柱状水泥土体,可提高地基承载力,减少沉降量,防止渗漏,增加稳定性	适用于处理淤泥、淤泥质土、粉土和含水率较高且地基承载力标准值不大于120kPa的黏性土等地基。当用于处理泥炭土或地下水其有侵蚀性时,宜通过试验确定其适用程度

应该指出,对地基处理方法进行严格分类是十分困难的。不少方法具有几种不同的作用,如碎石桩具有置换、挤密、排水和加筋的多重作用;石灰桩具有挤密土体和吸水的作用,吸水后又进一步挤密土体等。此外,还有一些地基处理方法的加固机理和计算方法目前尚

不十分明确,有待进一步探讨。由于地基处理方法不断地发展,其功能不断地扩大,也使分类变得更加困难。

 任务实施

明挖基坑中的基础施工,可分为无水浇(砌)筑、排水浇砌及水下灌注3种情况。为了方便施工和保证施工质量,应尽可能在基底处于无水的情况下浇砌基础。基础施工的用料通常应在挖基完成前准备好,以保证及时浇砌基础,避免基底土质变差。

一、排水基础施工

排水浇(砌)筑基础施工要点是:确保在无水状态下砌筑圬工;禁止带水作业及用混凝土将水赶出模板外的灌注方法;基础边缘部分应严密隔水;水下部分圬工必须待水泥砂浆或混凝土终凝后才允许浸水。

对于混凝土基础施工,当基底为非黏性土或干土时,应将其夯实、润湿;基面为岩石时,应加以润湿,铺一层厚为 20~30mm 的水泥砂浆,然后于水泥砂浆凝结前浇筑第一层混凝土。对于砌筑基础,在砌第一层砌块时,如基底为岩层或混凝土基础,应先将基底表面清洗、湿润,再坐浆砌筑;如基底为土质,可直接坐浆砌筑。

二、水下灌注混凝土

水下灌注混凝土一般只有在排水困难时采用。基础圬工的水下灌注分为水下封底和水下直接灌注基础两种。水下封底后仍要排水再砌筑基础,封底只是起封闭渗水的作用,其混凝土只作为地基而不作为基础本身,适用于板桩围堰开挖的基坑。

现今桥梁基础施工中水下混凝土的灌注方法,广泛采用的是垂直移动导管法。其具体方法见灌注桩施工部分。当封底面积较大时,宜用多根导管同时或逐根灌注,按先低处后高处、先周围后中部次序并保持大致相同的高程进行,以保证使混凝土充满基底全部范围。导管的根数及在平面上的布置,可根据封底面积、障碍物情况、导管作用半径等因素确定。导管的有效作用半径则因混凝土的坍落度大小和导管下口超压力大小而异。水下混凝土的流动半径,要综合考虑到对混凝土质量的要求、水头的大小、灌注面积的大小、基底有无障碍物以及混凝土拌和机的生产能力等因素来决定。通常,流动半径在 3~4m 范围内能够保证封底混凝土的表面不会有较大的高差,并具有可靠的防水性,只要处理得当,还可以保证封底混凝土的防水性能。

对于大体积的封底混凝土,可分层分段逐次灌注。对于强度要求不高的围堰封底水下混凝土,也可以一次由一端逐渐灌注到另一端。

在正常情况下,所灌注的水下混凝土仅其表面与水接触,其他部分的灌注状态与空气中灌注无异,从而保证了水下混凝土的质量。至于与水接触的表层混凝土,可在排干水而外露时予以凿除。

浇筑基础时,应做好与台身、墩身的接缝联结,一般要求如下:

(1)混凝土基础与混凝土墩台身的接缝,周边应预埋直径不小于16mm的钢筋或其他铁件,埋入与露出的长度不应小于钢筋直径的30倍,间距不大于钢筋直径的20倍。

(2)混凝土或浆砌片石基础与浆砌片石墩台身的接缝,应预埋片石作榫,片石厚度不应小于15cm,片石的强度要求不低于基础或墩台身混凝土或砌体的强度。

任务工作单

学习情境二：桥涵基础施工	班级			
工作任务一：浅基础施工	姓名		学号	
	日期		评分	

一、任务内容

熟悉某桥涵浅基础施工。

二、基本知识

1. 浅基础按受力条件及构造可分为_____和_____两大类。
2. 桥梁涵洞常用的浅基础为_____。
3. 刚性基础有_____、_____和_____三大类。
4. 大体积混凝土基础，为了节约水泥用量，可掺入不多于砌体体积_____的片石，但片石的强度等级不应低于_____，也不应高于_____。
5. 涵洞下常用的基础形式为(　　)。
   A. 刚性扩大基础　　B. 单独联合基础　　C. 条形基础　　D. 筏板基础
6. 在一般情况下，小桥涵的基础底面应设置在设计洪水冲刷以下不小于(　　)m。
   A. 0.5　　B. 1　　C. 1.5　　D. 2
7. 基础埋置深度的影响因素有哪些？

8. 通常把一般地基土根据塑性指数、粒径和工程地质特性等分为_____、_____和_____、_____、_____六大类。
9. 无水土质基坑底面，开挖时每边放宽不小于(　　)cm，有水基坑底面开挖时每边放宽不小于(　　)cm。
   A. 50、70　　B. 50、100　　C. 50、80
10. 土袋围堰适用于水深不大于(　　)m，流速不大于(　　)m/s，河床为渗水性较小的土。
    A. 2、1　　B. 3、1.5　　C. 5、3
11. 插入钢板桩过程中，当导向设备失效，钢板桩顶达到设计高程时，平面位置允许偏差：在水中打桩为(　　)cm，在陆地打桩为(　　)cm。
    A. 20、10　　B. 10、5　　C. 50、30
12. 水下挖基时，抽水能力应为渗水量的(　　)倍。
    A. 1.5~2　　B. 2~3　　C. 2倍以上
13. 采用井点法降水时，安装井点管应(　　)。
    A. 先造孔后下管　　B. 硬打入土内　　C. 两者均可
14. 基坑可采用机械或人工开挖，接近基低设计标高应留_____高度由人工开挖，以免破坏基低土的结构。
15. 基坑开挖过程中要注意_____，基坑尺寸要比基底尺寸每边大_____以方便设置排水沟及立模和砌筑工作。
16. 当基坑顶面有动荷载时，应留有(　　)m护道。
    A. 0.5　　B. 1　　C. 2
17. 对于有流砂或淤泥夹层的土质，宜采用(　　)护壁。
    A. 板桩墙　　B. 喷射混凝土　　C. 混凝土围圈
18. 目前常用的基坑排水方法有_____和_____两种。

19. 对于粉质土和粉砂类土可采用（　　）降低地下水位排水。
    A. 表面排水法　　　　B. 井点法　　　　C. 轻型井点　　　　D. 深井泵轻型井点
20. 当基坑排水困难，也可在_____内进行水下挖土，挖至预定高程后先_____，然后再_____继续修筑基础。

三、任务实施

1. 基坑开挖之前应做好哪些准备工作？

2. 基坑开挖应注意哪些安全事项？

3. 喷射混凝土及其材料和配合比应满足的要求有哪些？

4. 软弱土层中的较深基坑坑壁支护的方法有哪些？

5. 围堰应符合哪些要求？

四、任务小结

通过此工作任务的实施，各小组集中完成下述工作。

1. 软弱地基处理的方法有哪些？

2. 筑成的砂桩必须保证的质量要求有哪些？

3. 软弱地基挤密压实的加固方法有哪些？

4. 软弱地基排水固结的加固方法有哪些？

5. 换填土施工各环节的技术要点有哪些？

工作任务二 桩基础施工

任务概述

1. 应知应会

(1)了解桩基础的类型和分类。
(2)掌握人工挖孔桩施工的流程及其施工注意事项。
(3)掌握钻孔灌注桩施工流程及其施工技术要点。

2. 学习要求

(1)研读教材内容。
(2)结合某桥梁桩基础施工案例资料,掌握桥涵桩基础施工的一般步骤和施工注意事项。

相关知识

一、钻孔灌注桩的施工

1. 施工准备

1)场地准备

为安装钻架进行钻孔,施工前应平整场地。对于无水岸滩,应整平夯实,清除杂物,挖换软土;场地有浅水时,宜采用土或草袋围堰筑岛,筑岛面积应按钻孔方法、机具大小等要求决定,高度应高于最高施工水位0.5~1.0 m;当场地为深水或陡坡时,可用钢筋混凝土桩、钢管桩或钢护筒、双壁钢围堰等搭设固定式施工平台。在水流较平稳的深水中,也可采用将施工平台架设在浮船上的浮式施工平台。

同时,应在施工现场设置桩基轴线定位点和水准点,根据桩位平面布置施工图,定出每根桩的位置,并做好标志。按施工平面布置图的要求做好施工现场的施工道路、供水供电、泥浆循环系统、施工设施放置、材料堆场及生活设施就位等有关布设和具体安排。

2)埋置护筒

钻孔前应在桩位处埋置护筒。其主要作用如下:

(1)固定桩位,并作钻孔导向。
(2)保护孔口,防止孔口土层坍塌。
(3)隔离孔内外表层水,并保持钻孔内水位高出施工水位以稳固孔壁。

因此要求护筒要坚固耐用、不易变形、不漏水、能重复使用,一般用钢板或钢筋混凝土制作,内径比钻头直径增大,旋转钻须增大0.1~0.2 m,冲击或冲抓钻增大0.2~0.4 m。护筒顶面高度宜高于地下水位和施工最高水位1.0~2.0 m,当钻孔内有承压水时,应高于稳定后的承压水位2.0 m以上;无水地层钻孔因护筒顶部设有溢浆口,筒顶也应高出地面0.2~0.3 m。

护筒埋设采用下埋式[适用于旱地埋置,图2-2-1a)]、上埋式(适用于旱地或浅水筑岛埋置,图2-2-1b)、c)]和下沉埋设[适用于深水基础,图2-2-1d)]。旱地、筑岛处采用挖坑埋设护筒时,应先以桩位中心为圆心,根据护筒半径在土上定出护筒位置,坑的直径比护筒外径大0.6~1.0 m,在黏土中其埋设深度不宜小于1 m,在砂土中不宜小于1.5 m;对位后在护筒外侧填入黏土,并分层夯实;护筒底应埋置在稳固的黏土层中,否则也应换填黏土并夯密实,其厚度一般为0.5m。在埋入过程中应检查护筒是否垂直,若发现偏斜,应及时纠正。护筒中心与桩位中心线偏差不应大于50 mm,竖直线倾斜不大于1%。深水下沉埋设的护筒应沿导向架借自重、射水、振动、锤击并辅以筒内除土等方法将护筒下沉至稳定深度,入土深度黏性土应达到0.5~1m,砂性土则为3~4m;有冲刷影响的河床,应沉入局部冲刷线以下不小于1.0~1.5m。

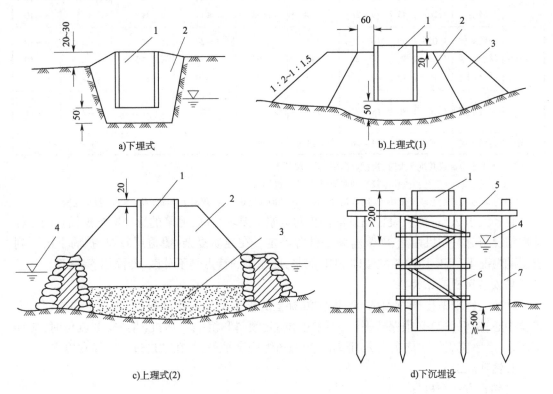

图 2-2-1　护筒埋置(尺寸单位:cm)
1-护筒;2-夯实黏土;3-砂土;4-施工水位;5-工作平台;6-导向架;7-脚手架

3)制备泥浆

泥浆的制备是确保桩工程质量的关键环节。泥浆在钻孔中的作用如下:

(1)在孔内产生较大的静水压力,可防止坍孔。

(2)泥浆向孔外土层渗漏,在钻进过程中,由于钻头的活动,孔壁表面形成一层胶泥,具有护壁作用,同时将孔内外水流切断,能稳定孔内水位。

(3)泥浆相对密度大,具有挟带钻渣的作用,利于钻渣的排出。此外,还有冷却机具和切土润滑的作用,并能降低钻具磨损和发热程度。

钻孔泥浆一般由水、黏土(或膨润土)和添加剂按适当配合比配制而成,其性能指标可参照表2-2-1选用。在钻孔灌注桩的施工中,如果泥浆质量差,则形成不了护壁泥膜或形成的泥皮黏附力差,易于脱落,导致孔壁稳定性差,易产生塌孔或缩颈;泥浆稠度大,比重大,含砂率高,形成的泥皮质量差,厚度大,大大降低桩的侧摩阻力;稠浆在钢筋笼上沉积黏附,导致钢筋与混凝土握裹力降低;泥浆比重过大,使得混凝土水下灌注阻力增大,降低混凝土的流动半径,使混凝土骨料大部分堆积在桩芯部位,而钢筋笼外几乎无骨料,不仅桩身质量不好,而且桩的侧摩阻力也难以发挥。因此在施工中必须按规范要求严格控制泥浆的质量。

泥浆性能指标选择 表2-2-1

钻孔方法	地层情况	泥浆性能指标							
		相对密度	黏度 (Pa·s)	含砂率 (%)	胶体率 (%)	失水率 (mL/30min)	泥皮厚 (mm/30min)	静切力 (Pa)	酸碱度 (pH)
正循环	一般地层	1.05~1.20	16~22	8~4	≥96	≤25	≤2	1.0~2.25	8~10
	易坍地层	1.20~1.45	19~28	8~4	≥96	≤15	≤2	3~5	8~10
反循环	一般地层	1.02~1.06	16~20	≤4	≥95	≤20	≤3	1~2.5	8~10
	易坍地层	1.06~1.10	18~28	≤4	≥95	≤20	≤3	1~2.5	8~10
	卵石土	1.10~1.15	20~35	≤4	≥95	≤20	≤3	1~2.5	8~10
推钻冲抓	一般地层	1.10~1.20	18~24	≤4	≥95	≤	≤3	1~2.5	8~11
冲击	易坍地层	1.20~1.40	22~30	≤4	≥95	≤	≤3	3~5	8~11

注:1. 地下水位高或其流速大时,指标取高限,反之取低限。
　　2. 地质状态较好,孔径或孔深较小的取低限,反之取高限。
　　3. 在不易坍塌的黏质土层中,使用推钻、冲抓、反循环回转钻进时,可用清水提高水头(≥2m)维护孔壁。

直径大于2.5m的大直径钻孔灌注桩对泥浆的要求较高,泥浆的选择应根据钻孔的工程地质情况、孔位、钻机性能、泥浆材料条件等确定。在地质复杂,覆盖层较厚,护筒下沉不到岩层的情况下,宜使用丙烯酰胺即PHP泥浆,此泥浆的特点是不分散、低固相、高黏度。

4)安装钻机或钻架

钻架是用来钻孔、吊放钢筋笼、灌注混凝土的支架。在钻孔过程中,成孔中心必须对准桩位中心,钻机(架)必须保持平稳,不发生位移、倾斜和沉陷。钻机(架)安装就位时,应详细测量,底座应用枕木垫实塞紧,顶端应用缆风绳固定平稳,并在钻进过程中经常检查。

2. 钻孔施工

1)钻孔方法与机具

(1)旋转钻进成孔。

旋转钻成孔是国内灌注桩施工中最常用的方法之一。利用钻具的旋转切削土体钻进,并同时采用循环泥浆的方法护壁排渣。按泥浆循环方式不同分为正循环和反循环两种。

所谓正循环由钻机回转装置带动钻杆和钻头回转切削破碎岩土,由泥浆泵通过钻杆中心往钻孔压入泥浆,钻头喷出的泥浆挟带钻渣沿钻孔壁上升,从孔口溢浆孔溢出流入泥浆池,经沉淀处理后再循环使用,如图2-2-2a)所示。

正循环成孔设备简单,操作方便,工艺成熟,当孔深不太深,孔径小于800mm时钻进效率高。桩径较大时,钻杆与孔壁间的环形断面较大,泥浆的上返速度低,携带土粒直径小,排渣能力差,岩土重复破碎现象严重。适用于填土、淤泥、黏土、粉土、砂土等地层,对于卵砾石含量不大于15%、粒径小于10mm的部分砂卵砾石层和软质基岩及较硬基岩也可使用。桩孔直径不宜大于1000mm,钻孔深度不宜超过40m。

反循环成孔[图2-2-2b)]是通过泵吸或射流抽吸或送入压缩空气,使钻杆内腔形成负压或形成充气液柱产生压差,使经过钻杆与孔壁间的环空间隙流向孔底的泥浆,携带钻头切削下来的钻渣由钻杆内腔高速返回地面泥浆池。由于泥浆上返速度快,排渣能力强,孔底水力流场合理,钻头始终处于新鲜土层或岩层面上切削破碎,成孔效率高,排渣能力强,对孔壁的冲刷作用小,在孔壁上形成的泥皮相对较薄,成孔质量好。但在接长钻杆时装卸较麻烦,如钻渣粒径超过钻杆内径(一般为120mm)易堵塞管路,则不宜采用。

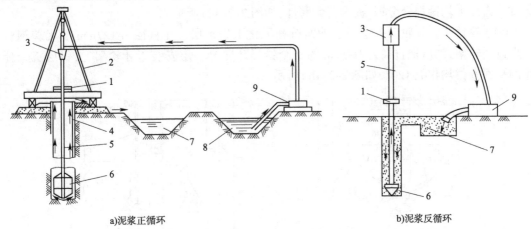

a)泥浆正循环　　　　　　　　　b)泥浆反循环

图 2-2-2　泥浆循环旋转钻孔

1-钻机;2-钻架;3-泥浆笼头;4-护筒;5-钻杆;6-钻头;7-沉淀池;8-泥浆池;9-泥浆泵

我国生产的旋转钻机的转盘、钻架、动力设备等均配套定型,钻头的构造根据土质不同采用相应形式,正循环旋转钻机所用钻头有以下几种。

①鱼尾钻头。鱼尾钻头是用厚50mm钢板制成,钢板中部切割成宽度同圆杆相等的缺口,将钻杆接头嵌进缺口并连接在一起,鱼尾两道侧棱镶焊合金钢刀齿,如图2-2-3a)所示。此种钻头在砂卵石或风化岩石中有较好钻进效果,但在黏土层中容易包钻,不宜使用,且导向性能差。

②笼式钻头。笼式钻头是由导向框、刀架、中心管及小鱼尾式超前钻头等部分组成,如图2-2-3b)所示。上下部各有一道导向圈,钻进平稳,导向性能良好,扩孔率小。适用于黏土、砂土和砂黏土土层钻进。

③刺猬钻头。钻头外形为圆锥体,周围如刺猬,用钢管、钢板焊成,如图2-2-3c)所示。锥顶直径等于设计所要求的钻孔直径,锥尖夹角约40°,锥头高度为直径的1.2倍。该钻头阻力较大,只适于孔深50 m以内黏性土、砂类土和夹有粒径在25mm以下砾石的土层。

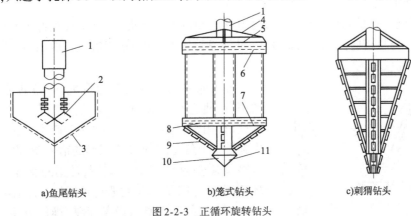

a)鱼尾钻头　　　　　b)笼式钻头　　　　　c)刺猬钻头

图 2-2-3　正循环旋转钻头

1-钻杆;2-出浆口;3-刀刃;4-斜撑;5-斜挡板;6-上腰围;7-下腰围;8-耐磨合金钢;9-刮板;10-超前钻;11-出浆口

常用的反循环钻头有以下两种:

①三翼空心单尖钻锥。简称三翼钻锥,适用于较松黏土、砂土及中粗砂地层。采用钢管和30mm厚的钢板焊制,上端有法兰同钻杆连接,下端呈剑尖形,中心角约110°,并有若干齿

刀,中间挖空作为吸渣口,带齿的三个翼板是回转切土的主要部分,刀片与水平线夹角以30°为宜。齿片上均镶焊合金钢,提高了耐磨性,如图2-2-4a)所示。

②牙轮钻头。牙轮钻头适用于砂卵石和风化页岩地层。在直径为127mm的无缝钢管上焊设牙轮架,然后把直径为160mm的9个锥形牙轮分三层安装于牙轮架上,每层三个牙轮的平面方位均相隔120°,如图2-2-4b)所示。

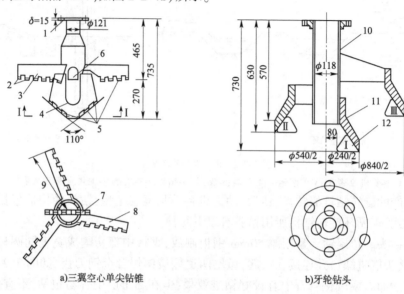

a)三翼空心单尖钻锥　　　　b)牙轮钻头

图2-2-4　反循环旋转钻孔(尺寸单位:mm)

1-法兰接头;2-合金钢刀头;3-翼板;4-剑尖;5-合金钢刀头尖;6-排渣孔;7-剑尖;8-翼板;9-孔径;10-无缝钢管;11-牙轮架;12-牙轮

旋转钻孔还可采用更轻便、高效的潜水电钻,钻头的旋转电动机及变速装置均经密封后安装在钻头与钻杆之间,钻孔时钻头旋转刀刃切土,并在端部喷出高速水流冲刷土体,以水力排渣。

由于旋转钻进成孔的施工方法受到机具和动力的限制,适用于较细、软的土层,如各种塑性状态的黏性土、砂土、夹少量粒径小于100~200mm的砂卵石土层,在软岩中也可使用。

(2)冲击钻进成孔。

冲击钻进成孔是利用钻锥(重力为10~35kN)不断地提锥、落锥反复冲击孔底土层,把土层中泥砂、石块挤向四壁或打成碎渣,钻渣悬浮于泥浆中,利用掏渣筒取出,重复上述过程冲击钻进成孔(图2-2-5)。

冲击时钻头应有足够的重量,适当的冲程和冲击频率,以使它有足够的能量将岩块打碎。锥体一般为圆柱形,用钢材制成,锥头呈"十"字形。冲锥每冲击一次旋转一个角度,才能得到圆形的钻孔,因此在锥头和提升钢丝绳连接处应有转向装置,常用的有合金套或转向环,以保证冲锥的转动,也避免了钢丝绳打结扭断。

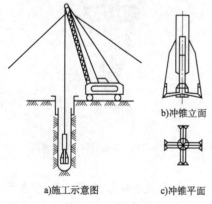

a)施工示意图　b)冲锥立面　c)冲锥平面

图2-2-5　冲击钻成孔

冲击成孔施工具有设备简单,操作方便,动力消耗少,机械故障少等优点,适宜在杂填土、黏土、粉土、砂土、卵砾石、漂石、孤石、基岩等地层施工。冲击成孔施工的缺点是钻进效率较低,清孔难度较大,桩孔不规则,容易发生孔斜及掉钻头、卡钻等孔内事故。

冲击成孔施工的桩孔直径通常为 500~1800mm,最大可达 2500mm,桩孔深度一般在 40m 左右,深度增加,钻进效率显著下降。

(3)冲抓钻进成孔。

冲抓钻进成孔是利用兼有冲击和抓土作用的抓土瓣,通过钻架,由带离合器的卷扬机操纵,锥头对准桩孔中心,放开制动,锥头靠自重(重为 10~20kN)下落,使土瓣锥尖张开插入土层,然后由卷扬机提升锥头收拢抓土瓣将土提升至孔外。等锥体提升至孔口以上时,工人及时在井口放置一块钢盖板,将手推车或其他运输工具放于其上。打开锥头控制栓,使锥头张开,土体落入运输车中运走。移走钢板,即进行下一轮冲抓作业,如此循环钻进。钻锥常采用四瓣或六瓣冲抓锥,其构造如图 2-2-6 所示。当收紧外套钢丝绳松内套钢丝绳时,内套在自重作用下相对外套下坠,便使锥瓣张开插入土中。

冲抓钻成孔适用于黏性土、砂性土及夹有碎卵石的砂砾土层,成孔深度宜小于 30m。

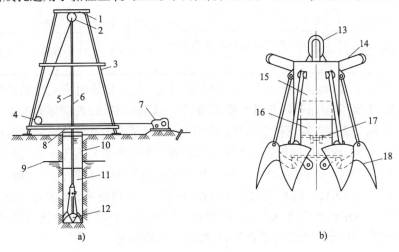

图 2-2-6 冲抓钻成孔

1-栋梁;2-天滑轮;3-钻架;4-转向滑轮;5-吊起钢丝绳;6-开合钢丝绳;7-双筒卷扬机;8-水头高度;9-地下水位;10-护筒;11-钻孔;12-冲抓锥;13-挂环;14-导向圈;15-外套;16-内套;17-内套滑轮;18-叶瓣

2)钻孔施工要点

各种钻孔方法的适用范围可参考表 2-2-2。

钻孔机具选用参考表 表表 2-2-2

编号	钻孔机具（方法）	适用范围			
		土层	孔径(cm)	孔深(m)	泥浆作用
1	长、短螺旋钻机	地下水位以上的细粒土、砂类土、砾类土、极软岩	长螺旋钻为 30~80,短螺旋钻为 50	26~70	干作业不需泥浆
2	机动推钻(钻斗钻)	细粒土、砂类土、卵石粒径小于 10cm,含量少于 30% 的卵石土	80~200	30~60	护壁
3	正循环回转钻机	细粒土、砂类土、卵石粒径小于 2cm,含量少于 20% 的卵石土、软岩	80~300	40~100	悬浮钻渣并护壁
4	反循环回转钻机	细粒土、砂类土、卵石粒径小于钻杆内径 2/3,含量少于 20% 的卵石土、软岩	80~250	泵吸<40 气举 150	护壁

续上表

编号	钻孔机具（方法）	适用范围			
		土层	孔径(cm)	孔深(m)	泥浆作用
5	正循环潜水钻机	淤泥、细粒土、砂类土、卵石粒径小于10cm,含量少于20%的卵石土	80~200	50~80	悬浮钻渣并护壁
6	反循环潜水钻机	同编号4	80~200	100(泵吸<气举)	护壁
7	全护筒冲抓和冲击钻机	各类土层	80~200	30~60	不需泥浆
8	冲抓锥	淤泥、细粒土、砂类土、砾类土、卵石土	80~200	30~50	护壁
9	冲击实心锥	各类土层	80~200	100	短程浮渣并护壁
10	冲击管锥	细粒土、砂类土、砾类土、松散卵石土	60~150	100	短程浮渣并护壁

(1)钻孔作业应分班连续进行,填写的钻孔施工记录,交接班时应交代钻进情况及下一班应注意事项。应经常对钻孔泥浆进行检测和试验,不符合要求时,应随时改正。应经常注意地层变化,在地层变化处均应捞取渣样,判明后记入记录表中并与地质剖面图核对。

(2)正循环钻机开孔时,应先启动泥浆泵和转盘,待泥浆进入钻孔一定数量后方可开始钻进,进尺应适当控制。在黏质土中,宜用尖底鱼尾式或圆笼式钻锥,以中等转速、大泵量、稀泥浆钻进;在砂类土中,宜用平底圆笼式钻锥,以轻压、低档慢速、大泵量、稠泥浆钻进;在较硬的卵石土中,宜用低档慢速、优质泥浆、慢进尺钻进。必要时可分两级钻进,第一级先钻进孔中心面积的一半,至适当深度后再扩孔,按设计孔径钻进。

孔内如遇有较大卵石、漂石或其他障碍物,引起钻具跳动、憋车(泵)、钻孔偏斜时,要及时控制钻进速度,降低转速,加大泵量,来回轻扫。必要时,要对孔内障碍物专门打捞清除,或增加导向装置,以防孔斜。

加接钻杆时,应先将钻具提离孔底,待泥浆循环3~5min后,再拆卸加接钻杆。清孔时应经常移动排渣管(出水管)在孔底的位置,以便使孔底边缘处沉渣吸出。下好钢筋笼后,应进行二次清孔,确保孔底沉渣符合规定要求。

(3)用泵吸式反循环钻进时,各处管线和钻杆应连接可靠,不漏气、不堵塞。起动砂石泵,待反循环正常后,才能开动钻机慢速回转下放钻头至孔底。开始钻进时,应先轻压慢转,待钻头正常工作后,逐渐加大转速,调整压力,并使钻头吸口不产生堵水。

在硬黏质土中,宜低速钻进、自由进尺;在一般黏质土中,宜用中、高速钻进、自由进尺;在砂类土和砾类土中,宜中、低速钻、控制进尺,为防止钻渣过多,卵砾石堵塞管路,可采用间断钻进、间断回转的方法来控制钻进速度。钻进时应认真仔细观察进尺和砂石泵排水出渣的情况;排量减少或出水中含钻渣量较多时,应控制给进速度,防止因循环液比重太大而中断反循环。

接长钻杆时,应暂停钻进,将钻锥提离孔底0.1m,维持泥浆循环1~2min,待孔底清洗干净,钻杆内钻渣清净后,再停泵加接钻杆。反循环钻进时,必须连续补充护筒内水量(泥浆),维持应有的水头,不得使孔壁坍塌。

钻进时如孔内出现坍孔、涌砂等异常情况,应立即将钻具提离孔底,控制泵量,保持冲洗液循环,吸除坍落物和涌砂,同时向孔内输送性能符合要求的泥浆,保持水头压力以抵制继续涌砂和坍孔,恢复钻进后,泵排量不宜过大以防坍孔壁。

钻进至设计孔深位置停钻后,将钻头提离孔底 100~150mm,继续维持泥浆循环,必要时,可低速回转钻头,同时向孔内送入干净泥浆或清水,如此反循环清孔 15~20min,使返出孔内的泥浆含砂量达到规定要求为止。

(4) 用气举式反循环钻进时,必须先换成正循环开孔或用泵吸式反循环开孔,待钻杆能埋入护筒内泥浆中达 5~6m 后,才可送入压缩空气扬水排渣。

气举式反循环在各种地层中的钻进转速、进尺控制等要素的要求与泵吸式反循环相同。

(5) 用全护筒法钻进时,如采用冲抓钻机在软弱及粉质土地层中钻进时,护筒应深于抓土平面 1~1.5m;在中等硬度地层中钻进时,护筒应深于抓土平面 0.3m 左右;在紧密的砾石土或卵石土层中钻进时,抓锥应预掘到护筒底端以下 0.2~0.3m 后,再下压护筒,继续钻进。

在硬层(漂石土或风化岩石层)钻进时,应换用十字形冲击锥进行冲击,使硬层破碎,再以抓瓣抓渣,如硬层较薄必须穿过时,可预掘 1~1.5m,再下压护筒,继续钻进;在黏质土与软岩层中钻进时,如不坍方,可不下压护筒;护筒压入地面总深度应根据土层紧密情况和上拔护筒功率而定。

(6) 用顶护筒冲抓锥钻进时,在开孔或护筒内冲抓,应采用 1~1.5m 的小冲程,稳而准的开孔,待钻锥全部进入护筒后再进行正常冲抓。提锥应缓慢,落锥高度可增大至 1.5~2.5m。

在黏质土中可采用中冲程冲抓,若土质较为松软,宜用小冲程;当土质较密实时,可采用 2~3m 的大冲程;当全孔均为紧密黏质土时,可不用泥浆,只用清水水头护壁。在砂类土中应采用 0.5~1.0m 低冲程冲抓,并投入适量黏质土和水,保持泥浆相对密度和护筒内水头;在疏松的砾、卵石土中可采用在砂类土中类似方法冲抓,当砾、卵石土层较密实时可加大冲程,并可采用连续冲击再收瓣抓土方法,泥浆相对密度可采用 1.1 左右;在漂石土中冲程不宜太大,宜连续多次低冲程。

冲抓和冲击钻锥起吊进出钻孔口时,严禁孔口附近站人,防止发生人身事故。

(7) 用冲击锥造孔时,应采用 1~1.5m 小冲程开孔,使孔壁坚实、竖直、圆顺起导向作用。一般可先用 60~80cm 的细锥头钻进,然后再用大锥头扩孔至设计孔径。这样一来可以保证孔壁稳定,防止塌孔,二来可以提高功效。当钻锥穿过护筒底 3m 以后,可根据地层情况加大冲程。冲击操作时应防止打空锤和大松绳。钻进冲程中及时排除钻渣,并添加黏土造浆,防止塌孔和沉积,使钻锥经常冲击新鲜地层。

在黏质土、风化泥岩地层冲击时,宜向孔内送入清水,自然造浆,选用十字小刃角形锥,以中、小冲程 0.6~1.0m 钻进。在黏性很大的黏质土中,应边冲边投入适量的粗砂,并在抽筒捞渣的同时向孔内泵入清水。

在砾类土层中冲击时,宜使用黏度较高、相对密度适中的泥浆并保持足够的水头,在冲击时向孔内投入黏质土。当遇到砂类土层时,应停钻向孔内投放足量的掺入片石或碎石的黏质土,改用小冲程冲击,孔内泥浆相对密度宜保持在 1.3 左右。

在卵石土、漂石土中冲击时,宜选用带侧刃的大刃脚一字形冲锥,重力要大。冲击时冲程应高但不得大于 4~6m,并投入黏质土,注意保持孔内水头。当发现冲孔倾斜时,应暂停冲击,提起冲锥向孔内倾斜段填满黏质土掺石块,再用低冲程冲击,控制钢丝绳放绳量。若仍不能纠正钻孔倾斜,宜改用回转钻进法穿越斜孔段。

在裂隙岩溶地层冲孔时,冲击锥操作应平稳,尽量不碰撞孔壁,选圆形钻锥,冲程宜小,钻锥重力宜大。遇裂隙可边投入黏质土,边冲击,直到穿过裂隙。当遇到深洞时,可边冲边向孔内投放片石或碎石,稳定填充物。

遇起伏不平的岩面和溶洞底板时,应投入黏质土掺石块,将孔底填平后,用十定形冲锥以小冲程反复冲击,慢慢穿过,防止出现偏孔、斜孔。

3)钻孔故障及处理方法

(1)坍孔。其表征是孔内水位突然下降又回升,孔口冒细密水泡,出渣量显著增加而不见进尺,钻机负荷显著增加等。坍孔多由泥浆性能不符合要求、孔内水头未能保证、机具碰撞孔壁等原因造成。应查明坍孔位置后进行处理,坍孔不严重时,可回填土到坍孔位以上,并采取改善泥浆性能、加高水头、深埋护筒等措施,继续钻进;坍孔严重时,应立即将钻孔全部用砂类土或砾石土回填,无上述土类时可采用黏质土并掺入5%~8%的水泥砂浆,应等待数日方可采取改善措施后重钻。坍孔部位不深时,可采取深埋护筒法,将护筒填土夯实,重新钻孔。

(2)钻孔偏斜、弯曲。常由地质松软不均、岩面倾斜、钻架位移、安装未平或遇探头石等原因造成。一般可在偏斜处吊住钻锥反复扫孔,使钻孔正直。偏斜严重时,应回填黏质土到偏斜处顶面,待沉积密实后重新钻孔。

(3)扩孔与缩孔。扩孔多系孔壁小坍塌或钻锥摆动过大造成,应针对原因采取防治措施。钻锥缩孔常因地层中含遇水能膨胀的软塑土或泥质页岩造成,钻锥磨损过甚,亦能使孔径稍小。前者应采用失水率小的优质泥浆护壁,后者应及时焊补钻锥。缩孔已发生时,可用钻锥上下反复扫孔,扩大孔径。

(4)钻孔漏浆。遇护筒内水头不能保持时,宜采取护筒周围回填土夯筑密实、增加护筒沉埋深度、适当减小护筒内水头高度、增加泥浆相对密度和黏度、倒入黏土使钻锥慢速转动、增加孔壁黏质土层厚度等措施,用冲击法钻孔时,可填入片石、卵石,反复冲击,增加护壁。

(5)梅花孔(或十字孔)。常由冲击钻锥的自动转向装置失灵、泥浆相对密度和黏度太大、冲程太小等原因造成。应针对上述原因采取改善措施。已发生的梅花孔,应采用片石或卵石土掺黏质土混合回填孔内,重新冲击钻孔。

(6)糊钻、埋钻。多系正循环(含潜水钻机)回转钻进时,遇软塑黏质土层,泥浆相对密度和黏度过大、进尺快、钻渣量大、钻杆内径过小,出浆口堵塞而造成。应改善泥浆性能,对钻杆内径、钻渣进出口和排渣设备的性能参数进行检查计算,并控制适当进尺。若已严重糊钻,应停钻提出钻锥,清除钻渣。

冲击钻锥糊锥时,应减小冲程,降低泥浆相对密度和黏度,并在黏土层回填部分砂类土和砾类土。遇到塌方或其他原因造成埋钻时,应使用空气吸泥机吸走埋锥的泥砂,提出钻锥。

(7)卡钻。常发生在冲击钻孔时,多因先形成了梅花孔,或钻锥磨损未及时焊补、钻孔直径变小,而新钻锥又过大,冲锥倾倒,遇到探头石,或孔内掉入物件卡住等原因造成。卡钻后不宜强提,可用小锥冲击或用冲、吸的方法将钻锥周围的钻渣松动后再提出。

(8)掉落钻物。宜迅速用打捞叉、钩、绳套等工具打捞。若落体已被泥沙埋住时,宜按前述各条,先清泥沙,使打捞工具能接触落体后打捞。

在任何情况下,严禁施工人员进入没有护筒或无其他防护设施的钻孔中处理故障。当必须下人护筒或其他防护设施的钻孔时,应在检查孔内无有害气体,并备齐防毒、防溺、防坍埋等安全设施后方可进行。

3. 清孔

当钻孔达到设计要求深度并经检查合格后,应立即进行清孔,目的是清除钻渣与孔底沉淀层,以减少桩基的沉降量,提高承载能力,同时为水下灌注混凝土创造良好条件,确保桩基质量。清孔方法有换浆、抽浆、掏渣、空压机喷射、砂浆置换等,可根据具体情况选择使用。不论采用何种清孔方法,在清孔排渣时,必须注意保持孔内水头,防止坍孔,不得用加深钻孔深度的方式代替清孔。

1) 换浆清孔法

换浆清孔法适用于正循环回转钻孔,在完成钻孔深度后,提升钻锥至距孔底钻渣面 $0.1 \sim 0.3m$,以大泵量泵入符合清孔后性能指标的新泥浆,维持正循环 4h 以上,直到清除孔底沉渣、减薄孔壁泥皮、泥浆性能指标符合要求为止。本法清孔进度慢,对大直径、深孔可将正循环机具迅速拆除,改用抽浆法。

2) 抽浆清孔法

抽浆清孔法清孔较彻底迅速,适用于各种方法的钻孔,对于反循环回转钻孔完成后,可停止钻具回转,将钻锥提离孔底钻渣面 $10 \sim 30mm$,维持泥浆的反循环,并向孔中注入清水。应经常测量孔底沉渣厚度和孔中泥浆性能指标,满足要求后立即停止清孔。对大直径、深孔可配合气举法清孔。

3) 掏渣清孔法

掏渣清孔法是用抽渣筒、大锅锥或冲抓锥清掏孔底粗钻渣,适用于机动推钻、冲抓和冲击钻孔的初步清孔。掏渣前可投入水泥 $1 \sim 2$ 袋,再以冲锥冲成钻渣和水泥的混合物,提高掏渣工效。当要求清孔质量较高时,可用高压水管插入孔底射水,降低泥浆相对密度。对大直径、深孔应在掏渣清孔后,再用气举抽浆法清孔。

4) 喷射清孔法

喷射清孔法只宜配合换浆法或抽浆法清孔后使用,该法是在灌注水下混凝土前,对孔底进行高压射水或射风数分钟,使孔底剩余少量沉淀物漂浮后,立即灌注水下混凝土。

5) 砂浆置换清孔法

砂浆置换清孔法适宜于掏渣清孔后使用。该法按下述工序进行:

(1) 用掏渣筒尽量清除钻渣。

(2) 以高压水管插入孔底射水,降低泥浆相对密度。

(3) 以活底箱在孔底灌注 0.6m 厚的以粉煤灰与水泥加水拌和并掺入缓凝剂的特殊砂浆,常用配合比为水泥:粉煤灰:砂:加气剂 $= 1:0.4:1.4:0.007$(质量比),砂浆初凝时间应延长到 $6 \sim 12h$。

(4) 插入比孔径稍小的搅拌器,慢速旋转,将孔底残渣搅入砂浆中。

(5) 吊出搅拌器,吊入钢筋骨架,灌注水下混凝土,搅入残渣的砂浆被混凝土置换后,一直被顶托在混凝土面以上而被推到桩顶后,再予以清除。

无论采用何种方法清孔,清孔后应从孔底提出泥浆试样,进行性能指标试验,要求清孔后泥浆相对密度为 $1.03 \sim 1.10$,黏度为 $17 \sim 20 Pa \cdot s$,含砂率 $< 2\%$,胶体率 $> 98\%$。在浇筑混凝土前,孔底沉渣允许厚度应符合标准规定,即端承桩 $\leqslant 50mm$,直径 $\leqslant 1.5m$ 的摩擦桩应 $\leqslant 300mm$,对桩径 $> 1.5m$ 或桩长 $> 40m$ 或土质较差的摩擦桩应 $\leqslant 500mm$。

4. 吊放钢筋笼

混凝土灌注桩钢筋笼普遍刚度不足,很易变形。由制作时的水平状态至安放时的垂直状态,如何能加快安放速度以避免塌孔等事故发生,防止钢筋笼变形避免刮孔壁塌孔是个关键性问题。

如钢筋笼过长,应分段制作,分段长度应根据吊装条件确定,应确保不变形,接头应错开。吊放钢筋笼入孔时再分段焊接或机械连接。钢筋笼在运输和吊放过程中,每隔2.0~2.5m设置加强箍一道,并在钢筋笼内每隔3~4m装一个可拆卸的十字形临时加劲架,在钢筋笼吊放入孔后拆除。在钢筋笼周围主筋上每隔一定间距设置控制混凝土保护层厚度的垫块,其间距竖向为2m,横向圆周不得少于4处。钢筋笼应垂直缓慢放入孔内,防止碰撞孔壁。钢筋笼放入孔内后,要采取措施,固定好位置,并进行隐蔽工程验收,合格后应立即浇筑水下混凝土。

5. 水下浇筑混凝土

目前水下浇筑混凝土的方法主要有直升导管法、液压阀法、填石压浆法、吊斗法及袋装法等,我国桩基施工多采用直升导管法。

1)灌注方法及有关设备

导管法的施工过程如图2-2-7所示。将导管居中插入到离孔底0.3~0.4m(不能插入孔底沉积的泥浆中),导管上口接漏斗或储料斗,在接口处设隔水栓,以隔绝混凝土与导管内水的接触。在储料斗中存备足够数量的混凝土后,放开隔水栓使储料斗中存备的混凝土连同隔水栓向孔底猛落,将导管内水挤出,混凝土沿导管下落至孔底堆积,并使导管埋在混凝土内,此后向导管连续灌注混凝土。导管下口埋入孔内混凝土中1~1.5m深,以保证钻孔内的水不能重新流入导管。随着混凝土不断灌入,钻孔内初期灌注的混凝土及其上面的水或泥浆不断被顶托升高,相应地不断提升导管和拆除导管,直至灌注混凝土完毕。

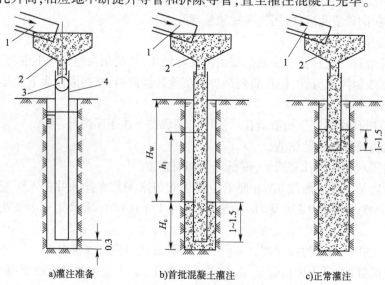

图2-2-7 直升导管法灌注水下混凝土(尺寸单位:m)

1-灌入混凝土;2-漏斗;3-隔水塞;4-钢导管

导管是内径为0.2~0.4m的钢管,壁厚为4~6mm,每节长度为1~2m,最下面一节导管应较长,一般为3~4m。导管两端用法兰盘、丝扣或卡口相连接,并垫橡皮圈以保证接头不漏水。导管使用前应进行水密承压和接头抗拉试验,严禁用压气试压。进行水密试验的水压不应小于孔内水深1.3倍的压力,也不应小于导管壁和焊缝可能承受灌注混凝土时最大内压力P的1.3倍。

隔水栓常用直径较导管内径小 20～30mm 的木球或混凝土球、砂袋等,以粗铁丝悬挂在导管上口或近导管内水面处,要求隔水球能在导管内滑动自如不致卡管。目前也有采用在漏斗与导管接头处设置活门来代替隔水球,它是利用混凝土下落排出导管内的水,施工较简单但需有丰富操作经验。

首批灌注的混凝土数量,要保证将导管内水全部压出,并能将导管初次埋入 1～1.5m 深。按照这个要求计算第一斗连续浇灌混凝土的最小用量,从而确定漏斗及储料槽的大小。所需首批混凝土数量计算公式为:

$$V \geqslant \frac{\pi D^2}{4}H_c + \frac{\pi d^2}{4}h_1 \tag{2-2-1}$$

式中:V——灌注首批混凝土所需数量,m^3;

D——桩孔直径,m;

H_c——导管初次埋置深度及桩孔底至导管底端间距(一般为 0.4m,孔底有沉淀时适当增加)之和,m;

d——导管内径,m;

h_1——桩孔内混凝土达到要求的埋置深度时,导管内混凝土柱平衡导管外(或泥浆)压力所需的高度,m,即 $h_1 = H_w \frac{\gamma_w}{\gamma_c}$;

H_w——桩孔内水面与混凝土要求的初次埋置面间距,m;

γ_w——孔内水或泥浆的重度,kN/m^3;

γ_c——所灌注混凝土拌和物的重度,kN/m^3。

例:某钻孔灌注桩直径为 1.2m,采用内径为 0.23m 的导管水下灌注混凝土,钻孔孔内水面以下深度为 60m,泥浆的容重为 $11kN/m^3$,所灌注的混凝土拌和物的容重为 $24kN/m^3$,孔底沉淀层厚度为 0.1m,求首批混凝土最小储备量。

解:因孔底有沉淀层,孔底至导管底间距取为 0.5m,导管初次埋入深度取为 1m,则:

$$H_c = 1 + 0.5 = 1.5(m)$$
$$H_w = 60 - 1.5 = 58.5(m)$$
$$H_1 = \frac{H_w \times \gamma_w}{\gamma_c} = \frac{58.5 \times 11}{24} = 26.81(m)$$
$$V = \frac{\pi D^2 H_c}{4} + \frac{\pi d^2 h_1}{4} = \frac{3.14}{4} \times (1.2^2 \times 1.5 + 0.23^2 \times 26.81) = 2.81(m^3)$$

若采用 $1m \times 1m \times 0.8m$ 方漏斗其容积为 $0.42m^3$,则储料斗最小容积为:$2.81 - 0.42 = 2.39(m^3)$。

漏斗顶端至少应高出桩顶(桩顶在水面以下时应比水面高出)3m,以保证在灌注最后部分混凝土时,管内混凝土能满足顶托管外混凝土及其上面的水或泥浆重力的需要。

2)对混凝土材料的要求

为保证水下混凝土的质量,设计混凝土配合比时,要将混凝土强度等级提高 20%,混凝土应有必要的流动性,较小的泌水率,良好的抗离析能力和流动性保持能力。坍落度宜在 180～220mm 范围内,砂率宜采用 0.4～0.5,水灰比宜用 0.5～0.6,为了改善混凝土的和易性,可在其中掺入减水剂和粉煤灰掺和物。为防卡管,石料尽可能用卵石,粗集料宜优先选用卵石,如采用碎石宜适当增加混凝土配合比的含砂率。集料的最大粒径不应大于导管内径的 1/8～1/6 和钢筋最小净距的 1/4,同时不应大于 40mm。可采用火山灰水泥、粉煤灰水泥、普通硅酸盐水泥或硅酸盐水泥,使用矿渣水泥时应采取防离析措施。水泥的初凝时间不宜早于 2.5h,水泥的强度等级不宜低于 42.5。每立方米混凝土的水泥用量不小于 350kg,当掺有适宜数量的减水缓凝剂或粉煤灰时,可不少于 300kg。

3）灌注水下混凝土注意事项

灌注水下混凝土是钻孔灌注桩施工最后一道关键性的工序,其施工质量将直接影响到成桩质量,施工中应注意以下几点:

(1) 灌注水下混凝土的设备生产能力,应能满足桩孔在规定时间内灌注完毕。灌注时间不得长于首批混凝土初凝时间,若估计灌注时间长于首批混凝土初凝时间,则应掺入缓凝剂。

混凝土拌和必须均匀,尽可能缩短运输距离和减小颠簸,防止混凝土离析而发生卡管事故。混凝土拌和物运至灌注地点时,应检查其均匀性和坍落度等,如不符合要求,应进行第二次拌和,二次拌和后仍不符合要求时,不得使用。

(2) 首批混凝土拌和物下落后,混凝土必须连续灌注,一气呵成,避免任何原因的中断,因此混凝土的搅拌和运输设备应满足连续作业的要求,孔内混凝土上升到接近钢筋笼架底处时应防止钢筋笼架被混凝土顶起。

(3) 在灌注过程中,要随时测量和记录孔内混凝土灌注高程和导管入孔长度,提管时保证导管埋入混凝土面内 3～5m 深。防止导管提升过猛,管底提离混凝土面或埋入过浅,而使导管内进水造成断桩夹泥。但也要防止导管埋入过深,而造成导管内混凝土压不出或导管为混凝土埋住凝结,不能提升,导致中止浇灌而成断桩。

(4) 为防止钢筋骨架上浮,当灌注的混凝土顶面距钢筋骨架底部 1m 左右时,应降低混凝土的灌注速度。当混凝土拌和物上升到骨架底口 4m 以上时,提升导管,使其底口高于骨架底部 2m 以上,即可恢复正常灌注速度。

(5) 灌注的桩顶高程应比设计值预加一定高度,此范围的浮浆和混凝土应凿除,残余桩头应无松散层,以确保桩顶混凝土的质量。预加高度一般为 0.5～1.0m,深桩应酌量增加。

在灌注将近结束时,应核对混凝土的灌入数量,以确定所测混凝土的灌注高度是否正确。

待桩身混凝土达到设计强度,按规定检验后方可灌注系梁、盖梁或承台。

4）常见故障及其处理

(1) 初灌导管进水。首批混凝土拌和物下落后,导管进水,应将已灌注的拌和物用吸泥机(可用导管作吸泥管)全部吸出,再针对进水的原因,改正操作工艺或增加首批拌和物储量,重新灌注。

(2) 中期导管进水。多在提升导管且底口超出已灌混凝土拌和物表面时发生。遇到该种故障时,可依次将导管拔出,用吸泥机或潜水泥浆泵将原灌混凝土拌和物表面的沉淀土全部吸出,将装有底塞的导管压重插入原混凝土拌和物表面下 2.5m 深处,然后在无水导管中继续灌注,将导管提升 0.5m,继续灌注的拌和物即可冲开导管底塞流出。

(3) 初灌导管堵塞。多因隔水硬球栓或硬柱塞不符合要求被卡住而产生。可采用长杆冲捣,或用附着于导管外侧的振动器振动导管,或提升导管迅速下落振冲,或用钻杆上加配重冲击导管内混凝土。若上述方法无效,应提出导管,取出障碍物,重新改用其他隔水设施灌注。

(4) 中期导管堵塞。多因灌注时间过长,表层混凝土拌和物已初凝产生,或因某种故障,拌和物在导管内停留过久而发生堵塞。处理方法是将导管连同堵塞物一齐拔出,若原灌混凝土表层尚未初凝,可用新导管插入原灌拌和物内 2m 深,用潜水泥浆泵下入导管孔底,将底部水泵出,再用圆杆接长的小掏渣桶下入管底,升降多次将残余渣土掏除干净,然后在新导管内继续灌注,但灌注结束后,此桩应作为断桩予以补强。

(5)灌注坍孔。大的坍孔表征与钻孔期间近似,可用测深仪或测锤探测,如探头达不到混凝土面高程时即可证实发生坍孔。产生原因如下:

①护筒底脚漏水。

②潮汐区未保持所需水头。

③地下水压超过原承压力。

④孔内泥浆相对密度、黏度过低。

⑤孔口周围堆放重物或机械振动。

如坍塌数量不大,采取措施后可用吸泥机吸出混凝土表面坍塌的泥土,如不继续坍孔,可恢复正常灌注。

如坍孔仍不停止,且有扩大之势,应将导管和钢筋骨架拔出,将孔内用黏土或掺入5%~8%的水泥填满,待数日后孔位周围地层已稳定时,再钻孔施工。

(6)埋管。灌注过程中导管提升不动或灌注完毕导管拔不出,统称埋管,常由于导管埋置过深所致。若已成埋管故障,宜插入一直径稍小的护筒至已灌混凝土中,用吸泥机吸出混凝土表面上泥渣,派潜水工下至混凝土表面在水下将导管齐混凝土面切断,拔出安全护筒,重新下导管灌注,此桩灌注完成后,上下断层间应予以补强。

若桩径过小,潜水工无法下去工作,可在吸出混凝土表面上泥渣后,采用输送管直径为100~150mm且水下连接一段钢管的混凝土泵,泵送余下的混凝土桩身。

(7)夹层断桩。多为以上各种事故的次生结果。有些是在灌注完成后,钻取桩身混凝土岩芯或无破损检测法检验时发现混凝土中夹泥砂层的情况,称为夹层断桩事故。多因首批混凝土隔离层上升、(或第二、三批)已近初凝,流动性降低,在导管埋深较小时,续灌混凝土拌和物顶破隔离层上升,将原灌混凝土表面的沉淀土覆盖在混凝土拌和物下面造成。在灌注中不易发觉,多系在桩身质量检验时才发现。

(8)混凝土严重离析。多由导管漏水引起水浸、地下水渗流等造成。预防方法除应使灌注的混凝土拌和物符合规定要求外,灌注前应严格检验导管的水密性,灌注中应注意防止导管内发生高压气囊,在承压地下水地区应测验地下水的压力高度和渗流速度,当其速度超过12m/min时,应注意在此地区采取钻孔灌注的施工措施。

6. 灌注桩的补强方法和技术要求

钻孔灌注桩经桩身质量检测后,如发现有夹层断桩、混凝土严重离析、空洞等事故时,经设计代表及监理工程师的同意后进行补强处理,一般可采用压入水泥浆法,具体步骤如下:

(1)先在桩身钻两个小孔,分别作压浆和出浆用。深度应达补强处以下1m,对于柱桩应达基岩。

(2)用高压水泵向孔内压入清水,使夹层泥渣从出浆孔冲洗出来。

(3)用压浆泵先压入水灰比为0.8的纯水泥浆,进浆口应用麻絮填堵在铁管周围,待孔内原有清水从另一孔全部压出来之后,再用水灰比0.5的浓水泥浆(宜用52.5水泥)压入。浓浆压入时应使其充分扩散,当浓浆从出浆口冒出时停止压浆,用碎石将出浆口封填,并以麻袋堵实。最后再用水灰比0.4的水泥浆压入,压力增大到0.7~0.8MPa时关闭进浆阀,稳压压浆20~25min,压浆补强工作结束。

(4)待水泥浆硬化后,应再钻孔取芯检查补强效果。

7. 沉管灌注桩施工

沉管灌注桩又叫套管成孔灌注桩,是利用锤击打桩法或振动沉桩法,将带有活瓣式桩尖或带有钢筋混凝土桩靴的钢套管沉入土中形成桩孔,放入钢筋笼,然后边拔管边灌注混凝土,利用拔管的振动力将混凝土捣实,形成所需的灌注桩,如图 2-2-8 所示。在施工中要考虑沉管桩对周围环境的噪声、振动、挤压等影响。

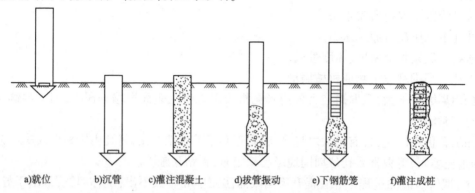

图 2-2-8　沉管灌注桩施工过程

沉管灌注桩利用套管保护孔壁,能沉能拔,施工速度快。适用于黏性土、粉土、淤泥质土、砂土及填土,在厚度较大、灵敏度较高的淤泥和流塑状态的黏性土等软弱土层中采用时,应制定可靠的质量保证措施。

沉管下端有两种构造:一种是开口,在沉管时套以钢筋混凝土预制桩尖,拔管时,桩尖留在桩底土中;另一种是管端带有活瓣桩尖,沉管时,桩尖活瓣合拢,灌注混凝土后拔管时活瓣打开。

1) 锤击沉管灌注桩

锤击沉管灌注桩施工程序包括:沉管,清孔,吊放钢筋笼、浇筑混凝土(拔管)。

(1) 沉管。在打入套管时,当桩距小于 4 倍桩径时,应采取保证相邻桩桩身质量的技术措施,防止因挤土而使已浇筑的桩发生桩身断裂。如采用跳打方法,中间空出的桩须待邻桩混凝土达到设计强度的 50% 以后方可施打。沉管前,应检查套管与桩锤是否在同一垂直线上,套管偏斜不大于 0.5%,锤沉套管时先用低锤轻击,观察无偏移进,才可正常施打,直至符合设计要求的贯入度或沉入高程,并做好打桩记录。

(2) 清孔。沉管施工时,套管与桩靴连接处要垫以麻、草绳,以防止地下水渗入管内。沉管结束后,应检查桩靴有无破坏、管内有无泥砂或水进入,保证清孔质量。

(3) 吊放钢筋笼、浇筑混凝土(拔管)。清孔后即可吊放钢筋笼、浇筑混凝土。套管内混凝土应尽量灌满,然后开始拔管。拔管要匀速,对一般土层以 1m/min 为宜,在软弱土层和软硬土层交界处,宜控制在 0.8m/min 以内。不宜拔管过高,要保证管内有不少于 2m 高度的混凝土,第一次拔管高度应控制在能容纳第二次所需要灌入的混凝土量为限,拔管时应保持连续密锤低击不停,使混凝土得到振实。

为了提高桩的质量和承载能力,还可采用复打法。在第一次灌注桩施工完毕,拔出套管后,清除管外壁上的污泥和桩孔周围地面的浮土,立即在原桩位再埋设预制桩靴第二次复打套管,使未凝固的混凝土向四周挤压扩大桩径,然后第二次灌注混凝土。拔管方法与初打时相同。施工时前后两次沉管的轴线应复合,复打施工必须在第一次灌注的混凝土初凝之前进行,也有采用内夯管进行夯扩的施工方法。复打法第一次灌注混凝土前不能放置钢筋笼,如配有钢筋,应在第二次灌注混凝土前放置。

2）振动沉管灌注桩

振动沉管灌注桩采用振动锤或振动—冲击锤沉管。与锤击沉管灌注桩相比,振动沉管灌注桩更适合于在稍密及中密的碎石土地基上施工。

振动、振动—冲击沉管灌注桩的施工有单打法、复打法、反插法等。单打法适用于含水率较小的土层,并宜采用预制桩尖;复打法及反插法适用于饱和土层。

单打法施工时,桩管内灌满混凝土后,先振动 5~10s,再开始拔管,应边振边拔,每拔 0.5~1m 后,停拔并振动 5~10s,如此反复,直至桩管全部拔出。在一般土层内,拔管速度宜为 1.2~1.5m/min,在软弱土层中,宜控制在 0.8m/min 以内。

反插法施工时,在套管内灌满混凝土后,先振动再开始拔管,每次拔管高度为 0.5~1m,向下反插深度为 0.3~0.5m。如此反复进行并始终保持振动,直至套管全部拔出地面。反插法能使桩的截面增大,从而提高桩的承载力。

二、挖孔桩基础施工

人工挖孔灌注桩是指桩孔采用人工挖掘方法进行成孔,然后安放钢筋笼,浇筑混凝土而成的桩。适用于无水或少水的较密实的各类土层中,或缺乏钻孔设备,或不用钻机以节省造价时。桩的直径(或边长)不宜小于 1.2m,孔深一般不宜超过 20m。

人工挖孔灌注桩绝大多数情况下无须浇筑水下混凝土,施工质量可靠,桩底无沉淀浮泥,易于扩大桩尖,提高桩身支承力,具有单桩承载能力高,受力性能好,既能承受垂直荷载,又能承受水平荷载,机具设备简单,施工操作方便,占用施工场地小,无噪声,无振动,不污染环境,对周围建筑物影响小,可全面展开施工,工期缩短,造价低等优点,因此得到广泛应用。

三、预制桩基础施工

预制桩主要有钢筋混凝土方桩、钢筋混凝土管桩、钢管或型钢钢桩等,预制桩能承受较大的荷载、坚固耐久、施工速度快,是广泛应用的桩型之一,常用的为钢筋混凝土实心方桩和空心管桩。桩长最大长度取决于打桩架的高度,如在工厂制作,为便于运输,长度不宜超过 12m。如在现场制作,一般不超过 30m。当打设 30m 以上的桩时,在打桩过程中需要逐节接桩。预制桩的沉设方法主要有锤击法、振动法与静压法。

1. 钢筋混凝土预制桩的制作、运输和堆放

预制混凝土桩的混凝土强度等级不宜低于 C30(静压法沉桩时不宜低于 C20),粗集料宜采用碎石。每根或每节桩的混凝土必须连续浇筑,不得中断,不得留施工缝。为防止桩顶被击碎,桩顶一定范围内的箍筋应加密及加设钢筋网片,浇筑预制桩的混凝土时,宜从桩顶向桩尖浇筑。接桩的接头处应平整,使上下桩能相互贴合对准。桩的混凝土浇筑完毕后,应在桩上标明编号、灌制日期和吊点位置,填写制桩记录,并及时养护。

现场预制桩时,场地必须平整夯实,不应产生浸水湿陷和不均匀沉降。为节约场地,可采用重叠法间隔制作。叠浇预制桩的层数一般不宜超过 4 层,上下层之间、邻桩之间、桩与模板之间应做好隔离层。上层桩或邻桩的浇筑,应在下层桩或邻桩混凝土达到设计强度等级的 30% 以后方可进行。

混凝土管桩是用离心法在工厂生产的,常施加预应力,制成预应力高强度混凝土管桩。管桩按桩身混凝土强度等级分为预应力混凝土管桩(代号 PC 桩)和预应力高强混凝土管桩(代号 PHC 桩),前者强度等级不低于 C60,后者不低于 C80。PC 桩一般采用常压蒸汽养护,脱模后移入水池再泡水养护,一般要经28d才能使用。PHC桩一般在成型脱模后,送入高压釜经10个大气压、180℃左右高温高压蒸汽养护,从成型到使用的最短时间为3~4d。

钢筋混凝土预制桩应在混凝土达到设计强度标准值的75%方可起吊,达到100%方能运输和打桩。如需提前起吊,必须作强度和抗裂度验算,并采取必要的防护措施。起吊时,吊点位置应符合设计规定,如设计未作规定时,应符合起吊弯矩最小的原则,其合理吊点位置如图2-2-9所示。起吊时应平稳提升,吊点同时离地,保证桩不受损坏。

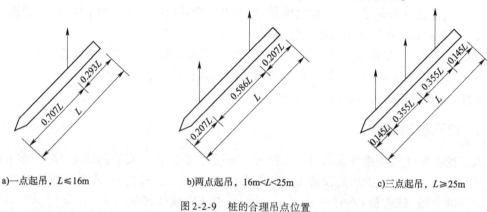

a)一点起吊,$L \leq 16m$　　b)两点起吊,$16m < L < 25m$　　c)三点起吊,$L \geq 25m$

图2-2-9　桩的合理吊点位置

桩堆放时场地应平整、坚实,排水良好,桩应按规格、桩号分层叠置,桩尖应朝向一端,支撑点应设在吊点或近旁处,上下垫木应在同一直线上,并支撑平稳,堆放层数不宜超过4层。

2. 打桩机具

打桩用的机具主要包括桩锤、桩架及动力装置3部分。

1)桩锤

桩锤是打桩的主要机具,其作用是对桩施加冲击力,将桩打入土中。主要有落锤、单动汽锤和双动汽锤、柴油锤、液压锤。

落锤一般由生铁铸成,重0.5~1.5t,构造简单,使用方便,提升高度可随意调整,一般用卷扬机拉升施打。但打桩速度慢(6~20次/min),效率低,适于在黏土和含砾石较多的土中打桩。

汽锤是利用蒸汽或压缩空气的压力将桩锤上举,然后下落冲击桩顶沉桩,根据其工作情况又可分为单动式汽锤与双动式汽锤。单动式汽锤的冲击体在上升时耗用动力,下降靠自重,打桩速度较落锤快(60~80次/min),锤重1.5~15t,适于各类桩在各类土层中施工。双动式汽锤的冲击体升降均耗用动力,冲击力更大、频率更快(100~120次/min),锤重0.6~6t,还可用于打钢板桩、水下桩、斜桩和拔桩。

柴油锤是利用燃油爆炸产生的力,推动活塞上下往复运动进行沉桩的。其冲击部分是沿导杆或缸体上下活动的活塞,当活塞下落时,汽缸中的空气被压缩,温度剧增,使得喷入汽缸中的柴油点燃爆炸,其作用力将活塞上抛,同时以反作用力将桩击入土中。柴油锤冲击部分重为0.1t、0.2t、0.6t、1t、1.2t、1.8t、2.5t、4t、6t等,每分钟锤击40~80次。柴油锤本身附有桩架、动力设备,易搬运转移,不需外部能源,应用较为广泛。但施工中有噪声、污染和振动等影响。另外当土很松软时,桩的下沉阻力小,致使活塞向上顶起的距离(与桩下沉中所受阻力的大小成正比)很小,当再次下落时,不能保证将气缸中的气体压缩到点燃爆炸的程度,则会造成柴油锤熄火而中断施工;而当土很坚硬时,桩的下沉阻力大,致使活塞向上顶起的距离很大,再次下落时,则冲击力过大,易损坏桩头、桩锤。

液压锤是一种新型打桩设备,它的冲击缸体通过液压油提升与降落。冲击缸体下部充满氮气,当冲击缸下落时,首先是冲击头对桩施加压力,接着是通过可压缩的氮气对桩施加压力,使冲击缸体对桩施加压力的过程延长,因此,每一击能获得更大的贯入度。液压锤不排出任何废气,无噪声,冲击频率高,并适合水下打桩,是理想的冲击式打桩设备,但构造复杂,造价高。

2)桩架

桩架是吊桩就位、悬吊桩锤,打桩时引导桩身方向并保证桩锤能沿着所要求方向冲击的打桩设备。要求其具有较好的稳定性、机动性和灵活性,保证锤击落点准确,并可调整垂直度。常见的桩架形式如下:

(1)滚筒式支架。行走靠两根钢滚筒在垫木上滚动,优点是结构比较简单,制作容易,但在平面转弯、调头方面不够灵活,操作人员较多。适用于预制桩和灌注桩施工,如图 2-2-10 所示。

(2)多功能桩架。如图 2-2-11 所示由立柱、斜撑、回转工作台、底盘及传动机构等组成。它是沿轨道行走移动,其机动性和适应性较大,在水平方向可作 360°回转,立柱可伸缩和前后倾斜。底盘下装有铁轮,可在轨道上行走。这种桩架可用于各种预制桩和灌注桩施工。缺点是机构较庞大,现场组装、拆卸和转运较困难。

履带式桩架如图 2-2-12 所示,以履带式起重机为底盘,增加了立柱、斜撑、导杆,用于打桩。其行走、回转、起升的机动性好,使用方便,适用范围广,可适应各种预制桩和灌注桩施工。

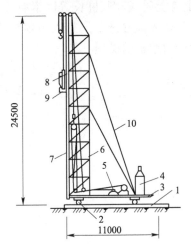
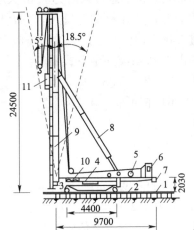
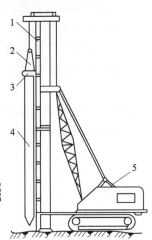

图 2-2-10 滚筒式桩架(尺寸单位:mm)
1-垫木;2-滚筒;3-底座;4-锅炉;5-卷扬机;6-桩架;7-龙门;8-蒸汽锤;9-桩帽;10-缆绳

图 2-2-11 多功能桩架(尺寸单位:mm)
1-枕木;2-钢轨;3-底盘;4-回转平台;5-卷扬机;6-驾驶室;7-平衡重;8-撑杆;9-挺杆;10-水平调整装置;11-桩锤与桩帽

图 2-2-12 履带式桩架
1-导架;2-桩锤;3-桩帽;4-桩;5-吊车

3)桩锤与桩架的选择

选择合适的锤型和锤级必须先对桩的形状、尺寸、重量、埋入长度、结构形式以及土质、气象作综合分析,再按照桩锤的特性进行选定,有时几种锤配合使用往往更为有效。但是无论如何都必须使用锤击力能充分超过沉桩阻力的桩锤。桩的打入阻力包括桩尖阻力,桩的侧面摩阻力,桩的弹性位移所产生的能量损失等。桩重与锤重必须相适应,桩锤和桩重的比值变化会产生不同的打桩效率。如果锤重不足,则沉桩困难,并易引起桩的头部破损。但当用大型锤打小断面的桩时,也会使桩产生纵向压曲或局部破坏。一般情况下相对于桩重,锤重越大,打击效率越高。但应同时考虑工程环境施工进度及费用。

(1)选择桩锤的一般原则。

①保证桩能打穿较厚的土层(包括硬夹层),进入持力层,达到设计预定的深度。

②桩的锤击应力应小于桩材的容许强度,保证桩不致遭受破坏。钢筋混凝土桩的锤击压应力不宜大于混凝土的标准强度,锤击拉应力不宜大于混凝土的抗拉强度。预应力桩的锤击拉应力不宜大于混凝土的抗拉强度与桩的预应力值之和。

③打桩时的总锤击数和全部锤击时间应适当控制,以避免桩的疲劳和破坏或降低桩锤效率和施工生产率。

④桩的贯入度不宜过小。柴油锤沉桩的贯入度不宜小于 1~2mm/击,蒸汽锤不宜小于 2~3mm/击,以免损坏桩锤和打桩机。

⑤按照桩锤的动力特性,对不同的土质条件、桩材强度、沉桩阻力,选用工效高、能顺利打入至预定深度的桩锤。

(2)常用的选锤方法。

①按桩重选用桩锤。锤重一般应大于桩重,落锤施工中锤重以相当于桩重的 1.5~2.5 倍为佳,落锤高度通常为 1~3m,以重锤低落距打桩为好。如采用轻锤,即使落距再大,常难以奏效,且易击碎桩头。并因回弹损失较多的能量而减弱打入效果。故宜在保证桩锤落距在 3m 内能将桩打入的情况下,来选定桩锤的重量。

②按桩锤冲击力选用桩锤。桩的总贯入阻力 P_0 的大小与土质、桩型、桩长等因素有关。只有当所选用的桩锤的冲击力 P_k 大于桩的总贯入阻力 P_u 时,桩才能穿透土层打入到预定的深度。但桩锤的冲击力过大将会使桩产生过大的锤击应力而引起桩的破损。

闭口桩选用的桩锤冲击力 P_k 值应满足下式要求:

$$P_k > K(S \cdot R_d + U_0 \cdot l_{Fi} \cdot f_0) \tag{2-2-2}$$

式中:K——桩身阻力系数,闭口桩可取为 1.2~1.3;

S——桩尖截面积,cm^2;

R_d——桩尖处土体的强度,kPa;

U_0——桩的外周长,cm;

l_{Fi}——桩侧摩阻力集中区的高度,cm,一般可取 7~8 倍的桩径;

f_0——土的动力强度,见表2-2-3。

土体的动力强度   表 2-2-3

土质	灰亚黏土 ($N=7~10$)	灰亚黏土 ($N=20~25$)	粉砂 ($N=30~50$)
f_i(kPa)	250	250~300	350
R_d(kPa)	3000~4000	4000~5000	6000~8000

注:N 为标准贯入击数。

必要时,也可通过现场试沉桩来验证所选择锤型的正确性。

选择桩架时,应考虑桩锤的类型、桩的长度和施工条件等因素。桩架的高度由施打桩节长度、桩锤高度、桩帽厚度、滑轮组高、起锤移位高度决定,此外,还应留有 0.5~1m 的富余量。

4)桩帽与垫材

桩帽是套在桩头上的,起传递锤击力、固定和保护桩头的作用,所以桩帽结构要牢固,耐打性要好,尤其桩帽顶板,要有一定的厚度,能经受长期锤击而不变形。

桩帽上部与桩锤之间的衬垫称锤垫,锤垫也起保护桩头的作用。锤垫太薄,锤击时有效作用时间短,锤击应力过大,桩头易被击碎。锤垫过厚,锤击能量损失大,桩不下沉或仅回弹。锤垫厚度宜取150~200mm,可用竖纹硬木或盘圆层叠的旧铁芯钢丝绳。

桩帽与桩头之间也应设置弹性衬垫,称为桩垫,可采用麻袋、硬纸板、水泥纸袋、胶合板等材料制作,软硬要适度,厚度要平均且经锤击压实后保持在120~150mm为宜,在打桩期间应经常检查,及时更换或补充,这是一种行之有效的防止桩头被击碎、提高预制桩贯入能力的打桩技术措施。

5)动力装置

打桩机构的动力装置及辅助设备主要根据选定的桩锤种类而定。落锤以电源为动力,需配置电动卷扬机等设备;蒸汽锤以高压饱和蒸汽为驱动力,配置蒸汽锅炉等设备;气锤以压缩空气为动力源,需配置空气压缩机等设备;柴油锤以柴油为能源,桩锤本身有燃烧室,不需外部动力设备。

四、水中桩基础施工

根据水中桩基础施工方法的不同,其施工场地分为两种类型:一类是用围堰筑岛法修筑的水域岛或长堤,称为围堰筑岛施工场地;另一类是用船或支架拼装建造的施工平台,称为水域工作平台。水域工作平台依据其建造材料和定位的不同可分为船式、支架式和沉浮式等多种类型。水中支架的结构强度、刚度和船只的浮力、稳定都应事前进行验算。

任务实施

一、钻孔灌注桩的施工

钻孔灌注桩施工工艺流程图如图2-2-13所示,施工步骤如图2-2-14所示。

二、挖孔桩基础施工

1. 开挖桩孔

一般采用人工开挖,开挖之前应清除现场四周及山坡上悬石、浮土等,排除一切不安全因素,备好孔口四周临时围护和排水设备,并安排好排土提升设备,布置好弃土通道,必要时孔口应搭雨棚。

采取分段开挖,每段高度决定于土壁保持直立状态的能力,一般以0.8~1.2m为一施工段。挖土过程中要随时检查桩孔尺寸和平面位置,防止误差。并注意施工安全,下孔人员必须佩戴安全帽和安全绳,提取土渣的机具必须经常检查。孔深超过10m时,应经常检查孔内二氧化碳浓度,如超过0.3%应增加通风措施。挖土由人工从上到下逐段用镐、锹进行,遇坚硬土层用锤、钎破碎。同一段内挖土次序为先中间后周边。扩底部分采取先挖桩身圆柱体,再按扩底尺寸从上到下削土修成扩底形。孔内如用爆破施工,应采用浅眼爆破法,且在炮眼附近要加强支护,以防止震坍孔壁。桩孔较深,应采用电引爆,爆破后应通风排烟。经检查孔内无毒后施工人员方可下孔。应根据孔内渗水情况,做好孔内排水工作。

2. 护壁和支撑

挖孔桩开挖过程中,为确保人工挖孔桩施工过程的安全,开挖和护壁两个工序必须连续作业,以确保孔壁不坍。应根据地质、水文条件、材料来源等情况因地制宜选择现浇混凝土

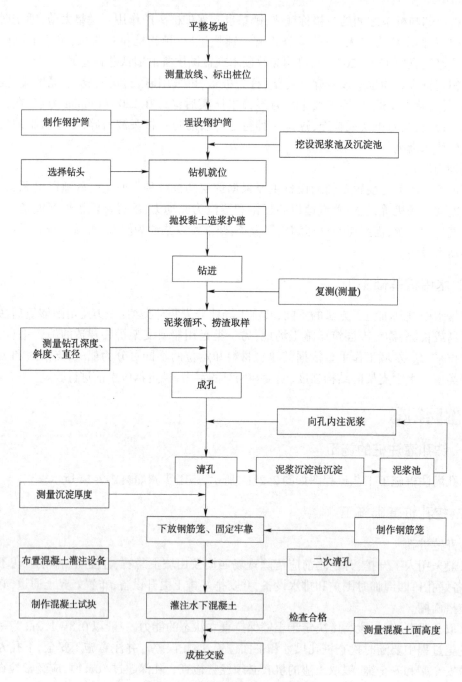

图 2-2-13 钻孔灌注桩施工工艺流程图

护壁、喷射混凝土护壁、钢套管护壁等支撑和护壁方法。

（1）现浇混凝土护圈（图2-2-15）。当桩孔较深，土质相对较差，出水量较大或遇流砂等情况时，宜采用就地灌注混凝土围圈护壁，每下挖1.2m灌注一次，随挖随支。第一节应高出地面20cm，以便于挡水和定位。护圈的结构形式为斜阶形，分为外齿式和内齿式两种，外齿式作为施工用的衬体，抗塌孔的作用更好，更便于人工用钢钎等捣实混凝土，并能增大桩侧摩阻力。分段现浇混凝土护壁厚度，一般由地下最深段护壁所承受的土压力及地下水的侧压力确定，一般上端口厚约170mm，下端口厚约100mm，必要时可配置少量的钢筋，混凝土强

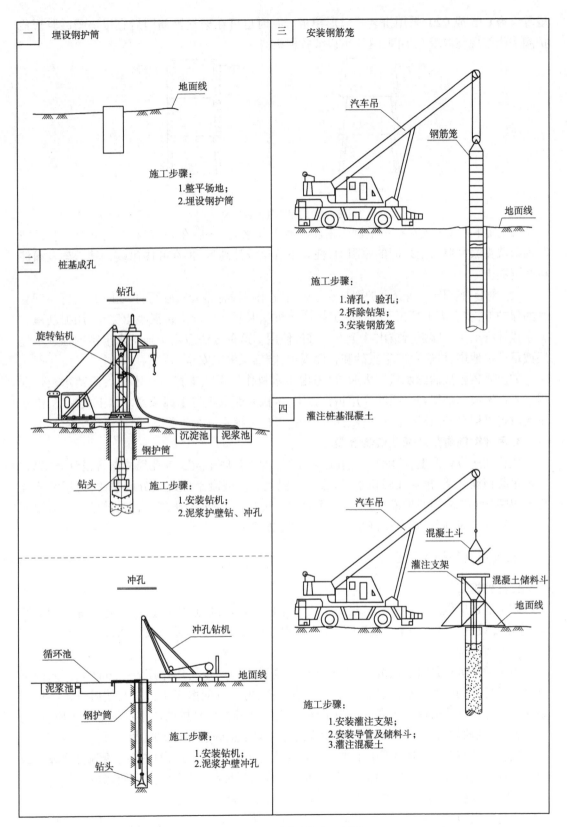

图 2-2-14 钻孔灌注桩施工步骤

度等级为 C15 或 C20,采用拼装式弧形模板。有时也可在架立钢筋网后直接锚喷砂浆形成护圈来代替现浇混凝土护圈,这样可以节省模板。

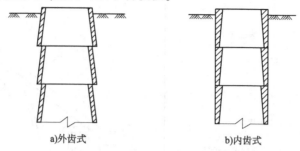

图 2-2-15　混凝土护圈形式

(2) 沉井护圈。先在桩位上制作钢筋混凝土井水筒,然后在井筒内挖土,井筒靠自重或附加荷载克服井壁与土之间的摩阻力,使其下沉至设计高程,再在井内吊装钢筋骨架及灌注桩身混凝土。

(3) 钢套管护圈。钢套管护圈是在桩位处先用桩锤将钢套管强行打入土层中,再在钢套管的保护下,将管内土挖出,吊放钢筋笼,浇筑桩基混凝土。待浇筑混凝土完毕,用振动锤和人字拔杆将钢管立即强行拔出移至下一桩位使用。这种方法适用于地下水丰富的强透水地层或承压水地层,可避免产生流砂和管涌现象,能确保施工安全。

如土质较松散而渗水量不大时,可考虑用木料作框架式支撑或在木框后面铺木板作支撑。木框架或木框架与木板间应用扒钉钉牢,木板后面也应与土面塞紧。如土质尚好,渗水不大时也可用荆条、竹笆作护壁,随挖随护壁,以保证挖土安全进行。

3. 吊装钢筋骨架及灌注桩身混凝土

挖孔到达设计深度,清除孔壁、孔底浮土,经检查孔底土质及桩孔尺寸符合设计要求后,即可吊装钢筋笼架,排除孔底积水,灌注桩身混凝土。混凝土应连续分层灌注,每层灌注高度不得超过 1.5m,用串桶或导管下料,垂直灌入桩孔,避免混凝土斜向冲击孔壁。若需要灌注水下混凝土时,同钻孔灌注桩水下混凝土灌注施工。

三、预制桩基础施工

1. 打桩施工

施工前还应做好定位放线。桩基轴线的定位点及水准点,应设置在不受打桩影响的区域,水准点设置不少于两个,在施工过程中可据此检查桩位的偏差以及桩的入土深度。

1) 打桩顺序

由于锤击沉桩是挤土法成孔,桩入土后对周围土体产生挤压作用。一方面先打入的桩会受到后打入的桩的推挤而发生水平位移或上拔;另一方面由于土被挤紧使后打入的桩不易达到设计深度或造成土体隆起。为了保证打桩工程质量,打桩前应根据场地的土质,桩的密集程度,桩的规格、长短和桩架的移动方便等因素来正确选择打桩顺序。

当桩较密集时(桩中心距小于或等于 4 倍桩边长或桩径),应由中间向两侧对称施打或由中间向四周施打,如图 2-2-16a)、b)所示。这样,打桩时土体由中间向两侧或四周均匀挤压,易于保证施工质量。当桩数较多时,也可采用分区段施打。

当桩较稀疏时(桩中心距大于 4 倍桩边长或桩径),可采用上述两种打桩顺序,也可采用由一侧向另一侧单一方向施打(即逐排施打),这种方式桩架单方向移动,施工方便,打桩效率较高。当场地一侧有构筑物或地下管线等,应由邻近构筑物或地下管线一侧向另一方向施打或由两侧同时向中间施打,以防止土体挤压破坏构筑物或管线,如图 2-2-16c)、d)所示。

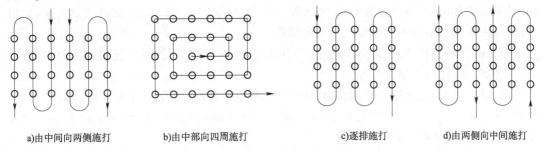

a)由中间向两侧施打　　b)由中部向四周施打　　c)逐排施打　　d)由两侧向中间施打

图 2-2-16　打桩顺序

当桩规格、埋深、长度不同时,宜按"先大后小,先深后浅,先长后短"的原则进行施打,以免打桩时因土的挤压而使邻桩移位或上拔。

在实际施工过程中,不仅要考虑打桩顺序,还要考虑桩架的移动是否方便。在打完桩后,当桩顶高于桩架底面高度时,桩架不能向前移动到下一个桩位继续打桩,只能后退打桩;当桩顶高程低于桩架底面高度,则桩架可以向前移动来打桩。

2)沉桩施工

桩工设备进场后,进行安装和调试,然后移机至起点桩位处就位。桩架安装就位后应垂直平稳。在打桩前,应用 2 台经纬仪对打桩机进行垂直度调整,使导杆垂直。并应在打桩期间经常校核检查,随时保持导杆的垂直度或设计角度。

在做好打桩前的施工准备工作后,就可按确定好的施工顺序在每一个桩位上打桩。打桩的主要工序有:吊桩、插桩、打桩、接桩、送桩、截桩头。

吊桩时,要严格遵守安全技术操作规程,防止打桩机倾斜、钢丝绳从桩上脱落或破断、桩和打桩机导管撞击及其他人身事故的发生。

桩提升为直立状态后,对准桩位中心,缓缓放下插入土中,桩插入时垂直度偏差不得超过 0.5%。插桩后,应调整桩锤、桩帽、桩垫及打桩机导杆,使之与打入方向成一直线,可使用两个方向(互成 90°)的经纬仪(直桩)和角度计(斜桩)测定垂直度和角度。经纬仪应设置在不受打桩机移动及打桩作业影响处。在桩的自重和锤重的压力下,桩便会沉入一定深度,等桩下沉达到稳定状态后,再一次复查其平面位置和垂直度,若有偏差应及时纠正,必要时要拔出重打。校正符合要求后,即可进行打桩。

桩的打入初期要徐徐试打,直至桩进入地层一定深度,在确认桩的中心位置及角度无误后,再转为正式连续施打,使桩均匀下沉。一般在工程中宜用"重锤低击",获得的动量大,桩锤对桩顶的冲击小,其回弹也小,桩头不易损坏,大部分能量都用以克服桩周边土壤的摩阻力而使桩下沉,对于较密实的土层,如砂土或黏土也能容易穿过。

当设计的桩较长,但由于打桩机高度有限或由于预制、运输等因素,只能采用分段预制、分段打入的方法,需在桩打入过程中将桩接长。接长预制钢筋混凝土桩的方法有焊接法和浆锚法,目前以焊接法应用最多。

如桩顶高程低于自然土面,则需用送桩管将桩送入土中。桩与送桩管的纵轴线应在同一直线上,拔出送桩管后,桩孔应及时回填或加盖。

如桩底到达了设计深度,而配桩长度大于桩顶设计高程时需要截去桩头。截桩头宜用锯桩器截割，或用手锤人工凿除混凝土，钢筋用气割割齐。严禁用大锤横向敲击或强行扳拉截桩。

3）打桩控制

在打桩过程中，必须做好打桩记录，以作为工程验收的重要依据。应详细记录每打入1m的锤击数和时间、桩位置的偏斜、贯入度（每10击的平均入土深度）和最后贯入度（最后三阵，每阵十击的平均入土深度）、总锤击数等。

沉桩时，以控制桩尖设计高程为主。当桩尖已达设计高程，而贯入度仍较大时，应继续锤击，使贯入度接近控制贯入度。

贯入度已达到控制贯入度，而桩端高程未达到设计高程时，应继续锤击100mm左右（或锤击30~50击），如无异常变化时，即可停锤。若桩尖高程比设计高程高得多时，应与设计单位和监理工程师研究确定。

2. 振动法沉桩

振动法沉桩是采用振动锤进行沉桩的施工方法。在桩上设置以电、气、水或液压驱动的振动锤，使振动锤中的偏心重锤相互逆旋转，其横向偏心力相互抵消，而垂直离心力则叠加，使桩产生垂直的上下振动，造成桩及桩周土体处于强迫振动状态，从而使桩周土体强度显著降低和桩尖处土体挤开，破坏了桩与土体间的黏结力和弹性力，桩周土体对桩的摩阻力和桩尖处土体抗力大大减小，桩在自重和振动力的作用下克服惯性阻力而逐渐沉入土中。

振动法沉桩主要适用于砂石、黄土、软土和亚黏土，在含水砂层中的效果更为显著，一般不适用于硬黏土和砂砾土地基。

振动沉桩的施工方法与锤击沉桩相同。沉桩宜连续进行，以防停歇过久而难于沉入。振动沉桩过程中，如发现下沉速度突然减小，此时可能遇上硬土层，应停止下沉而将桩略为提升0.6~1.0m，重新快速振动冲下，可较易打穿硬土层而顺利下沉。沉桩时如发现有中密以上的细砂、粉砂、重黏砂等硬夹层，且其厚度在1m以上时，可能沉入时间过长或难以穿透，继续沉入将易损坏桩头和桩机，并影响施工质量，此时宜会同有关部门共同研究采取措施。

3. 静力压桩施工

静力压桩是利用无震动、无噪声的静压力将预制桩压入土中的沉桩方法。静力压桩的方法较多，有锚杆静压、液压千斤顶加压、绳索系统加压等，凡非冲击力沉桩均按静力压桩考虑。

静力压桩适用于软土、淤泥质土、沉桩截面小于400mm×400mm，桩长为30~35m的钢筋混凝土实心桩或空心桩。与普通打桩相比，可以减少挤土、振动对地基和邻近建筑物的影响，桩顶不易损坏，不易产生偏心沉桩，节约制桩材料和降低工程成本，且能在沉桩施工中测定沉桩阻力，为设计、施工提供参数，并能预估和验证桩的承载能力。

静力压桩施工中，一般采用分段预制、分段压入、逐段接长（可用焊接、硫化胶泥接桩）的方法。

四、水中桩基础施工

因地制宜的水中桩基础施工方法有多种，就常用的基本方法分浅水和深水施工，简要介绍如下。

1. 浅水中桩基础施工

对位于浅水或临近河岸的桩基，其施工方法类同于浅水浅基础常采用的围堰修筑法，即先筑围堰施工场地,然后可抽水挖基坑或水中吸泥挖坑再抽水,最后作基桩施工。对围堰所用的材料和形式,以及各种围堰应注意的要求,与浅基础施工一节所述相同。

在浅水中建桥,常在桥位旁设置施工临时便桥。在这种情况下,可利用便桥和相应的脚手架搭设水域工作平台,进行围堰和基桩施工。这样在整个桩基础施工中可不必动用浮运打桩设备,同时也是解决料具、人员运输的好办法。

2. 深水中桩基础施工

在宽大的江河深水中施工桩基础时,常采用笼架围堰和吊箱等施工方法。

1)围堰法

在深水中低桩承台桩基础或墩身有相当长度需在水下施工时,常采用围笼(围图)修筑钢板桩围堰进行桩基础施工。钢板桩围堰桩基础施工的方法与步骤如下:

(1)在导向船上拼制围笼,拖运至墩位,将围笼下沉、接高、沉至设计高程,用锚船(定位船)抛锚定位。

(2)在围笼内插打定位桩(可以是基础的基桩也可以是临时桩或护筒),并将围笼固定在定位桩上,退出导向船。

(3)在围笼上搭设工作平台,安置钻机或打桩设备,沿围笼插打钢板桩,组成防水围堰。

(4)完成全部基桩的施工(钻孔灌注桩或打入桩)。

(5)吸泥,开挖基坑。

(6)基坑经检验后,灌注水下混凝土封底。

(7)待封底混凝土达到规定强度后,抽水、修筑承台和墩身直至出水面。

(8)拆除围笼,拔除钢板桩。

在施工中也有采用先完成全部基桩施工后,再进行钢板桩围堰的施工步骤。是先筑围堰还是先打基桩,应根据现场水文、地质条件、施工条件、航运情况和所选择的基桩类型等情况而确定。

2)吊箱法和套箱法

在深水中修筑高桩承台桩基时,由于承台位置较高不需座落到河底,一般采用吊箱方法修筑桩基础,或在已完成的基桩上安置套箱的方法修筑高桩承台。

(1)吊箱法。

吊箱是悬吊在水中的箱形围堰,基桩施工时用作导向定位,基桩完成后封底抽水,灌注混凝土承台。

吊箱一般由围笼、底盘、侧面围堰板等部分组成。吊箱围笼平面尺寸与承台相应,分层拼装,最下一节将埋入封底混凝土内,以上部分可拆除周转使用。顶部设有起吊的横梁和工作平台,并留有导向孔。底盘用槽钢作纵、横梁,梁上铺以木板作封底混凝土的底板,并留有导向孔(大于桩径50mm)以控制桩位。侧面围堰板由钢板形成,整块吊装。

吊箱法的施工方法与步骤如下:

①在岸上或岸边驳船上拼制吊箱围堰,浮运至墩位,吊箱下沉至设计高程[图2-2-17a)]。
②插打围堰外定位桩,并将吊箱围堰固定于定位桩上[图2-2-17b)]。
③基桩施工[图2-2-17b)、c)]。
④填塞底板缝隙,灌注水下混凝土。
⑤抽水,将桩顶钢筋伸入承台,铺设承台钢筋,灌注承台及墩身混凝土。
⑥拆除吊箱围堰连接螺栓外框,吊出围笼。

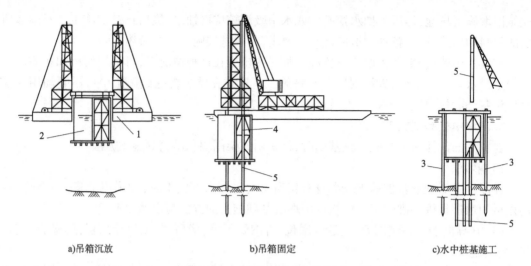

a) 吊箱沉放　　　　　b) 吊箱固定　　　　　c) 水中桩基施工

图 2-2-17　吊箱围堰修建水中桩基
1-驳船；2-吊箱；3-定位桩；4-送桩；5-基桩

(2) 套箱法。

套箱法是针对先完成了全部基桩施工后，修筑高桩承台基础的水中承台的一种方法。

套箱可预制成与承台尺寸相应的钢套箱或钢筋混凝土套箱，箱底板按基桩平面位置留有桩孔。基桩施工完成后，吊放套箱围堰，将基桩顶端套入套箱围堰内（基桩顶端伸入套箱的长度按基桩与承台的构造要求确定），并将套箱固定在定位桩（可直接用基础的基桩）上，然后浇筑水下混凝土封底，待达到规定强度后即可抽水，继而施工承台和墩身结构。

施工中应注意：水中直接打桩及浮运箱形围堰吊装的正确定位，一般均采用交汇法控制，在大河中有时还需搭临时观测平台；在吊箱中插打基桩，由于桩的自由长度大应细心把握吊沉方位；在浇灌水下混凝土前应将箱底桩侧缝隙堵塞好。

3) 沉井结合法

当河床基岩裸露或因卵石、漂石土层钢板围堰无法插打时，或在水深流急的河道上为使钻孔灌注桩在静水中施工时，还可以采用浮运钢筋混凝土沉井或薄壁沉井作桩基施工时的挡水挡土结构（相当于围堰），在沉井顶设工作平台。沉井即可作为桩基础的施工设施，又可作为桩基础的一部分即承台。薄壁沉井多用于钻孔灌注桩的施工，除能保持在静水状态施工外，还可将几个桩孔一起圈在沉井内代替单个安设护筒并可周转重复使用。

3. 水中钻孔桩施工的注意事项

1) 护筒的埋设

围堰筑岛施工场地的护筒埋设方法与旱地施工时基本相同。

施工场地是工作平台的可采用钢制或钢筋混凝土护筒。为防止水流将护筒冲歪，应在工作平台的孔口部位，架设护筒导向架；下沉好的护筒，应固定在工作平台上或护筒导向架上，以防万一发生坍孔时，护筒下跑或倾斜。在风浪流速较大的深水中，可在护筒或导向架四周抛锚加固定位。

2) 配备安全设施，抓好安全作业

严格保持船体和平台不致有任何位移。船体和平台的位移，将导致孔口护筒偏斜、倾倒等一系列恶性事故，因此每一桩孔从开孔到灌注成桩都要严格控制，在工作平台四周设坚固的防护栏，配备足够的救生设备和防火器材，还要按规定悬挂信号灯等。

班级			
学习情境二:桥涵基础施工	姓名		学号	
工作任务二:桩基础施工	日期		评分	

一、任务内容

熟悉某桥涵钻孔灌注桩基础施工。

二、基本知识

1. 护筒一般采用((1))的钢板卷制加工,护筒内径较桩径大((2)),护筒在制作车间用卷板机卷成。
   (1) A. 4～6mm　　　　　B. 6～8mm　　　　　C. 8～10mm
   (2) A. 40～50cm　　　　B. 30～40cm　　　　C. 20～30cm

2. 护筒在加工厂分段制作,一般每段长(　　)m,在现场再接长。
   A. 1～2m　　　　　　B. 2～3m　　　　　　C. 2～4m

3. 护筒底加设(　　)cm宽的钢带作为刃脚。
   A. 40　　　　　　　　B. 50　　　　　　　　C. 60

4. 护筒的直径应比桩的设计直径稍大,一般约增大_____cm。

5. 请叙述护筒埋设工作的技术要点。

6. 钻孔过程中为什么需要泥浆?

7. 泥浆性能指标有哪些?

8. 钢筋笼加工前,钢筋表面应保持(　　)。
   A. 洁净　　　　　　　B. 顺直　　　　　　　C. 形状

9. 钢筋下料后应对同批同类尺寸的钢筋进行_____后才继续下料加工。

10. 焊接接头采用_____和_____。所有焊工均需持证上岗。

11. 焊接件经_____检查并抽样进行试验,检给合格后方可使用。

12. 盘条钢筋和由于运输过程中发行弯折现象的直条钢筋,使用前均应_____。

13. 钢筋笼加工在钢筋制作场内进行,按_____分工节,分节长度视_____和_____决定,尽可能减少焊接次数。

14. 钢筋笼在陆地制作宜选择一块比钢筋笼全长长(　　)的场地布置。
    A. 1～2m　　　　　　B. 2～3m　　　　　　C. 2～4m

15. 钢筋笼分段加工制作完成后,存放在_____的场地上。存放时,按分节情况进行分类编号,并将钢筋笼垫高以免黏上泥土。
    A. 坚硬　　　　　　　B. 平整、干燥

16. 主筋焊接及节与节之间焊接均采用单面焊,焊缝长度不小于_____d(d为钢筋直径)。

17. 主筋与螺筋之间均需_____,从而形成整体。

18. 加强筋应与主筋进行_____,而不是绑扎。

19. 预制桩、人工挖孔桩与钻孔灌注桩有什么区别?

20. 本项目采用什么成孔方式？为什么采用这种方式？

21. 捞渣取样的目的是什么？

22. 开锤需怎样控制冲程和速度？

23. 桩也质量检查哪些项目？

24. 本项目采用哪种清孔方式？请简单描述该方法。

25. 本项目的清孔超标准有哪些？

26. 钢筋笼一般采用_____运输，_____吊装。
27. 吊筋在钢筋笼安放过程中起什么作用？钢筋笼吊筋设计与什么原因有关？
28. 每节段钢筋下放后如何临时固定？

29. 采用什么方式将两节钢筋笼连接？

30. 导管选用壁厚（(1)），直径（(2)）的无缝钢管。
　　(1) A. 4～6mm　　　　B. 6～8mm　　　　C. 8～10mm
　　(2) A. 40～50cm　　　B. 30～40cm　　　C. 20～30cm
31. 导管分节加工，分节长段应便于_____和搬运，并小于提升设备的提升高度，底节导管一般选用长_____m，中间节导管选用长_____m 左右，顶节导管选用长_____m，用以调节_____m 的高度。
32. 导管的制作应力求_____，内壁应_____、_____光洁和无避部凹凸。
33. 除对其规格、外观质量和_____构造进行认真的检查外，还需做_____，过球，泌水承压及_____试验。
34. 为什么需进行二次检测？检测的内容是什么？检测不合格怎么处理？

35. 为什么需要采用导管浇筑混凝土?

36. 什么时候进行拔管?

37. 如果混凝土在导管内难以下料,如何处理?

38. 超灌量一般为多少?为什么需要超灌?

三、任务实施
1. 桩基础施工需要完成哪些准备工作?

2. 施工方案
(1)请根据项目实际情况绘制桩基础施工工艺流程图。

(2)可能发生的事故有哪些?

(3)事故产生的原因有哪些?

(4)事故处理方法有哪些?

四、任务小结
通过此工作任务的实施,各小组集中完成下述工作。
为什么需要凿除桩头?

工作任务三 沉井基础施工

 **任务概述**

1. 应知应会

(1) 了解沉井基础类型、构造。
(2) 掌握沉井基础施工一般步骤及其施工注意事项。

2. 学习要求

(1) 研读教材内容。
(2) 结合某桥梁施工组织设计,掌握某沉井基础施工一般步骤及其施工注意事项。

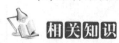 **相关知识**

一、认知沉井基础

沉井是桥梁工程中较常采用的一种基础形式。南京长江大桥正桥 1 号墩基础就是钢筋混凝土沉井基础,它是从长江北岸算起的第一个桥墩。那里水很浅,但地质钻探结果表明在地面以下 100m 以内尚未发现岩面,地面以下 50m 处有较厚的砾石层,所以采用了尺寸为 0.2m×24.9m 的长方形多井式沉井。沉井在土层中下沉了 53.5m,在当时来说,是一项非常艰巨的工程(图 2-3-1)。而 1999 年建成通车的江阴长江大桥的北桥塔侧的锚碇,也是一个沉井基础,尺寸为 69m×51m,是目前世界上平面尺寸最大的沉井基础。

沉井基础的优点是其入土深度可以很大,且刚度大、整体性强、稳定性好,有较大的承载面积,能承受较大的垂直力、水平力及挠曲力矩,施工工艺也不复杂。缺点是施工周期较长;如遇到饱和粉细砂层时,排水开挖会出现翻砂现象,往往会造成沉井歪斜;下沉过程中,如遇到孤石、树干、溶洞及坚硬的障碍物及井底岩层表面倾斜过大时,施工有一定的困难,需做特殊处理。

遵循经济上合理、施工上可能的原则,通常在下列情况下,可优先考虑采用沉井基础。

(1) 在修建负荷较大的建筑物时,其基础要坐落在坚固、有足够承载能力的土层上,当这类土层距地表面较深(8~30m),天然基础和桩基础都受水文地质条件限制时。

(2) 山区河流中浅层地基土虽然较好,但冲刷大,或河中有较大卵石不便桩基施工时。

(3) 倾斜不大的岩面,在掌握岩面高差变化的情况下,可通过高低刃脚与岩面倾斜相适应或岩面平坦且覆盖薄,但河水较深,采用扩大基础施工围堰有困难时。

沉井有着广泛的工程应用范围,不仅大量用于铁路及公路桥梁中的基础工程,市政工程中给、排水泵房,地下电厂,矿用竖井,地下储水、储油设施,而且建筑工程中也用于基础或开挖防护工程,尤其适用于软土中地下建筑物的基础。

二、沉井的类型及一般构造

1. 沉井的分类

1) 按沉井施工方法分

(1) 就地制作下沉沉井。即底节沉井一般是在河床或滩地筑岛在墩(台)位置上直接建造的,在其强度达到设计要求后,抽除刃脚垫木,对称、均匀地挖去井内土下沉。

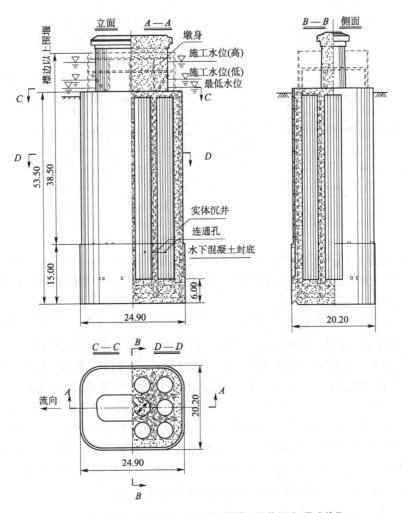

图 2-3-1　南京长江大桥正桥 1 号桥墩的混凝土沉井基础(尺寸单位:m)

(2)浮运沉井。多为钢壳井壁,亦有空腔钢丝网水泥薄壁沉井。在深水条件下修建沉井基础时,筑岛有困难或不经济,或有碍通航,可以采用浮运沉井下沉就位的方法施工。即在岸边先用钢料做成可以漂浮在水上的底节,拖运到桥位后在它的上面逐节接高钢壁,并灌水下沉,直到沉井稳定地落在河床上为止。然后在井内一面用各种机械的方法排除底部的土壤,一面在钢壁的隔舱中填充混凝土,使沉井刃脚沉至设计高程。最后灌筑水下封底混凝土,抽水,用混凝土填充井腔,在沉井顶面灌筑承台及将墩身筑出水面。

(3)气压沉箱。所谓气压沉箱是将沉井的底节做成有顶板的工作室。工作室犹如一倒扣的杯子,在其顶板上装有气筒及气闸。先将气压沉箱的气闸打开,在气压沉箱沉入水中达到覆盖层后,再将闸门关闭,并将压缩空气输送到工作室中,将工作室中的水排出。施工人员就可以通过换压用的气闸及气筒到达工作室内进行挖土工作。挖出的土向上通过气筒及气闸运出沉箱,这样,沉箱就可以利用其自重下沉到设计高程。然后用混凝土填实工作室做成基础的底节。

2)按沉井的外观形状分

按沉井的横截面形状可分为圆形沉井、圆端形沉井和矩形沉井等。根据井孔的布置方式,又有单孔、双孔及多孔之分,如图 2-3-2 所示。

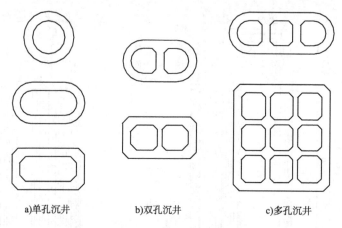

a) 单孔沉井　　　　b) 双孔沉井　　　　c) 多孔沉井

图 2-3-2　沉井平面形式

(1) 圆形沉井。在下沉过程中垂直度和中线较易控制，较其他形状沉井更能保证刃脚均匀作用在支承的土层上。在土压力作用下，井壁只受轴向压力，便于机械取土作业，但它只适用于圆形或接近正方形截面的墩(台)。

(2) 矩形沉井。具有制造简单、基础受力有利、较能节省圬工数量的优点，并符合大多数墩(台)的平面形状，能更好地利用地基承载力，但四角处有较集中的应力存在，且四角处土不易被挖除，井角不能均匀的接触承载土层，因此四角一般应做成圆角或钝角。矩形沉井在侧压力作用下，井壁受较大的挠曲力矩，长宽比愈大其挠曲应力亦愈大，通常要在沉井内设隔墙支撑，以增加刚度，改善受力条件。矩形沉井在流水中阻水系数较大，导致过大的冲刷。

(3) 圆端形沉井。控制下沉、受力条件、阻水冲刷均较矩形沉井有利，但沉井制造较复杂。

对平面尺寸较大的沉井，可在沉井中设隔墙，使沉井由单孔变成双孔。双孔或多孔沉井受力有利，亦便于在井孔内均衡挖土使沉井均匀下沉以及下沉过程中的纠偏。其他异型沉井，如椭圆形、菱形等，应根据生产工艺和施工条件而定。

3) 按沉井的竖向剖面形状分

按沉井的竖向剖面形状可分为：柱形，锥形，阶梯形(图 2-3-3)。

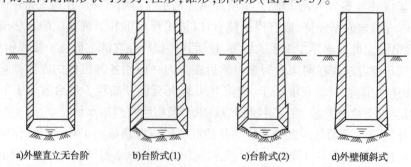

a) 外壁直立无台阶　　b) 台阶式(1)　　c) 台阶式(2)　　d) 外壁倾斜式

图 2-3-3　沉井竖直剖面形式

柱形的沉井在下沉过程中不易倾斜，井壁接长较简单，模板可重复使用。因此当土质较松软，沉井下沉深度不大时，可以采用这种形式。而锥形及阶梯形井壁可以减小土与井壁的摩阻力，其缺点是施工及模板制造较复杂，耗材多，同是沉井在下沉过程中容易发生倾斜。因此在土质较密实，沉井下沉深度大，要求在不太增加沉井本身重量的情况下沉至设计高程时，可采用此类沉井。锥形的沉井井壁坡度一般为 1/40 ~ 1/20，阶梯形井壁的台阶宽度为 100 ~ 200cm。

4)按沉井的建筑材料分

(1)混凝土沉井。这种沉井多做成圆形,当井壁足够厚时,也可做成圆端形和矩形,适用于下沉深度不大(4~7m)的松软土层中。

(2)钢筋混凝土沉井。这种沉井不仅抗压强度高,抗拉能力也较强,下沉深度可以很大(达数十米以上)。当下沉深度不很大时,井壁上部可用混凝土、下部(刃脚)用钢筋混凝土制造的沉井,在桥梁工程中得到较广泛的应用。当沉井平面尺寸较大时,可做成薄壁结构,沉井外壁采用泥浆润滑套、壁后压气等施工辅助措施就地下沉或浮运下沉。此外,这种沉井井壁、隔墙可分段预制,工地拼接,做成装配式。

(3)竹筋混凝土沉井。沉筋在下沉过程中受力较大因而需配置钢筋,一旦完工后,它就不承受多大的拉力,因此,在南方产竹地区,可以采用耐久性差但抗拉力好的竹筋代替部分钢筋,我国南昌赣江大桥曾用这种沉井。但在沉井分节接头处及刃脚内仍用钢筋。

(4)钢沉井。用钢材制造沉井井壁外壳,井壁内挖土,填充混凝土。此种沉井强度高,刚度大,重量较轻,易于拼装,常用于做浮运沉井,修建深水基础,但用钢量较大,成本较高。

2. 沉井基础的一般构造

沉井基础的形式虽有所不同,但在构造上主要有由外井壁、刃脚、隔墙、井孔、凹槽、射水管、封底及盖板等组成,一般构造如图2-3-4所示,至于沉井基础的特殊构造,可参考有关资料。

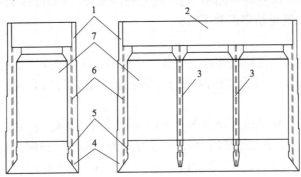

图2-3-4 沉井构造

1-井壁;2-顶盖和封底;3-隔墙;4-刃脚;5-凹槽;6-射水管;7-井孔图

1)外井壁

井壁是沉井的主体部分,在沉井下沉过程中起挡土、挡水及利用本身重量克服土与井壁之间的摩阻力的作用。当沉井施工完毕后,它就成为基础或基础的一部分而将上部荷载传到地基。因此,井壁必须具有足够的强度和一定的厚度。根据井壁在施工中的受力情况,可以在井壁内配置竖向及水平向钢筋,以增加井壁强度。井壁厚度按下沉需要的自重、本身强度以及便于取土和清基等因素而定,一般为0.8~1.20m。钢筋混凝土薄壁沉井可不受此限制;另为减少沉井下井时的摩阻力,沉井壁外侧也可做成1%~2%的向内斜坡。为了方便沉井接高,多数沉井都做成阶梯形,台阶设在每节沉井的接缝处,错台的宽度为5~20cm,井壁厚度多为0.7~1.5m。井壁的混凝土强度等级不低于C15。

2)刃脚

井壁下端形如楔状的部分称为刃脚。其作用是在沉井自重作用下易于切土下沉。刃脚是根据所穿过土层的密实程度和单位长度上土作用反力的大小,以切入土中而不受损坏来选择的。刃脚踏面宽度一般采用10~20cm,刃脚的斜坡度 α 应大于或等于45°,刃脚的高度为0.7~2.0m,视其井壁厚度而定。沉井下沉深度较深,需要穿过坚硬土层或到岩层时,可用型钢制成的钢刃尖刃脚,如图2-3-5b)所示;沉井通过紧密土层时可采用钢筋加固并包以角钢的刃脚,如图2-3-5c)所示;地质构造清楚,下沉过程中不会遇到障碍时可采用普通刃脚如图2-3-5a)所示。

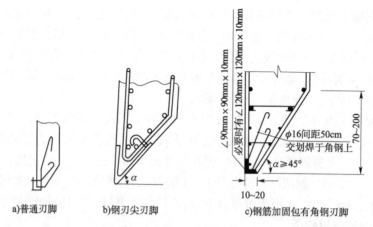

图 2-3-5　刃脚构造图(尺寸单位:cm)

3) 隔墙

沉井隔墙系大尺寸沉井的分隔墙,是沉井外壁的支撑,其厚度多为 0.8~1.2m,底面要高出刃脚 50cm 以上,避免妨碍沉井下沉。

4) 井孔

井孔是挖土排土的工作场所和通道。其大小视取土方法而定,宽度(直径)最小不小于 2.5m。平面布局是以中心线为对称轴,便于对称挖土使沉井均匀下沉。

5) 射水管

射水管同空气幕一样是用来助沉的,多设在井壁内或外侧处,并应均匀布置。在下沉深度较大、沉井自重力小于土的摩阻力时,或所穿过的土层较坚硬时采用。射水压力视土质而定,一般水压不小于 600kPa。射水管口径为 10~12mm,每管的排水量不小于 $0.2m^3/min$。

6) 顶盖板

顶盖板是传递沉井襟边以上荷载的构件,不填芯沉井的沉井盖厚度为 1.5~2.0m。其钢筋布设应按力学计算要求的条件进行。

7) 凹槽

凹槽是为增加封底混凝土和沉井壁更好地联结而设立的。如井孔为全部填实的实心沉井也可不设凹槽。凹槽深度为 0.15~0.25m,高约为 1.0m。

8) 封底混凝土

封底混凝土是传递墩(台)全部荷载于地基的承重结构,其厚度依据承受压力的设计要求而定,根据经验也可取不小于井孔最小边长的 1.5 倍。封底混凝土顶面应高出刃脚根部不小于 1.5m,并浇灌到凹槽上端。封底混凝土必须与基底及井壁都有紧密的结合。封底混凝土对岩石地基用 C15,一般地基用 C20。

任务实施

一、沉井施工一般工艺流程

沉井施工一般工艺流程图如图 2-3-6 所示。

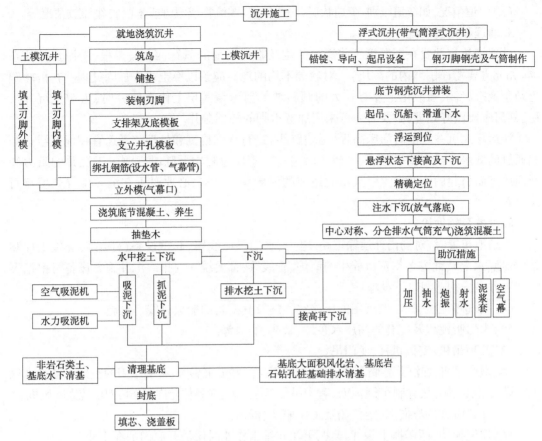

图 2-3-6　沉井施工一般工艺流程图

二、施工前的准备工作

1. 探明地层

沉井施工前要详细了解地质资料。设计文件齐全时可从设计文件了解,当设计文件不详细或有怀疑时可重新钻探。详细了解沉井所要通过的地质层,查明其地质构造、土质层次、深度、特性和水文情况,以便制定切实可行的沉井下沉方案和对附近构造物采取有效防护措施。

应以探明地层情况为前提下布置挖孔位置、数量和确定孔深。每个沉井位置至少应有 2 个探孔。一般孔位在基底范围外 2~3m 处。对于大跨径和重要的桥梁基础,每个井位最少要 4 个探孔,探孔深度要超过沉井预定下沉的刃脚深度。如果沉埋落在岩层上,至少沉井的四角和中心要各钻 1 个探孔(共 5 个以上)。如岩层倾斜很大,则应制作符合岩面倾斜状态的高低刃脚沉井。如果设计需要硬层或倾斜大的岩层时,用其他方法处理有困难,可在沉井未施工前采用"预裂爆破法"处理。

2. 核对、补充调查水文气象资料

鉴于水文气象资料对于桥梁基础工程的特别重要性,施工前要对下列资料进行认真核对和补充。

(1)桥位上游的地形地貌、河道变化、植被情况、人工调节设施(如水库、堤防等)。

(2)气象水文情况,如雨量、风向风力、水(潮)位涨落变化、洪水季节、洪峰历时、流量流速、漂浮物情况。

(3)河道情况,如航道级别、疏通状况、码头位置、漂流物或漂流或木(竹)筏流放情况等。

3. 清理和平整场地

就地浇筑沉井要在围堰筑岛前清除井位及附近场地的孤石、倒木、树根、淤泥及其他杂物(如北方要捞净围堰内的冰块)。对软硬不均的地表应予以换土或作加固处理。在极软塑土乃至流态淤泥、强液化土并有较大的倾斜坡的河床覆盖层上修造沉井时,为避免沉井失稳,其河床要做好处理,必要时还可采用加宽刃脚的轻型深井。

浮运浮式沉井之前对河床高程(运输路线)进行详细检测和处理。浮运宜在保证浮运顺利通过的低水位或水流平稳、风力较小时进行。落床过程中要随时观测由于沉井的阻力和断面压缩而引起的流速增大以及由此造成的河床局部冲刷,必要时可在沉井位置处填卵石或碎石。

4. 设备及辅助设施

在场地布置时,对场内外运输道路、电力、水的供应线路、起重设备(浮吊)、混凝土拌和站(陆地、水上)、北方冬季蒸汽养生的锅炉、管线等,都要统一安排。沉井施工设备可根据不同施工方案分别选用以下设施:

(1)空气吸泥机、气幕助沉用的压缩空气站及其配套的船只管线等设施。

(2)水力吸泥机及配套的高压水泵站、管线、船只等。

(3)井顶吊机:安拆扒杆、龙门吊。

(4)墩旁吊机:在沉井外侧距孔壁2~3m、不受沉井下沉影响、坚实牢固的土地上铺设木垛上架设吊机,以满足沉井制作和下沉过程中吊装工作需要,在条件允许时亦可架设缆索吹风机。

(5)浮式沉井的导向船、定位船及工作船队、浮吊。

(6)取土抓斗:两瓣抓土斗、四瓣抓土斗和排水作业时用的开底门的弃土斗。

三、就地下沉沉井的制作

1. 筑岛

根据土质、水流、风浪情况可决定采用无围堰的土岛或有围堰的筑岛。岛面一般应高出最高水位加浪高不少于0.5m。有流冰的河流应再适当加高。

1)土岛

在水深小于0.5m,流速又不大的条件下采用不用围堰填筑的土岛。土岛分凹形和凸形两种。凹形岛系筑在无水的滩上,挖到见地下水后,填以砂砾并在其上筑造沉井,这样可以减少沉井下沉的速度。凸形岛在有水的河床上,常用的筑岛材料为细砂、粗砂、中砾石及卵石。土岛边坡一般不予加固。为避免冲刷(考虑岛对水流断面压缩的影响),水流速度不应超出表2-3-1所列值。水中土岛的边坡坡度视所用土质而定,但不应陡于1:2。

筑岛土料与容许流速 表2-3-1

筑岛土料	空话流速(m/s)	
	土表面处	平均流速
细砂(粒径为0.05~0.25mm)	0.25	0.3
粗砂(粒径为1.0~2.5mm)	0.65	0.8
中等砾石(粒径为25~40mm)	1.0	1.2
粗砾石(粒径为40~75mm)	1.2	1.5

2)围堰筑岛

(1)围堰筑岛的方式。

①草袋或石笼围堰筑岛。

水深在 3.5m 以内,流速为 1.5~2.0m/s 的砂卵石或密实土河床上可用草袋或编织袋装砂砾堆筑成有迎水箭的围堰;当流速为 2.0~3.0m/s 时,宜用铁丝(木、竹)笼装卵石并连在一起筑成有迎水箭的围堰,在内层码起草袋或编织袋,然后填砂筑岛。

②木板桩围堰筑岛。

当水深为 3~5m,河床为黏性土时,经方案比较后,可选用木板桩围堰筑岛,如图 2-3-7 所示。支撑桩间距一般取 3~5m,具体间距与岛面的高度有关,需要通过计算决定。支撑桩和斜撑木直径不宜大于 20cm,所能承受的内力按压力杆计算。必要时木板桩可做成双层,板桩中间约为 1.5m,板桩间用石料填充。

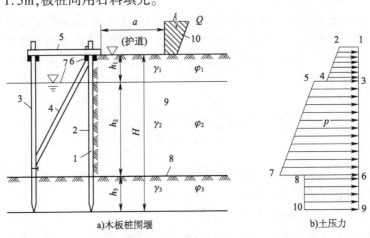

图 2-3-7 木板桩围堰筑岛

1-木板桩;2-定位桩;3-支撑桩;4-斜撑木;5-横木;6-导向木;7-水面;8-河床;9-填土;10-沉井

③钢板桩围堰筑岛。

钢板桩围堰多用于水深流急、地层较硬地带。

(2)钢(木)板桩围堰的计算

板桩围堰筑岛应进行强度和稳定性计算。当板桩围堰顶部内缘至沉井边缘距离小于按式(2-3-1)计算的 α 值时,应验算沉井荷载对板桩的影响。围堰外缘至沉井边缘的距离(护道)一般不小于 1.5m。

$$\alpha = H\tan\left(45° - \frac{\varphi}{2}\right) \quad (2\text{-}3\text{-}1)$$

式中:H——土岛高度;

φ——土的内摩擦角。

筑岛应使用压缩性小的砂质土,岛面应高出施工期间河水的最高水位加浪高不小 0.5m。沉井重力及筑岛填土作用于围堰内侧的侧压力计算图见图 2-3-7。在该图中围堰内侧的侧压力(单位:kPa)如下:

$$p_{1-2} = q\tan^2\left(45° - \frac{\varphi_1}{2}\right) \quad (2\text{-}3\text{-}2)$$

$$p_{3-4} = (q + \gamma_1 h_1)\tan^2\left(45° - \frac{\varphi_2}{2}\right) \quad (2\text{-}3\text{-}3)$$

$$p_{3-5} = (q + \gamma_1 h_1)\tan^2\left(45° - \frac{\varphi_2}{2}\right) \tag{2-3-4}$$

$$p_{6-7} = (q + \gamma_1 h_1 + \gamma_2 H_2)\tan^2\left(45° - \frac{\varphi_2}{2}\right) \tag{2-3-5}$$

$$p_{6-8} = p_{9-10} = (q + \gamma_1 h_1 + \gamma_2 H_2)\tan^2\left(45° - \frac{\varphi_2}{2}\right) \tag{2-3-6}$$

式中：γ_1、φ_1——填土的天然重度（kN/m^3）和内摩擦角；

γ_2、φ_2——填土的浸水重度（kN/m^3）和内摩擦角（$\varphi_2 < \varphi_1$）；

γ_3、φ_3——河底土的重度（kN/m^3）和内摩擦角，当 $\varphi_2 < \varphi_3$ 时，才有 $p_{6-8} < p_{6-7}$ 的图形 [指图 2-3-7a) 里 γ_3、φ_3 的含义]；

p——沉井重力/筑岛顶面积。

对底层围堰，桩板最小入土深度的确定应由验算围堰底面的地基应力及研究围堰底面以下的土不因受压挤出而定。当 $\varphi_3 > 30°$ 时，不考虑被挤出，仅验算围堰底部压力不大于地基土的容许承压力即可。当 $\varphi_3 < 30°$ 时需考虑土被挤出。板桩所需的最小入土深度可从式 (2-3-7) 取得近似数值：

$$h_{min} = 1.5\frac{p_A}{\gamma_3} \times \frac{1}{2\tan\left(45° + \frac{\varphi_3}{2}\right) - 1} \tag{2-3-7}$$

式中：h_{min}——自河床算起板桩的最小入土深度，m；

p_A——围堰底部侧压力，kPa；

γ_3、φ_3——意义同前，必要时 γ_3 值应计浮力。

当底层系坚硬岩石或大块石，板桩打入深度不符合上列最小值时，可在围堰外侧抛填片石。

计算堰壁侧压力时，可视沉井为一个作用在全岛上的均布荷载。在围堰较高时分别考虑各个截面堰壁的主动土压力，不计静水压力，在得到最大侧压力 p_E（含沉井自重所产生的侧压力）后，再计算单位高度内切向拉力 F：

$$F = \frac{p_E \times D \times 1}{2} \tag{2-3-8}$$

式中：D——钢板桩围堰的直径，m。

再根据 F 值验算平板形钢板桩锁口的强度，或据以布置槽形截面钢板桩围堰的外箍。围堰筑岛的适用条件见表 2-3-2，筑岛基本要求见表 2-3-3。

围堰筑岛适用条件　　　　　　　　　表 2-3-2

围堰名称	适用条件		
	水深（m）	流速（m/s）	说明
草袋（麻袋）	<3.5	1.5~2.0	淤泥质河床或沉陷较大地层未经处理者不宜用
石笼	<3.5	≤3.0	
木（竹）笼	4~5	1.5~2.0	水深流急、河床坚实平坦不能打桩者，有较大流速者，围堰仍无法支撑者
木板桩	3~5	≥1.5	能打入板桩的河床地层
钢板桩	—	—	能打入较硬地层，适于深水筑岛围堰

筑岛基本要求 表 2-3-3

	项 目	要 求
1	筑岛填料	砂、砂夹卵石、小砾石等,不应采用黏性土、淤泥、泥炭及大块石等
2	岛面高程	应高出最高施工水位 0.5~0.75m
3	水面以上部分的填筑	应分层夯实或碾压密实,每层厚度以 30cm 为宜
4	岛面容许承压应力	不宜小于 0.1MPa,或按设计要求办理
5	护坡道最小宽度	土岛为 2.0m,围堰筑岛为 1.5m,当须设暖棚等设施时另行加宽
6	外侧边坡	不应陡于 1:2
7	冬季筑岛	应清净冰层,填料内不含冰块
8	倾斜河床面上筑岛	围堰要坚固,防止沿斜面滑移
9	水中筑岛	压缩过水断面,水位提高,流速加大,需妥善防护

2. 场地处理、沉井分节

1) 场地处理

在岸滩或筑岛上制造沉井前,要挖除原有场地的松软土,换上好土,并要将场地夯实平整,以防在浇筑混凝土过程中或撤除垫木时发生不均匀沉陷。按沉井位置放出十字中线并整平。为了使垫木铺设平顺,受力均匀,垫木下要加铺一层厚于 5cm 的砂层。凹岛基坑应防止沉井浇筑时被水淹没。

2) 沉埋分节

沉井分节高度应根据开挖方法、下沉进度、土层性质、沉井的平面尺寸决定。使其能保持稳定、顺利下沉。底节(第一节)沉井的最小高度视在拆除垫木或挖除土模时能否抵抗纵向破裂而定。若沉井底节下为松软土时,则底节最大高度不得大于 0.8 倍沉井宽度,其余各节应尽量做得高一些,除要考虑保证沉井稳定外,还要考虑挖土起重机械工作的方便。

3. 铺垫、支撑、立模、绑扎钢筋

筑岛完成后,岛面、河滩面承压应力一般不宜小于表 2-3-4 的要求。

岛面、河滩面承压应力(单位:MPa) 表 2-3-4

应力情形 承压面	未拆支撑前	拆除支撑后
岛面	0.098	0.162
河滩面	0.072	0.094

注:筑岛 1m。

1) 铺垫

用垫木铺垫是传统的施工方法,但该法要消耗大量的木材,且布置和拆除都相当复杂,处理不当也可能影响工程质量,目前已基本不用,故这里不再介绍。目前大量采用的是土模。土模对筑岛后的地基要求较高,需对地基进行加固处理,以满足预制沉井的要求。

2) 沉井模板与支撑

沉井模板与支撑应具有足够的强度和较好的刚度。刃脚下的底模直接利用处理后的土模面。

施工步骤如下:

(1) 测量放样。准确地画出刃脚连线,严格控制沉井中心位置的正确性。

(2)模板制作。沉井外侧模板要平滑,具有一定的刚度,与混凝土接触面必须光滑,严防漏浆。

(3)模板安装。沉井的外侧模板必须竖缝支立,立好后要核对上下口各部尺寸、井壁的垂直度(或斜度)、刃脚高程、支撑拉杆(内外模间)和拉箍要牢靠;当井壁有斜度时,模板要按斜率支立;支第二节及以后诸节模板时不准支撑到地面上,以免沉井因加重而自动下沉造成新浇筑的混凝土发生裂纹;环箍和拉缆要加强,外模上口尺寸不得大于下口尺寸。

模板安装顺序如下:刃脚斜面及隔墙底面模板→井孔模板→绑扎钢筋→设内外模间支顶→支立外模板→设内外模间拉筋→调整各部尺寸→全面坚固支顶、拉杆、拉箍→固定撑杆和拉缆。

3)钢筋绑扎

钢筋结扎是在内模(井孔)已层立完毕,外模尚未扣合时进行的,先将制好的焊有锚固筋的刃脚踏面摆放在底模的刃脚画线位置,进行焊接后再布设刃脚筋、内壁纵横筋、外壁纵横筋(冲刷管道、空气幕管道)。为了加快进度可以组成大片,利用吊机移动定位焊组成整体。内、外侧箍筋还要设好保护层垫块。

4. 沉井混凝土浇筑、养生、拆模

1)混凝土浇筑

沉井混凝土应沿井壁四周对称进行浇筑,避免混凝土面高低相差悬殊,以防产生不均匀下沉造成裂缝。每节沉井的混凝土都应分层、均匀、连续地浇筑直至完毕。高度较高可设缓降器,缓降器下的工作高度不得高于1m。每层混凝土的厚度 h 值应不超过表2-3-5的规定。

沉井混凝土浇筑层厚度 h 值　　　　表2-3-5

项　　目	层厚 h 应小于
使用插入式振捣器	振捣器作用长度的1.25倍
人工振捣	15~25cm
按浇筑一层时间不超过混凝土初凝时间考虑	$h \leqslant Q_t/A$

注:Q 为每小时混凝土产量,m³/h;t 为水泥初凝时间;A 为混凝土的浇筑面积。

2)养生

沉井混凝土养生应注意以下问题:

(1)混凝土终凝前,应将探测管、压浆孔道等预留孔的芯管上拔0.5~1.0m,破坏其与混凝土的黏结力,以利拔出。

(2)浇筑后10h即可遮盖浇水养护。气候炎热干燥时,终凝后即可遮盖洒水养护,防止烈日暴晒。

(3)施工期间室外最低气温低于-3℃或室外平均气温低于+5℃时,应按冬季施工要求办理。

(4)底节沉井混凝土养生强度必须达到100%,其余各节强度允许达到70%时进行下沉。

(5)混凝土强度达2.5MPa时,混凝土顶面可凿毛。

(6)应细水匀浇,防止因风浪过大筑岛土流失塌陷,对沉井不利。

3)拆模

拆模应注意以下问题:

(1)在混凝土强度达到2.5MPa以上时,方可拆除直立的侧面模板,全应先内后外。

(2)当混凝土强度达70%(或设计要求)后,方可拆除隔墙底面。

(3)拆模的顺序是:井孔模板→外侧模板→隔墙模板→隔墙支撑及模板。

5. 用土内模制造沉井刃脚

在地下水位较低且土质较好时,可采用挖土内模或填筑内模制造沉井刃脚。这种就地取材的做法可以节省大量木材(垫木、支撑及刃脚斜坡模板),同时亦省略了抽垫木的工序。挖土内模还可以减少沉井的下沉高度。

1)填土内模施工步骤

(1)平整场地。当有淤泥或软硬不均土质时必须进行换土夯实。

(2)测量放样。用黏土(砂黏土)依照刃脚及隔墙形状尺寸分层填筑夯实(控制)。在刃脚踏面加一层木板,最后修整土模表面,使其符合设计尺寸。

(3)砂浆抹面。砂浆抹面既能防水,又能保证土模表面平整。砂浆的厚度一般为2~3cm。为增强砂浆与土模间的整体性,在抹砂浆前可在土模上适当间距布插露头短于砂浆厚度的竹(木)签。

(4)铺设隔离层。为使沉井混凝土不与土模砂浆表面黏连,在土模上铺一层能起隔离作用之物,如水泥袋纸、废机油或肥皂水等。

(5)安装钢刃脚、支立井孔模板、绑扎钢筋、支立外模板。

(6)浇筑沉井混凝土。要求对称、均匀进行灌注。

(7)开挖土模。在混凝土达到设计强度后,方可开挖土模。开挖时应对称、均匀地进行,沉井外围的土不应开挖。

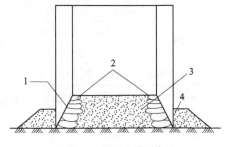

图 2-3-8 填砂内膜示意图
1-2~3cm 砂浆抹面;2-砂包;3-填砂;4-钢刃脚

2)填砂内模

在砂土比较丰盛地区亦可以用砂填筑刃脚内模,如图 2-3-8 所示。其施工步骤与填土内模基本相同。

3)挖土内模

当地下水位很低、土质又较好时可采用挖土内模施工程序,如图 2-3-9 所示。

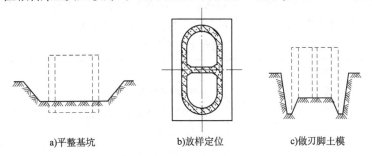

a)平整基坑 b)放样定位 c)做刃脚土模

图 2-3-9 挖土内膜施工程序示意图

(1)土内模施工注意事项。

①填土的密实度要达到设计要求,必要时要做静载试验。

②基坑内须有良好的排水设施,可根据具体情况设排水管、排水沟、汇水坑等。

③混凝土振捣时,振捣棒不得触及土模。

④刃脚斜面及隔墙底面,若有黏连土模的残留物时,应尽量清除干净,以免影响封底混

凝土的质量。

（2）挖土内模的优点。

①减少刃脚部分先堆后挖的土方量。

②比填筑土坚实，不需要夯实，表面亦无须水泥砂浆罩面。

③若条件允许（地下水位很低）时，可先开挖基坑，再挖制土模，既减少沉井下沉高度，且无须搭设灌筑支架，方便施工。

6. 沉井制造的允许偏差

沉井各结构尺寸取决于模板制造与安装尺寸的精确程度。沉井模板支立好以后，要进行全面检查，确认各部尺寸均在允许偏差内，经监理工程师验收后方能浇筑沉井混凝土。

沉井制造允许偏差见表2-3-6。

沉井制造允许偏差　　　　　　　　　　　　　　　表2-3-6

序号	项　目		允　许　偏　差
1	长		±0.5%（大于24m时，±120mm）
2	宽		±0.5%（大于24m时，±120mm）
3	两对角线偏差为其长的		1.0%
4	曲线段半径		0.5%
5	倾斜度（不允许外倾）		1.0%
6	井壁厚	混凝土、片石混凝土	+40mm；−30mm
		钢筋混凝土	±15mm
7	在筑岛上制造的沉井，其中心纵横偏差		高度的1/50

注：表中1~6项亦可用于沉井接高时的允许偏差。

四、沉井下沉

沉井下沉主要是通过从井孔中用机械或人工方法均匀除土，削弱基底土对刃脚的正面阻力和沉井井壁与土之间的摩阻力，使沉井依靠自重力克服上述阻力而下沉。

从井孔中除土的方式有排水除土和不排水除土两种。只有在稳定的土层中，且渗水量小（每平方米沉井面积渗水量不大于$1m^3/h$）时，才采用排水除土。下沉通常多采用不排水除土方式，在抓土、吸泥过程中，需配备潜水工和射水松土机具。下沉除土方法的选用见表2-3-7。

下沉除土方法选用　　　　　　　　　　　　　　　表2-3-7

土质	下沉除土方法	说　　　　明
砂土	抓土、吸泥	若抓土宜用两瓣式抓斗
卵石	抓土、吸泥	宜用直径大于卵石粒径的吸泥机，若抓土宜用四瓣式抓斗
黏性土	抓土、吸泥	需辅以高压射水破坏土层
风化岩	射水、放炮	碎块用抓斗或吸泥机

沉井下沉的辅助措施有：高压射水、压重（接高沉井）、降低井内水位减少浮力、炮振（必要时）、泥浆套或空气幕等。

1. 排水开挖下沉

在稳定的土层中，如渗水量不大或者虽然土层透水性较强，渗水量较大，但排水不致产生流沙现象时，可采用排水开挖下沉。沉井排水应选用适合其排水量、吸程、扬程的电动离心泵和污水泵。在井深大于泵的有效吸程时,可将泵旋转在悬吊于井孔壁的平台上,使它能随抽水深度在井孔内升降。在保证井孔吊罐上下通道和升降梯安设有足够位置的前提下,平台可设在井孔一侧或两侧,如布置困难时可设多层平台。多孔沉井在满足除土需要后,可用部分井孔专设抽水平台。

排水下沉时,用人力或风动工具开挖,必须对称地进行,保证均匀下沉。

从地面或筑岛面开始开挖下沉时,应先将刃脚内侧的回填土分层挖除,开挖顺序必须对称开挖。在一层全部挖完后,再开始挖第二层。

在刃脚尚未抵达原地面就需接筑后一节沉井时,应先在刃脚下做适当回填,防止沉井加重后下沉产生倾斜。

1)各种土质开挖

(1)松软土质。

在分层挖除回填土时,沉井逐渐下沉,当刃脚与井中部土面齐平时,即可在中部先向下挖深40~50cm,并逐渐向四周均匀扩挖,到距刃脚约1m时(距离应视土的松软程度而定),开始分层挖除刃脚内侧的土台,使沉井挤土下沉,如图2-3-10所示。

(2)比较坚硬的土层。

如刃脚内侧土挖平后,沉井下沉很少或不下沉时,可从沉井中部再向下挖深40~50cm,并继续按图2-3-10所示向四周均匀扩挖,使沉井平稳下沉。

(3)坚硬土层。

可对称开挖,分层掏空刃脚,每段掏空后随即回填砂砾,如图2-3-11所示。待最后几段掏空并回填完毕,再按图2-3-10所示逐次挖除回填砂砾,使沉井下沉。

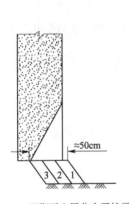

图2-3-10 刃脚下土层分次开挖示意图

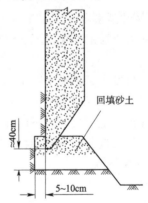

图2-3-11 刃脚下边掏空边回填示意图

(4)岩层。

沉井下沉至岩层时,可如图2-3-12所示,分1、2两部依次开挖。风化或软质岩层可用风镐等铲除,较硬的可打眼放炮。中间部分"3"如石质不好的,可在最后挖除,如石质良好,可以不动。

开挖"2"时可采用图2-3-13所示的跳槽法。即沿刃脚周长等分成若干段(每段长约1m),先隔一段挖一段,留下定位承垫处,将其余各段全挖掉,待清除残渣用较小粒径砂砾回填刃脚后,再挖除定位承垫处岩石,然后逐步挖除回填料使沉井均匀平衡下沉。

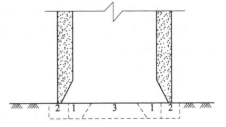

图2-3-12 风化岩层依次开挖示意图

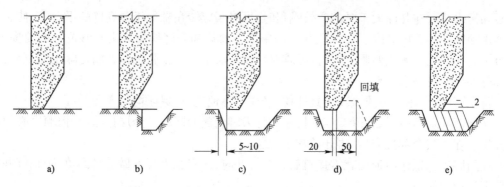

图 2-3-13　跳槽法开挖刃脚岩层示意图(尺寸单位:cm)

开挖岩层时可先打斜炮眼,其斜度大致与刃脚内侧斜面平行,并伸出刃脚 15～20cm,使开挖宽度超过刃脚 5～10cm,开挖深度宜为 40cm。

每一炮的装药量不超过 0.2kg(严格控制装药量,如有渗水应采用防水药包),最好选用点发雷管或毫秒爆破器,使电雷管各炮分开起爆。推荐使用非电起爆网络毫秒雷管挤压法爆破,确保建筑物和人身安全。

井下爆破时,一切工作人员(包括抽水机操作手)要全部撤到安全地方,待爆破完毕立即开始抽水。

排水开挖每个周期的首项工作是选择适当位置挖掘较深的集水坑,以便于抽水。

沉井旱地下沉时,可在井顶搭设平台及吊架,将井内弃土吊出,用机具运往堆弃处;在河中下沉时,通常用活底吊罐将井中弃土吊出到井上平车上,推到井边弃之,或用吊机直接吊运卸除。

2)排水开挖注意事项

(1)随时注意土层的变化情况,严格控制刃脚附近除土深度,注意分析发出的响声,慎防翻砂涌水。

(2)备好一旦发生翻砂涌水时工作人员出井的设备。

(3)做好吊斗升降时对水泵平台碰撞的防护措施。

(4)保证井顶卸土或换装时不向井下掉土。

(5)弃土不得靠近井壁,避免对沉井发生一侧超载压力引起沉井偏斜。

2. 不排水开挖下沉

1)基本要求

(1)尽量加大刃脚对土的压力。

(2)井内除土深度视土质而定,最深不低于刃脚下 2.0m(与沉井平面尺寸的大小有关)。

(3)通过粉砂土、细砂等松软土层时,不宜以降低井内水位来减少浮力,应保持井内水位高出井外 1～2m,防止流砂向井内涌进而引起沉井歪斜并增加除土量。

(4)除纠偏外,井内土应由各井孔均匀清除,各井孔内填土土面高差不得大于 50cm。

(5)在沉井入土较深,井壁摩阻力较大时,视具体情况可采取多种有效的下沉方法和措施,以确保沉井到达设计高程。

2)抓土下沉

(1)抓斗的选择。

抓斗尺寸必须满足能在井孔内自由开合和升降。抓斗的容量和重力关系视土质而定。同样容量的抓斗,在密实的土中应用质量大的。斗中央的开合平衡锤要有足够的质量,便于抓斗灵活开合。

密实土使用带掘齿的抓斗,不带掘齿的两瓣抓斗用来抓松散的砂质土,挖掘卵石宜用四瓣式抓斗。

双瓣式抓斗主要规格见表2-3-8。

双瓣式抓斗主要规格　　　　　　　　　　　　　　表2-3-8

抓斗容量	起重能力	高度(mm)		长度(mm)		宽度	质量
(m³)	(kN)	闭合时	张开时	闭合时	张开时	(mm)	(kN)
0.75	30	2100	2600	1950	2380	1060	1160
1.00	40	2300	2800	2070	2650	1270	2100
1.50	55	2400	3025	2380	2840	1370	2400
2.00	70	2800	3550	2680	3200	1470	3800
2.50	90	3100	3850	2900	3450	1570	4500
3.00	110	3300	4150	3150	3680	1680	5000
3.50	120	3400	4250	3250	3880	1780	5700
4.00	140	3700	4575	3360	4100	1960	6500

四瓣式抓斗主要规格见表2-3-9。

四瓣式抓斗主要规格　　　　　　　　　　　　　　表2-3-9

抓斗容量	高度(mm)		长度(mm)		质量
(m³)	闭合时	张开时	闭合时	张开时	(kN)
0.60	1920	2420	1520	2520	1900
1.00	2300	2780	1710	2730	3000

(2)抓斗操作。

抓土斗以吊机或双筒卷扬机操作。用卷扬机时,应在井顶设临时抓土吊架,用木杆绑扎搭设或用万能杆件拼成,也可用型钢或钢管制作。根据施工统计,抓土作业中由于倒换孔位及其他原因,停抓时间占30%~40%,故应减少辅助作业时间,提高抓土效率。为倒换孔位方便,抓土吊架可用墩旁吊机整体吊装倒换。

单孔沉井,由于抓土斗挖掘井底中央部分的土形成锅底状,在砂或砾石类土中,一般当锅底比刃脚低1~1.5m时沉井即可靠自重力下沉,并将刃脚下的土挤向中央锅底。从井孔中继续抓土,沉井即可继续下沉。在黏性土中,四周的土不易向锅底坍落,应辅以高压射水松土。

对于多井孔的沉井,最好每个井孔配置一套抓土设备,可同时均匀抓土,减少抓土斗倒孔时间,否则应逐步轮流抓土,使沉井均匀下沉。

为使抓土斗能在井孔内靠边的位置抓土,可在沉井顶面井孔周围预埋几根钢筋挂钩,偏抓时先将抓斗落至井底,将抓土斗张开用的钢丝绳挂在井孔周边的挂钩上,然后将抓斗提升至一定高度后突然松下,再将钩子上的钢丝绳取下,收紧闭口用的钢丝绳,即可达到偏抓的目的。

抓土斗可利用装设在井架顶部的挂钩将土甩出去弃之,但需给吊架施一较大的水平力,要求吊架必须坚固稳定。

另一种弃土的方法是在井顶铺设宽轨距的轨道,道心是空的,轨距以能使抓土斗顺利升降出入道心为度。抓土斗起吊后,由平车将斗内卸土运至井边倒出。平车可做成翻板式的以利倾卸。

为使土弃至井外一定距离,可在井顶设一伸出的滑槽,滑槽顶面可钉一层薄铁皮护面。

3)吸泥下沉

吸泥机除土适用于砂、砂夹卵石、黏砂土等类土层。在黏土、胶结层及风化岩层中,当用高压射水冲碎土层后,亦可用吸泥机吸出碎块。

吸泥机有水力吸泥机、水力吸石筒及空气吸泥机。水力吸泥机不受水深的限制,施工费用可能较省。空气吸泥机受水深条件的限制,在浅水中效率很低,故一般应配备向孔内被水的设施。

沉井内使用吸泥机除土时,通常用吊机或吊架等维持其在悬吊状态管身垂直,并能在井内移动。吸泥时,吸泥口离泥面的高度可以上下调整,一般情况下为 0.15~0.50m,以保持最佳吸泥效果。吸泥时应经常变换位置,增加吸泥效果,并使井底均匀下降,防止沉井偏斜。靠近刃脚及隔墙下的土层,如不能向中间自行坍落时,可用高压射水赶向中间后再行吸出。

3. 下沉辅助措施

沉井的辅助下沉措施有空气幕助沉、泥浆套助沉、高压射水助沉、抽水(减小浮力)助沉、压重(加大沉井自重)助沉、适当的炮振助沉。上述各种方法可视工程情况,单独或联合采用。

4. 下沉注意事项

(1)不管采用任何下沉方法,井内除土均应从中间开始,对称、均匀地逐步分层向刃脚推进。不得偏斜除土,以防沉井发生偏斜(纠偏除外)。

(2)随时掌握土层变化情况,分析检验土阻力与沉井质量的关系,选用适宜的除土方法,控制除土位置和除土量,确保沉井均匀平衡下沉。在不稳定土层和砂土中下沉时,应特别注意使井内水位高于井外,防止翻砂。

(3)为防止沉井下沉时产生较大的偏斜,应根据土质情况、沉井大小、质量、入土深度等控制井内除土量及各井孔间底面高差。一般情况如下:

①近刃脚处除清理风化岩及胶结层外,取土面不宜低于刃脚。
②周边井孔的取土底面不宜低于刃脚 1~2m。
③中间井孔的取土底面不宜低于刃脚 2~3m。
④相邻井孔间底面高差不宜大于 0.5~1.5m。
⑤隔墙底面不得支承于土层上。

(4)下沉过程中要做好井底高程、下沉量、倾斜和位移的测量工作,随时注意纠偏。要认真观测沉井周围地面有无塌陷和开裂情况,以便采取有效措施,确保附近设施及其他建筑物的安全。对水中沉井还应注意观测沉井周围河床变化情况。

(5)尽量远弃土。力求向沉井四周均匀弃土,严防堆在沉井一侧,产生偏压造成沉井偏斜。冬季施工时,要坚持避免弃土靠近井壁或井顶围堰,防止因弃土冻结阻滞沉井下沉甚至造成井顶围堰开裂或向一侧倾斜等现象发生。

(6)当每节沉井下沉接高时,应注意下列要求:

①接高沉井的顶面距地面应不小于 0.5m,距水面应不小于 1.5m。
②接高前应尽量纠正倾斜和正位,并使接高后各节竖向中缝在一条直线上。
③接高模板不得将支撑直接支撑在地面上,并应考虑沉井接高增加质量后,不得使模板与地面接触。
④为保证上下节间紧密接合,除将下节混凝土顶面凿毛外,并设连接钢筋,增强其连接强度。
⑤接高前不得将刃脚掏空,必要时应在刃脚下回填或支垫,防止突然下沉。

(7)沉井下沉接近设计高程前2m,应控制井内除土量,注意调整沉井,避免沉井发生大量下沉或大的偏斜,造成难以按标准下沉至设计高程。

5. 沉井下沉进度参考资料

沉井下沉进度随沉井大小、形状、地质情况、入土深度、施工机具设备能力、施工方法等而异。根据部分沉井统计资料综合如下,以供参考。

1)平均综合下沉进度

筑岛沉井自抽垫木下沉起至下沉达到设计高程止,浮式沉井自落床起至沉到设计高程止的全部作业时间内,其综合平均进度如下。

砂土中:0.3~0.5m/d。

卵石中:0.15~0.25m/d。

砂黏土及黏砂土互层中:0.2~0.3m/d。

黏土中:0.1~0.2m/d。

2)各工序耗用时间。

下沉总延续时间:100%。

接筑沉井及养生时间:30%~45%。

安装防水围堰时间:10%~15%。

下沉作业时间:50%~60%。

6. 沉井顶防水围堰

鉴于通航、节省圬工量及美观的需要,沉井顶面往往置于最低水位或地面以下一定深度。为此,当最后一节沉井下沉到顶面在水面(地面)上0.5m时,就要在井顶设置防水(挡土)围堰,以便继续下沉到设计高程。封底后进行抽水(填芯),在围堰内修建顶盖及墩(台)身。

井顶围堰视现场具体情况,采用适宜的类型及施工方法。常用的井顶围堰有下列几种:土围堰、圬工(砖砌、混凝土)围堰、木质井顶围堰和钢制井顶围堰。这里不再详细介绍。

7. 沉井下沉施工测量和记录格式

沉井下沉施工测量工作包括沉井底面中心位置、顶面中心位置、刃脚高程、下沉深度、偏斜及扭转情况、正位程度和沉井接高等。

沉井在施工过程中其路线、高程是经常变动的,为及时、准确地测得下沉中沉井位置(中线、高程),须在制作第一节沉井时建立好中线桩和水准点,并保证第一节沉井中线在设计位置、刃脚(铺垫顶面)在同一水平面上。

在沉井拆模后尚未撤除支垫前,在沉井内侧、外侧用红铅笔画出纵横中心线及以刃脚为水准基面的水准标尺。地虹接高过程中每接高一节均需将纵横中心点转引到沉井顶面,接长水准标尺。

1)沉井中心测量

(1)直接测量。

在不受水流影响的岸滩上修筑沉井时,可事先在墩(台)位设纵横中心线的固定标志桩,用经纬仪、钢尺直接测量沉井的中心位置,或者用全站仪测量。

(2)交会测量。

在河流有水地段,利用三角网基线点以经纬仪交会测出沉井实际中心,绘于图上与设计沉井中心比较,在图纸上量出偏移值。也可利用全站仪测出沉井的实际中心坐标,与设计中心坐标比较,计算出偏移值。

2)沉井接高测量

在沉井接高时,刃脚底平面和中心线应逐节向顶面转引,保持刃脚平面与井顶平面平行,使沉井竖向中轴线为一直线(非折线)。

(1)井顶中心。

沉井模板初步立好后,采用悬吊垂球法将沉井中心引至模板顶面。并以此点为准,检查、调整模板平面尺寸到正确位置,使模板立面与沉井竖向中轴线平行。然后再计入由于倾斜所产生的偏移值(纵向、横向),即可得出接高后沉井顶面中心。

还可在沉井模板顶面平台上选择两个适宜点分别置镜,对准下面井顶一路线控制点,用交会法引到顶面平台上,同样将另三个控制点也引到顶面平台上。最后,根据四点交会得出中心点。

(2)高程及基准面。

当模板平面位置调正后,由基准面上的 A'、B'、C'、D' 四点向上量出一高度 H 而得到其平行的基准面 A、B、C、D,然后用水平仪在模板上放出接高沉井混凝土顶面高程控制点。待混凝土浇筑到顶面时,在 A、B、C、D 四点预埋铁件,将基准点引到铁件上,作为沉井下沉及再接高时的控制点。

3)沉井下沉中刃脚高程及偏斜的测量

在固定的建筑物上设置临时水准点作为后视点,在井顶 A、B、C、D 四个基准点上竖标尺,设后视点读数为 R(高程),A、B、C、D 四个标尺读数平均值为 S,沉井高度为 H,则刃脚平均高程为:

$$h = R - S - H$$

如 A、B 处标尺读数差为 Δh,则 AB 向沉井倾斜度 $i = \dfrac{\Delta h}{AB}$。

同理,可求出 CD 向的沉井倾斜度。

4)沉井下沉施工记录格式

沉井下沉施工记录表见表2-3-10。

沉井下沉施工记录表　　　　表2-3-10

沉井名称:　　　沉井平面尺寸:　　　沉井高度:　　　沉井材料:
抽水情况:　　　除土情况:　　　围墙情况及材料:　　　沉井样式:

下沉时间				下沉情况	地层描述	下沉量(cm)		刃脚底面平均高程(m)	泥面高程(m)		水面高程(m)		倾斜			位移(cm)		附注
日期		起	迄															
月	日	时 分	时 分			本次	累计		最高点	最低点	井内	井外	上下游高差(m)	左右向高差(m)	最大倾斜度(%)	顶面中心	底面中心	

监理工程师:　　　施工技术负责人:　　　质量检查员:　　　施工员:

8. 沉井下沉中特殊情况的处理

1) 障碍物处理

沉井在下沉过程中不免会遇到倒木、孤石、破残的圬工、铁件等障碍物。一旦发现障碍物立即停止下沉，进行详细探查，确定障碍物的位置及形状尺寸，并采取以下方法处理。

(1) 刃脚下遇到倒木时可将其破碎或掏移，使其离开刃脚后取出。

(2) 刃脚下遇到孤石时，小的可将其周围掏空取出，大的可先清除其覆盖土，寻找弱点进行开挖，先将小块清除，形成逐渐扩大的坑后，再将其撬翻离开刃脚取出。亦可采用风动工具打眼爆破成小块取出。爆破刃脚下的孤石，须打平行于刃脚斜面的炮眼，且装药量不超过0.2kg，其上面还要盖压上土、草袋等重物，以防损伤刃脚。

(3) 潜水清除孤石时，除打炮眼钱，还可利用高压射水将石下掏出小洞放药爆破。刃脚下遇铁件障碍时，可采用水下切割清除。

2) 摩阻力过大的处理

当沉井下沉较深，沉埋重力扣除浮力后克服井壁与土的摩阻力显得无力时，可采取如下办法处理：

(1) 在沉井制造前就选定助沉方案，如射水助沉、泥浆套助沉、空气幕助沉等。

(2) 接高圬工划压重。

(3) 挖除井壁外侧土，减少摩阻力，但要注意对称挖除。

(4) 小药量井内水底爆破振动。

(5) 不排水下沉的沉井，当刃脚下已挖空时，可抽除部分井内水，减少浮力使沉井下沉，但应特别注意防止沉井歪斜。有翻砂涌泥时，此法不宜使用。

(6) 设计和制造沉井时，将外壁做成倾斜面或阶梯形，可使土对沉井的摩阻力减少从而有利于下沉。

采用上述诸措施的前提是探明了刃脚下无障碍物。当刃脚下已经均匀掏空，仍不见沉井下沉时，切不可将锅底坑挖得太深，严防由于沉埋急剧下沉发生事故。

3) 排水、人工开挖下沉遇流砂的处理

在少量非黏性土夹层中排水下沉遇流砂时，多采用草(麻、塑料)袋装砂土堵漏方法穿过夹层。

当要穿过较深的大量流砂夹层时，应改为不排水下沉，且抓斗要稳抓慢提，以维持侧面土的稳定性。要避免深挖和排水造成的非黏性土失稳而形成流砂。

若使用吸泥机除土，要有较好的补水措施。注意用足够的水头压力来保证侧面土的稳定。

4) 硬质土层处理

当遇到硬质胶结土层且抓土斗的掘齿无法插入时可做如下处理：

(1) 不排水下沉时，可以人力打钢钎入土一定深度后撬动，或用尖嘴镐挖掘，或打眼爆破。

(2) 不排水下沉时，用重型抓土斗、射水和水下爆破联合作业，即用抓土斗在井中挖出约深2m的锅底坑，由潜水员用射水管在坑底向四角方向冲出4个40cm深的炮眼，各装不超过0.2kg炸药进行爆破。也可用重型钢钎(钢轨)冲击破碎后，用抓斗取出，还可用高压射水破碎。冰冻层和永久性冻土层除上述办法外，还可以用热融法除土。

5) 预裂爆破法

为满足设计需要，沉井下沉时要通过或埋入较硬的、用高压射水等方法仍不易破碎的岩层时，采用预裂爆破法效果较好。

预裂爆破法的做法是:沉井施工前在现场详细探明地质情况,准确地测放出刃脚及隔墙位置。根据爆破的需要布置炮孔(深度超过刃脚下受阻的深度),计算用药量,把沉井下沉过程中所要遇到的硬层爆破成碎块,然后制作和下沉沉井。

6)倾斜岩层处理

当沉井设计需要下沉至岩面,而岩面倾斜较大时,可采用高低刃脚沉井,使其刃脚和岩面吻合,即刃脚长短不一,刃尖不在同一高程上,但其钻探孔能准确地探明岩面情况,绘出墩位处岩面等高线图和刃脚轮廓线处岩面高程展开图,以确定各点刃脚之高低。

(1)筑岛高低刃脚沉井刃尖。

高低刃脚沉井的刃尖为钢制的,但经平面刃脚沉井的钢刃尖要高。在采用筑岛修建高低刃脚沉井时,其岛面应随的高低而填筑。最好采用土内模制造高低刃脚沉井,减少铺垫和支撑困难。

(2)高低刃脚沉井下沉。

刃脚进入覆盖层后,因入土部分的面积不同,摩阻力亦不同,以至长刃脚侧不易下沉,且易向短刃脚侧偏斜。故取土时应多在长刃脚侧井孔取土,以减小偏斜。当偏斜较大时,还可在长刃脚外侧取土,填到短刃脚外侧以平衡土压。

随着沉井在下沉中逐渐向短刃脚一侧偏斜,定位时需在长刃脚侧预留一偏值,其大小应根据沉井入土深度、土质及刃脚高低差而定。经验证明,在入土深度为 20~30m,刃脚最大高低差为 1.0~3.7m 的砂卵石地层中,其预偏值为 30cm 左右。

(3)高低刃脚沉井的基底。

因为高低刃脚沉井是放在高差较大的倾斜岩面上,易发生滑移,所以按设计要求,或将刃脚嵌入岩层一定深度,或在井孔内进行岩层钻孔,放入钢筋骨架,浇筑水中混凝土形成锚桩,抵抗水平力,增强稳定性。

7)沉井混凝土缺陷处理

沉井井壁混凝土裂缝宽度在 2mm 或以上时要进行处理。在井内壁钻 30~40cm 深的孔眼,安装 16~19mm、间距为 50cm 的牵钉数排,外露 40cm 长并设弯钩,立模浇筑混凝土使之与井内填充混凝土连成一体。

沉井混凝土表面出现的蜂窝、麻面,可用砂浆填充抹平。若混凝土内部出现严重的蜂窝、狗洞时,要采取压注水泥浆的处理。

沉井下沉施工必须遵照操作规程和技术规范进行,严防因施工不当而造成沉埋裂缝和断裂。

8)吊机平台沉陷处理

非黏性土(砂、砂砾)或软塑至流动状态的淤泥土中,易产生翻砂和涌流。当有这种土质时,事先应采取预防措施。

9)沉井外压浆封闭抽水

在含有大量大块石的砂卵石层下沉沉井,抽水有很大困难时,可考虑在井壁 1.5m 外的周围土层钻孔压浆封闭。

压浆使用灰浆泵进行。宜在地下水流缓慢处使用。抽水下沉时,压浆前后均需停抽一段时间。

压浆应视地层密实状态来确定压入灰浆量和压进速度。要适时提高压浆管,使扩散的灰浆尽量分布成圆柱形。通常是每 1m 提升一次,每次压到停止进浆或进浆困难时为止。

向天然密实度的砂卵石层内压浆,当深达 10~20m 时,可使用 0.4~0.5MPa 的压力。拌制灰浆应满足下列要求:

(1)砂的粒径宜为 0.5mm。
(2)水灰比为 1:0.8 左右,先压注的浆宜稀,以后逐渐加稠。
(3)拌和要匀,随用随拌,经 0.5mm 孔眼筛过滤后方能送进灰浆泵。
(4)水泥与砂的配比可从 1:0.5 开始,逐步改用 1:1→1:1.5→1:2。
(5)掺用 2%~4% 的氯化钙作为速凝剂,先压的孔眼少掺,后压的孔眼多掺。

压浆孔的形成:在坚硬的砂卵石层中,把先打入的钢轨桩拔出,在孔中再打入压浆管,或用地质钻机钻孔后插入压浆管。疏松地层可直接将压浆管打入。压浆视土质密实程度而定,一般为 0.8~1.5m。

打入压浆管时应保持在管内送水或送风,防止出浆孔堵塞。

若沉井在压浆后仍需下沉,宜在压浆过程中每隔一定时间,用小药包(0.1kg)在井内水中施振,使井壁与灰浆不致黏连。

若压浆后不再下沉,应在刃脚下设置几个可靠的支柱,防止沉井突然再下沉。

若刃脚已部分抵达岩层,或离岩层仅 1~2m,可考虑压浆封闭后不再下沉。抽水后按沉井面积直接开挖岩层到设计高程,用混凝土填筑,成为基础。

9. 沉井下沉施工偏差

1)下沉施工允许偏差

按有关规定执行。

2)沉井偏差原因及预防措施

沉井偏差原因及预防措施见表 2-3-11。

沉井偏差原因及预防措施　　　　　表 2-3-11

序号	产生原因	预防措施
1	筑岛被水流冲坏或沉井一侧的土被水流冲空	事先加强对筑岛的防护,对受水流冲刷的一侧可抛卵石或片石防护
2	沉井刃脚下土层软硬不均	随时掌握地层情况,多挖土层较硬地段,对土质较软地段少挖,多留台阶,或适当回填和支垫
3	没有对称抽出垫木或未及时回填夯实	认真制定和执行抽垫操作细则,注意及时回填夯实
4	除土不均匀使井内土面高低相差过大	除土时严格控制井内土面高差
5	刃脚下掏空过多,沉井突然下沉	严格控制刃脚下除土量
6	刃脚一角或一侧被障碍物搁住没有及时发觉处理	及时发现处理障碍物,对未障碍物搁住的地段,应当回填或支垫
7	井外弃土或河床高低相差过大,偏土压对沉井的水平推移	弃土应尽量远弃,弃于水流冲刷作用较大的一侧,或较低的一侧或抛土(石)回填
8	排水开挖时井内大量翻砂	刃脚应当留有土台,不宜挖通,以免在刃脚下形成翻砂涌水通道,引起沉井偏斜
9	土层或岩面倾斜较大,沉井沿倾斜面滑移	在倾斜面低的一侧填土挡御,刃脚到达倾斜岩面后,应尽快使刃脚嵌入岩层一定深度,或对岩层钻孔以桩(柱)锚固
10	在软塑至流动状态的淤泥土中,沉井易于偏斜	可采用轻型沉井,踏面宽度宜适当加宽,以免沉井下沉过快而失去控制

3）沉井纠偏方法

沉井纠偏的方法一般有：偏除土纠偏法、加压法和增加偏土压纠偏法。

任务工作单

学习情境二：桥涵基础施工 工作任务三：沉井基础施工	班级		
	姓名	学号	
	日期	评分	

一、任务内容

　　熟悉某沉井基础施工组织设计。

二、基本知识

1. 沉井是井筒状的结构物。它是_____，依靠自身重力克服_____后下沉到设计高程，然后经过_____并填塞井孔，使其成为桥梁墩台或其他结构物的基础。

2. 试指出如图示沉井的各部分组成：

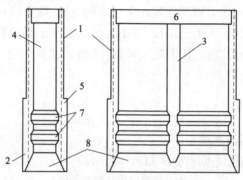

沉井构造示意图

_____

3. 沉井基础施工一般可分为_____、_____及_____三种。

4. 筑岛法施工适用于水流速不大，水深在_____。浮运法施工适用于水深较大，水深超过_____。

三、任务实施

1. 沉井下沉过程中遇到的主要问题有哪些？

2. 沉井下沉困难的解决措施有哪些？

四、任务小结

通过此工作任务的实施，各小组集中完成下述工作。

你认为本次实训是否达到预期目的？还有什么意见和建议？

学习情境三　桥涵墩台施工

情境概述

一、职业能力分析

通过本情境的学习,期望达到下列目标。

1. 专业能力

(1)会桥墩、桥台的识图。

(2)会桥墩、桥台的施工。

2. 社会能力

(1)通过分组活动,培养团队协作能力。

(2)通过规范文明操作,培养良好的职业道德和安全环保意识。

(3)通过小组讨论、上台演讲评述,培养与客户的沟通能力。

3. 方法能力

(1)通过查阅资料、文献,培养个人自学能力和获取信息能力。

(2)通过情境化的工作任务活动,掌握解决实际问题的能力。

(3)填写任务工作单,制订工作计划,培养工作方法能力。

(4)能独立使用各种媒体完成学习任务。

二、情境描述

施工小组在接到桥涵墩台的施工任务后,小组分析施工任务,合理选择施工方法,各成员根据拟订的方法编写总体方案和施工技术要点,提交成果,小组讨论其可行性,教师参与小组讨论并进行评定,各成员完善施工方案,提交实施成果报告。

本学习情境包含桥墩识图、桥台识图和桥涵墩台施工3个工作任务。

三、教学环境要求

将整个学习内容划分成若干个工作任务,每个工作任务利用多媒体教学设备、课件和视频、桥涵墩台施工方案、桥涵墩台施工动画和视频、桥涵墩台施工案例等教学资料,按照"资讯→计划→决策→实施→检查→评估"的六步教学法开展教学,学生在教师指导下制订方案、实施方案,最终评估学习的结果。

学生分成4个小组,各组独立完成相关的工作任务,并在教学完成后提交任务工作单。

工作任务一 桥墩识图

任务概述

1. 应知应会

(1)熟悉桥墩的分类及其构造。
(2)熟悉桥墩的基本组成。

2. 学习要求

(1)研读教材内容。
(2)查阅某一桥墩构造图纸。
(3)重视理论联系实际

相关知识

桥墩是桥梁的重要组成部分,称为桥梁的下部结构,它主要由墩帽、墩身和基础3部分组成(图3-1-1)。

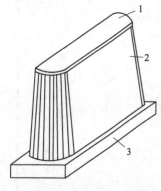

图3-1-1 梁桥重力式桥墩
1-墩帽;2-墩身;3 基础

桥墩的主要作用是承受上部结构传来的作用(荷载),并通过基础将作用及本身自重传递给地基。桥墩一般系指多跨桥梁的中间支承结构物,它除承受上部结构的作用外,还要承受流水压力,水面以上的风力以及可能出现的冰压力、船只、排筏或漂浮物的撞击力等。因此,桥墩不仅本身应具有足够的强度、刚度和稳定性,而且对地基的承载能力、沉降量、地基与基础之间的摩阻力等也都提出一定的要求,以避免在这些荷载作用下有过大的水平位移、转动或者沉降发生,这一点对超静定结构桥梁尤为重要。

近些年来,国内外出现了不少新颖桥墩,把结构上的轻巧合理和艺术造型上的美观统一起来,于是便创造出 X 形、V 形墩等各种优美的立面形式(图3-1-2)。

图3-1-2 X 形和 V 形桥墩

对于城市的立交桥,在桥梁下部结构的选型上,将比一般的公路桥梁有更高的要求。为了能从上面承托较宽的桥面,在下面能减小墩身和基础尺寸,在地面以上给人以艺术的享受并美化城市,常常将桥墩在横方向上做成独柱式[图3-1-3a)]、排柱式[图3-1-3b)]、倾斜式[图3-1-3c)]、双叉形[图3-1-3d)],T形[图3-1-3e)]、V形[图3-1-3f)]等多种多样的桥墩形式。这些形式除了满足结构受力的要求外,都是为了达到造型美观的目的。

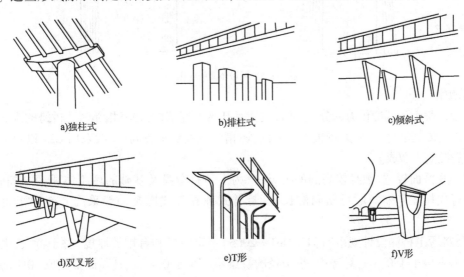

图 3-1-3　各种轻型桥墩形式

公路桥梁上常用的桥墩形式大体上可以归纳为两大类:梁桥桥墩和拱桥桥墩。

一、梁桥桥墩

桥墩按其受力特点可分为重力式桥墩和轻型桥墩两种类型;按其构造可分为实体桥墩、空心桥墩、柱式墩、柔性排架桩墩和框架墩等 5 种类型;按墩身横截面形状可分为矩形、圆形、圆端形、尖端形和各种空心墩,如图 3-1-4 所示。

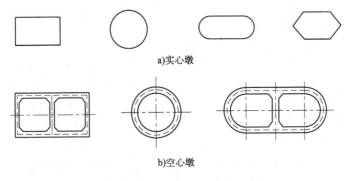

图 3-1-4　桥墩截面形式

墩身侧面可做成垂直的,亦可做成斜坡式或台阶式,如图 3-1-5 所示。

1. 重力式桥墩

重力式桥墩的主要特点是靠自身重力来平衡外力、保持其稳定。因此,墩身比较厚实,可不用钢筋,而用天然石材或片石混凝土砌筑。它适用于荷载较大的大、中型桥梁或流冰、漂浮物较多的河流中。在砂石料方便的地区,小桥也往往采用它。其缺点是圬工数量大、自重大,因而对地基承载力要求较高。此外,阻水面积也较大。实力重力式桥墩如图3-1-6所示。

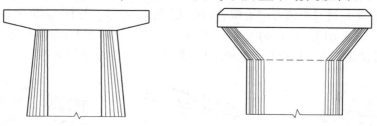

图3-1-5 桥墩侧面的变化

1)墩帽

墩帽是桥墩顶端的传力部分,它通过支座承托着上部结构,并将相邻两孔桥跨的永久作用和可变作用传到墩身上,应力较集中。因此,墩帽的强度要求较高,一般采用C25以上的混凝土或钢筋混凝土做成。

在一些桥面较宽、墩身较高的的桥梁中,为了节省墩身及基础的圬工体积,常常利用挑出的悬臂或托盘来缩短墩身横向的长度,悬臂式或托盘式墩帽一般采用C25以上钢筋混凝土。

《公路圬工桥涵设计规范》(JTG D61—2005)规定墩帽和台帽的厚度,对于特大、大跨径的桥梁不应得小于0.5m;对于中、小跨径的桥梁不应小于0.4m。其顶面常做成10%的排水坡。墩帽的四周较墩身出檐宽度宜为0.05~0.10m,并在其上做成沟槽形滴水。

墩帽长度和宽度视上部结构的形式和尺寸、支座尺寸和布置以及上部构造中主梁的施工吊装要求等条件而定。

墩帽的平面尺寸拟定如下:

(1)顺桥向的墩帽宽度 b(图3-1-7)。

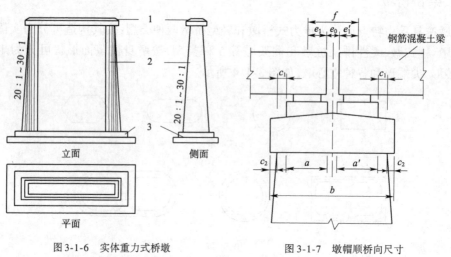

图3-1-6 实体重力式桥墩
1-盖梁;2-墩柱;3-承台

图3-1-7 墩帽顺桥向尺寸

①双排支座。

$$b \geqslant f + \frac{a}{2} + \frac{a'}{2} + 2c_1 + 2c_2 \qquad (3\text{-}1\text{-}1)$$

式中:f——相邻两跨支座间的中心距;

$$f = e_0 + e_1 + e'_1 \geqslant \frac{a}{2} + \frac{a'}{2}$$

e_0——伸缩缝,中小桥为2~5cm,大跨径桥梁可按温度变化、施工放样及安装构件可能出现的误差等决定;

e_1、e'_1——桥跨结构伸过支座中心线的长度;

a、a'——桥跨结构支座垫板顺桥向宽度;

c_1——顺桥向支座垫板至墩身边缘最小距离,见表3-1-1及图3-1-8;

c_2——檐口宽度,5~10cm。

其中温度变化引起的变位为:

$$e_0 = l \cdot t \cdot a \quad (3\text{-}1\text{-}2)$$

式中:l——桥梁的计算长度;

t——温度变化幅度值,可采用当地最高和最低月平均气温及桥跨浇筑完成时的温度计算决定;

a——材料线膨胀系数,钢筋混凝土构造物为1×10^{-5}。

支座边缘至墩身顶部边缘的距离应视墩的构造形式及安装上部构造的施工方法而定,其最小距离可按表3-1-1的规定采用。

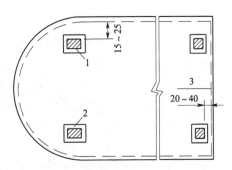

图3-1-8 c值的确定(尺寸单位:cm)
1-支座;2-垫板;3-墩身边缘

支座边缘到墩、台身边缘的最小距离(m) 表3-1-1

桥向 跨径 l(m)	顺 桥 向	横 桥 向	
		圆弧形端头 (自支座边角量起)	矩形端头
$l \geqslant 150$	0.30	0.30	0.50
$50 \leqslant l < 150$	0.25	0.25	0.40
$30 \leqslant l < 50$	0.20	0.20	0.30
$5 \leqslant l < 20$	0.15	0.15	0.20

注:当采用钢筋混凝土或预应力混凝土悬臂墩帽时,可不受本表限制,应以便于施工、养护和更换支座而定。

②单排支座。

当墩上仅有一排支座时(如连续梁桥),则b可由下式计算(图3-1-8和图3-1-9)

$$b = a + 2c_1 + 2c_2 \quad (3\text{-}1\text{-}3)$$

③不等高梁双排支座。

如图3-1-10所示,不等高梁双排支座左边(低梁端)宽度应按单排支座墩宽进行设计,而右边(高梁端)应按桥台台帽宽度进行设计。

对墩身最小顶宽的要求可根据《公路圬工桥涵设计规范》(JTG D61—2005)有关规定,一般情况墩帽纵桥向宽度,对于小跨径桥梁不宜小于1.0m;中等跨径桥梁不宜小于1.0~1.2m。

(2)横桥向墩帽最小宽度B。

①多片主梁(图3-1-11)。

$$B = B_1(桥跨结构两外侧主梁中心距) + a_1(支座底板横向宽度) + 2c_1 + 2c_2 \quad (3\text{-}1\text{-}4)$$

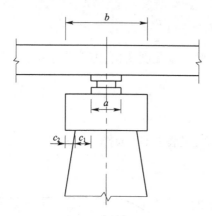

图 3-1-9 单排支座墩帽尺寸图

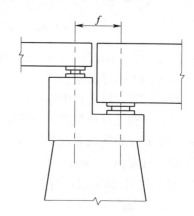

图 3-1-10 不等高梁墩帽尺寸

②箱形梁(图 3-1-12)。

$$B = B_1(两边支座中心距) + a_1 + 2c_1 + 2c_2 \qquad (3\text{-}1\text{-}5)$$

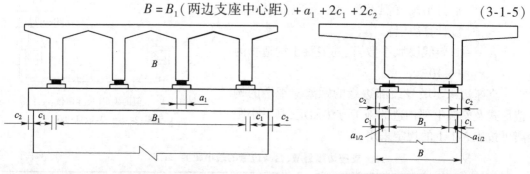

图 3-1-11 多片主梁墩帽横桥向尺寸　　　　图 3-1-12 箱形梁墩帽横桥向尺寸

2)墩身

墩身是桥墩的主体。重力式桥墩墩身的顶宽,对小跨径桥不宜小于 80cm;对中跨径桥不宜小于 100cm;对大跨径桥的墩身顶宽,视下部构造类型而定。侧坡一般采用 20:1 ~ 30:1,小跨径桥的桥墩也可采用直坡。

墩身通常由块石、浆砌片石、混凝土或钢筋混凝土等材料建造。为了便于水流和漂浮物通过,墩身平面形状可以做成圆端形或尖端形,无水的岸墩或高架桥墩可以做成矩形,在水流与桥梁斜交或流向不稳定时,宜做成圆形(图 3-1-13)。在有强烈流水或大量漂浮物的河道(冰厚大于 0.5m,流冰速度大于 1m/s)上,桥墩的迎水端应做成破冰棱体[图 3-1-13e)],破冰棱可由强度较高的石料砌成,也可以用高强度等级的混凝土辅之以钢筋加固。破冰棱的设置范围,应从最低流冰水位以下 0.5m 到最高流冰水位以上 1.0m 处,破冰棱的倾斜度宜为 3:1 ~ 10:1(竖:横)。破冰棱与桥墩应构成一体,自基底或承台底至最高流冰水位以上 1.0m 处,混凝土墩台应避免设水平施工缝,当不可避免时,其结合面应用型钢或钢筋加强。

此外,在一些高大的桥墩中,为了减少圬工体积,节约材料,或为了减轻自重,降低基底的承压应力,也可将墩身内部做成空腔体,即所谓空心桥墩如图 3-1-14 所示。

空心桥墩在构造尺寸上应符合下列规定:

(1)墩身最小壁厚,对于钢筋混凝土不宜小于 30cm,对于混凝土不宜小于 50cm。

(2)墩身内应设横隔板或纵、横隔板,以加强墩壁的抗撞能力。

(3)墩帽下需有一定高度的实心部分以传递墩帽的压力,墩顶实体段以下应设置带门的进入洞或相应的检查设备。

(4)墩身周围应设置适当的通风孔或泄水孔,孔的直径不小于20cm,用以调节壁内外温差和平衡水压力。

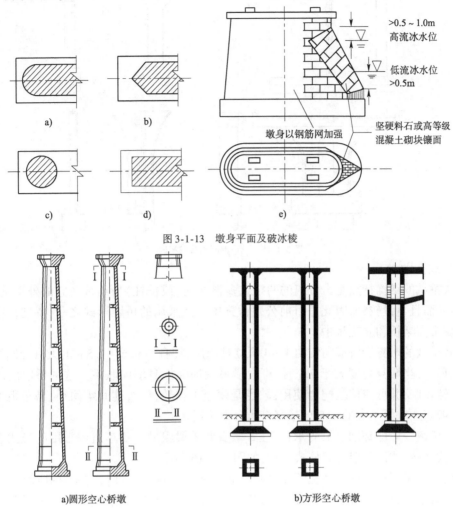

图 3-1-13 墩身平面及破冰棱

a)圆形空心桥墩　　　　　　　　b)方形空心桥墩

图 3-1-14 桥墩

3)基础

基础是介于墩身与地基之间的传力结构。基础的种类很多,其知识在《基础工程》中予以介绍。

2. 轻型桥墩

当地基土质条件较差时,为了减轻地基的负担,或者为了减轻墩身重量,节约圬工材料,常采用各种轻型桥墩。在梁桥中,通常采用以下几种类型。

1)钢筋混凝土薄壁桥墩

图 3-1-15 为钢筋混凝土薄壁桥墩,其高度一般不大于7m,墩身厚度约为高度的1/15,即 0.3~0.5m。一般配用托盘式墩帽,其两端为半圆头。墩身材料采用 C20 以上的混凝土。根据外力作用情况,沿墩身高度配置适量钢筋。

薄壁桥墩的特点是圬工体积小,结构轻巧,比重力式桥墩可节约圬工数量70%左右,且施工简便,外形美观,过水性良好,故适用于地基土软弱的地区。它的缺点是,当采用现浇混凝土时,需耗费用于立模的支架材料和一定数量的钢筋。

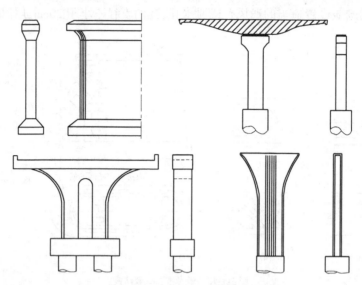

图 3-1-15 钢筋混凝土薄壁桥墩

2）柱式桥墩

柱式桥墩的结构特点是由分离的两根或多根立柱（或桩柱）所组成。它的外形美观，圬工体积小，而且重量较轻，因此是目前公路桥梁中广泛采用的桥墩形式之一，特别是在较宽较大的城市高架桥和立交桥中。

柱式桥墩的墩身沿桥横向常由 1~4 根立柱组成，柱身为 0.6~1.5m 的大直径圆柱或方形、六角形等，当墩身高度大于 7m 时，可设横系梁加强柱身横向联系。这种桥墩的刚度较大，适用性较广，并可与柱基配合使用，缺点是模板工程较复杂，柱间空间小，易于阻滞漂浮物，故一般多在水深不大的浅基础或高桩承台上采用。

柱式桥墩一般由基础之上的承台、柱式墩身和盖梁组成。双车道桥常用的形式有单柱式、双柱式、哑铃式以及混合双柱式 4 种，如图 3-1-16 所示。

目前我国采用较多的为钻孔灌注桩双柱式桥墩[图 3-1-16b)]，它由钻孔灌注桩、柱与钢筋混凝土墩帽组成，柱与桩直接相连。当墩身桩的高度大于 1.5 倍的桩距时，通常就在桩柱之间布置横系梁，以增加墩身的侧向刚度。

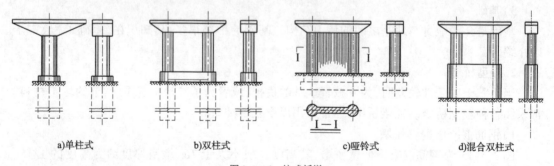

a）单柱式　　　　b）双柱式　　　　c）哑铃式　　　　d）混合双柱式

图 3-1-16 柱式桥墩

3）柔性排架桩墩

柔性排架桩墩是由单排或双排的钢筋混凝土桩与钢筋混凝土盖梁连接而成（图 3-1-17）。其主要特点是，可以通过一些构造措施，将上部结构传来的水平力（制动力、温度影响力等）传递到全桥的各个柔性墩台或相邻的刚性墩台上，以减少单个柔性墩所受到的水平力，从而达到减小桩墩截面的目的。由于其材料用量省,修建简单,在我国各地特别是平原地区较为广泛采用。

柔性排架桩墩多用在墩高度为5.0～7.0m,跨径一般不宜超过13m的中、小型桥梁上。因排架桩墩的尺寸较小,所以对于山区河流、流冰或漂流物严重的河流,墩柱易被损坏,故不宜采用。对于石质或砾石河床,沉入桩也不宜采用。

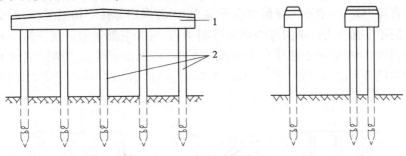

图3-1-17 柔性排架桩墩
1-盖梁;2-钢筋混凝土桩

柔性排架桩墩分单排架和双排架墩。单排架墩一般适用于高度不超过4.0～5.0m的桩墩。桩墩高度大于5.0m时,为避免行车时可能发生的纵向晃动,宜设置双排架墩。

4) 框架式桥墩

框架式桥墩是由构件组成的平面框架代替墩身,以支承上部结构,必要时可做成双层或多层的框架支承上部结构,这类较空心墩更进一步的轻型结构,一般用钢筋混凝土或预应力混凝土建造。为了体现建筑艺术,墩身可建成纵、横向V形、Y形、X形、倒梯形等多种形式(图3-1-18、图3-1-19)。这些桥墩在同样跨越能力情况下缩短梁的跨径、降低梁高,使结构轻巧美观,但结构构造比较复杂,施工比较麻烦。

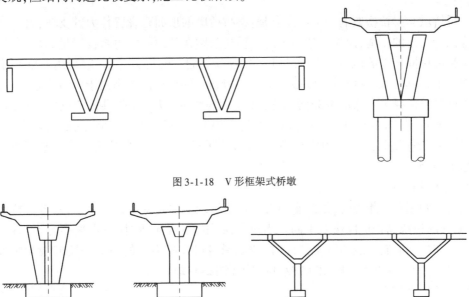

图3-1-18 V形框架式桥墩

图3-1-19 Y形框架式桥墩

二、拱桥桥墩

1. 重力式桥墩

重力式桥墩拱桥是一种有推力结构,这是与梁桥的最大不同之处。从抵御恒载水平力的能力来看,拱桥桥墩又可以分为普通墩和单向推力墩两种。普通墩除了承受相邻两跨结构传来的垂直反力外,一般不承受恒载水平推力,或者当相邻孔不相同时,只承受经过相互抵消后尚余的不平衡推力。单向推力墩又称制动墩,它的主要作用是在它的一侧的桥孔因某种原因遭到毁坏时,能承受住单向的恒载水平推力,以保证其另一侧的拱桥不致遭到倾塌。普通墩的墩身可以做的薄一些,如图3-1-20a)、b)所示,单向推力墩则要做得厚实一些,如图3-1-20c)、d)所示。

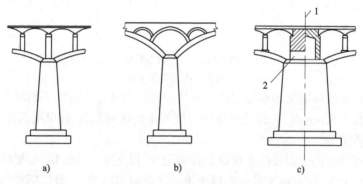

图 3-1-20 拱桥普通墩和单向推力墩
1-中心线;2-过人洞

拱桥与梁桥重力式桥墩相比,拱桥桥墩在构造上还有以下的特点。

1)拱座

拱桥桥墩与梁桥桥墩的一个不同点是:梁桥桥墩的顶面要设置传力的支座,且支座距顶面边缘保持一定的距离,而无支架吊装的拱桥桥墩则在其顶面的边缘设置呈倾斜面的拱座,直接承受由拱圈传来的压力。由于拱座承受着较大的拱圈压力,故一般采用C20以上的整体式混凝土、混凝土预制块或C40以上的块石砌筑。肋拱桥的拱座由于压力比较集中,故应用高强度等级混凝土及数层钢筋网加固;装配式的肋拱,以及双曲拱桥的拱座,也可预留供插入拱肋的孔槽(图3-1-21)。就位以后再浇灌混凝土封固。为了加强肋底与拱座的连接,底部可设U形槽浇筑混凝土,混凝土强度等级应不低于C25。有时孔底或孔壁还应增设一些加固钢筋网。

2)拱座的位置

当桥墩两侧孔径相等时,则拱座均设置在桥墩顶部的起拱线高程上,有时考虑桥面的纵坡,两侧的起拱线高程可以略有不同。当桥墩两侧的孔径不等,恒载水平推力不平衡时,将拱座设置在不同的起拱线高程上。此时,桥墩墩身可在推力小的一侧变坡或增大边坡。从外形美观上考虑,变坡点一般设在常水位以下(图3-1-22)。

3)墩顶以上构造

由于上承式拱桥的桥面与墩顶顶面相距有一段高度,故墩顶以上结构常采用几种不同形式。对于实腹式拱桥,其墩顶以上部分通常做成与侧墙平齐的形式,对于空腹式拱桥或双曲拱桥的普通墩,常采用立墙式、立柱加盖梁式或者采用跨越式[图3-1-20a)、b)]。对于单向推力墩常采用立墙式和框架式[图3-1-20c)、d)]。

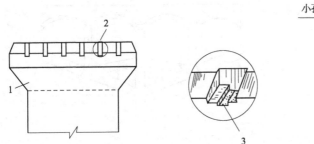
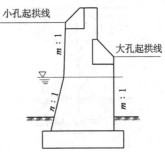

图 3-1-21　拱座构造
1-托盘；2-拱肋预留孔槽；3-U 形槽

图 3-1-22　拱桥墩身边坡的变化

2. 轻型桥墩

1）桩柱式桥墩

从外形上看，拱桥桩柱式桥墩与梁桥上的桩柱式桥墩非常相似（图 3-1-23）。其主要差别是：在梁桥墩帽上设置支座，而在拱桥墩顶部分则设置拱座。当拱桥跨径在 10m 左右时，常采用两根直径为 1m 的钻孔灌注桩；当跨径在 20m 左右时，可采用两根直径为 1.2m 或三根直径为 1m 的钻孔灌注桩；当跨径在 30m 左右时，可采用三根直径为 1.2～1.3m 的钻孔灌注桩。桩墩较高时，应在桩间设置横系梁以增强桩柱刚性。桩柱式桥墩一般采用单排桩，跨径在 40～50m 以上的高墩，可采用双排桩。在桩顶设置承台，与墩柱连线成整体。如果柱与桩直接连接，则应在结合处设置横系梁。若柱高大于 6～8m 时，还应在柱的中部设置横系梁。

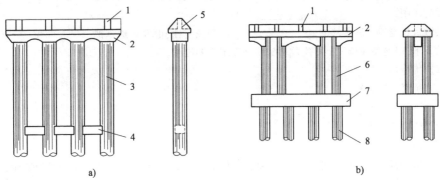

图 3-1-23　拱桥桩柱式桥墩
1-预留孔槽；2-盖梁；3-桩柱；4-横系梁；5-拱肋预留孔槽；6-墩柱；7-承台；8-钻孔灌注桩

2）单向推力墩

在采用轻型桥墩的多孔拱桥中，每隔 3～5 孔应设单向推力墩，如图 3-1-21 所示。当桥墩较矮或单向推力不大时，可采用轻型的单向推力墩，其特点是阻水面积小，并可节约圬工体积。轻型的单向推力墩形式有以下两种。

（1）斜撑式单向推力墩。这种桥墩的特点是在普通墩的墩柱上，从两侧对称地增设钢筋混凝土斜撑和水平拉杆，用来提高抵抗水平推力的能力[图 3-1-24 a)]。这种桥墩只在桥不太高的旱地上采用。

（2）悬臂式单向推力墩。悬臂式单向推力墩的工作原理是：当该墩的一侧桥孔遭到破坏以后，可以通过另一侧拱座上的竖向分力与悬臂所构成的稳定力矩来平衡由拱的水平推力所导致的倾覆力矩[图 3-1-24b)]。这种形式适用于两铰双曲拱桥。

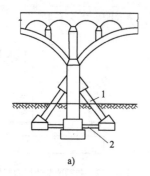
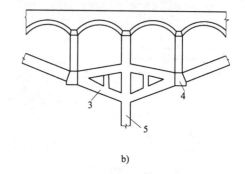

a)　　　　　　　　　　　　　　b)

图 3-1-24　拱桥轻型单向推力墩
1-斜撑；2-拉杆；3-悬臂；4-拱座；5-墩柱

任务工作单

学习情境三：桥涵墩台施工 工作任务一：桥墩识图	班级		
	姓名	学号	
	日期	评分	

一、任务内容

分组讨论梁桥常见桥墩的类型和构造。

二、基本知识

1. 桥梁墩台＿＿＿＿＿＿着桥梁上部结构所传来的作用效应，并将作用效应传递给＿＿＿＿＿＿。
2. 桥墩的作用＿＿＿＿＿＿＿＿＿＿。
3. 桥梁墩台自身应具有足够的＿＿＿＿、＿＿＿＿和稳定性，而且对地基的＿＿＿＿和＿＿＿＿等提出了一的要求，以避免在作用下产生危害桥梁整体结构的位移。
4. 桥墩按构造可分为＿＿＿＿＿＿＿＿＿＿。
5. 重力式桥墩的组成有＿＿＿＿＿＿＿＿＿＿。
6. 轻型桥墩的特点是＿＿＿＿＿＿＿＿＿＿。
7. 框架式桥墩的特点是＿＿＿＿＿＿＿＿＿＿。

三、任务实施

桩柱式桥墩是常见桥墩的一种，分组讨论桩柱式桥墩的类型，并通过认识某一座桥梁的桩柱式桥墩的施工图纸，描述其构造特点，并复核几何尺寸和工程数量。

1. 桩柱式桥墩的类型？

2. 桩柱式桥墩的组成？

3. 桩柱式桥墩各部位的高程？

4. 桩柱式桥墩盖梁顶面各支承垫石分布的特点？

5. 试复核其中一座桥墩的几何尺寸和工程数量。

四、任务小结
通过此工作任务的实施，各小组集中完成下述工作。
1. 你认为本次实训是否达到预期目的？还有什么意见和建议？

2. 梁桥的桥墩还有哪些形式？

工作任务二 桥台识图

任务概述

1. 应知应会

（1）熟悉桥台的分类及其构造。
（2）熟悉桥台的基本组成。

2. 学习要求

（1）研读教材内容。
（2）查阅某一桥台构造图纸。
（3）重视理论联系实际。

相关知识

桥台主要由台帽、台身和基础 3 部分组成（图 3-2-1）。

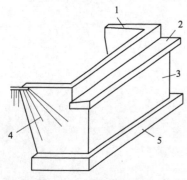

图 3-2-1　梁桥重力式桥台
1-侧墙；2-台帽；3-台身；4-锥坡；5-基础

桥台，位于桥梁两端，是支承桥梁上部结构并和路堤相衔接的建筑物。其功能除传递桥梁上部结构的荷载到基础外，还具有抵挡台后的填土压力、稳定桥头路基、使桥头线路和桥上线路可靠而平稳地连接的作用。桥台一般是石砌或素混凝土结构，轻型桥台则采用钢筋混凝土结构。在岸边或桥孔尽端介于桥梁与路堤连接处的支撑结构物起着支撑上部结构和连接两岸道路同时还要挡住桥台背后填土的作用。桥台具有多种形式，主要分为重力式桥台、轻型桥台、框架式桥台、组合式桥台、承拉桥台等。

任务实施

一、梁桥桥台

1. 重力式桥台

重力式桥台的常用形式是 U 形桥台，它由台帽、台身和基础 3 部分组成。台后的土压力主要靠自重来平衡，故桥台本身多数由石砌、片石混凝土或混凝土等圬工材料建造，并用就地浇筑的方法施工。

U 形桥台（图 3-2-2）因其台身是由前墙和两个侧墙构成的 U 字形结构而得名。其优点是构造简单，可以用混凝土或片、块石砌筑，适用于填土高度在 8～10m 以下或跨度稍大的桥梁；缺点是桥台体积和自重较大，增加了对地基的要求。此外，桥台的两个侧墙之间填土容易积水，结冰后冻胀，使侧墙产生裂缝。所以宜用渗水性较好的土夯填，并做好台后排水措施。

如图 3-2-3 所示，顺桥向台帽最小宽度为：

$$b = \frac{a}{2} + e_1 + \frac{e_0}{2} + c_1 + c_2 \tag{3-2-1}$$

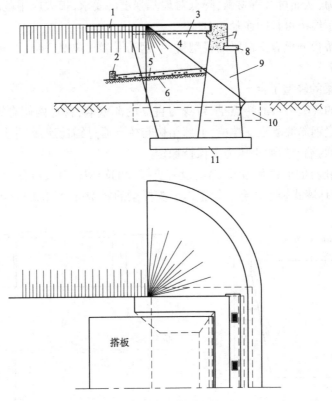

图 3-2-2　梁桥 U 形桥台

1-搭板;2-盲沟;3-侧墙;4-锥坡;5-碎石;6-夯实黏土;7-背墙(钢筋混凝土);8-台帽;9-前墙(浆砌片石);10-锥坡基脚(浆砌片石);11-基础

横桥向台帽宽度一般应与路基同宽,台帽厚度一般不小于 40cm,中小桥梁也不应小于 30cm,并应有 $c_2 = 5 \sim 10$cm 的檐口。台帽可用 C15、C20 钢筋混凝土或素混凝土做成,也可用 C25 石料圬工砌筑,所用砂浆不可低于 C5。

U 形桥台前墙正面多采用 10∶1 或 20∶1 的斜坡,侧墙与前墙结合成一体,兼有挡土墙和支撑墙的作用。侧墙正面一般是直立的,其长度视桥台高度和锥坡坡度而定。前墙的下缘一般与锥坡下缘相齐,因此,桥台越高,锥坡越平坦,侧墙越长。侧墙尾端,应有不小于 0.75m 的长度伸入路堤内,以保证与路堤有良好的衔接。台身的宽度通常与路基的宽度相同。

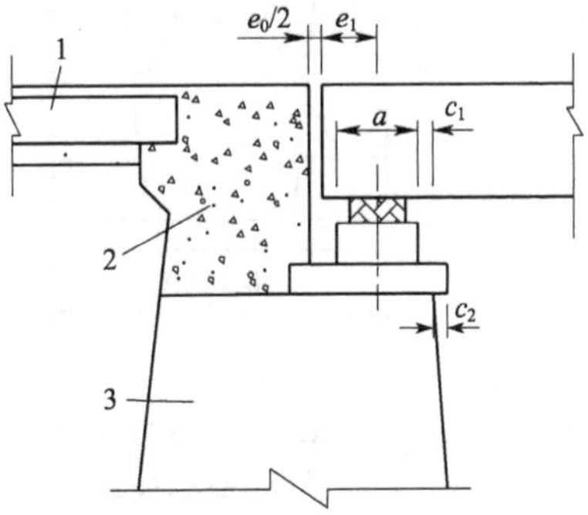

无论是梁桥还是拱桥,桥台前墙的任一水平截面的宽度,不宜小于该截面至墙顶高度的 0.4 倍。侧墙的任一水平截面的宽度,对于片石砌体不小于该截面至墙顶高度的 0.4 倍;对于块石、料石砌体或混凝土则不小于 0.35 倍。如果桥台内填料为透水性良好的砂性土或砂砾,则上述两项可分别减为 0.35 倍和 0.3 倍。前墙及侧墙的顶宽,对于片石砌体不宜小于 50cm,对于块石、料石砌体和混凝土不宜小于 40cm(图 3-2-4)。

图 3-2-3　台帽顺桥向尺寸

1-搭板;2-背墙(钢筋混凝土);3-前墙(浆砌片石)

2. 轻型桥台

轻型桥台的体积、自重较小,一般由钢筋混凝土材料建造,它借助结构物的整体刚度和材料强度承受外力,从而可节省材料,降低对地基强度的要求,扩大应用范围,为在软土地基上修建桥台开辟了经济可行的途径。

常用的轻型桥台分设有支撑梁的轻型桥台、钢筋混凝土薄壁桥台、加筋土桥台和埋置式桥台等几种类型。

1) 设有支撑梁的轻型桥台

设有支撑梁的轻型桥台的特点是,台身为直立的薄壁墙,台身两侧有翼墙(用于挡土)。在两桥台下部设置钢筋混凝土支撑梁,上部结构与桥台通过锚栓连接,于是便构成四铰框架结构系统,并借助两端台后的土压力来保持稳定。

按照翼墙(侧墙)的形式和布置方式,设有支撑梁的轻型桥台又可分为一字形轻型桥台、八字形轻型桥台、耳墙式轻型桥台。设置地下支撑梁的轻型桥台如图 3-2-5 所示。

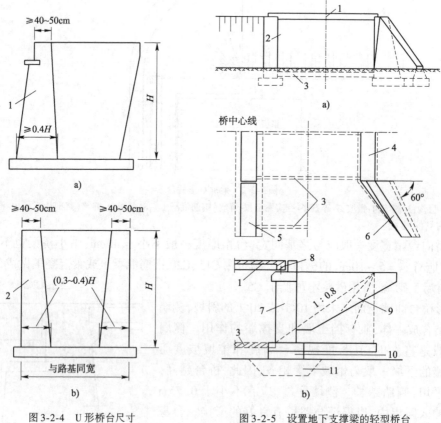

图 3-2-4 U 形桥台尺寸
1-前墙;2-侧墙

图 3-2-5 设置地下支撑梁的轻型桥台
1-上部结构;2-台身;3-支撑梁;4-前墙;5-一字形翼墙;
6-八字形翼墙;7-立柱;8-锚固栓钉;9-耳墙;10-基础;
11-砂垫层地基

2) 钢筋混凝土薄壁桥台

薄壁轻型桥台常用的形式有悬臂式、扶壁式、撑墙式及箱式等[图 3-2-6a)]。钢筋混凝土薄壁桥台是由扶壁式挡土墙和两侧的薄壁侧墙构成[图 3-2-6b)]。挡土墙由前墙和间距为 2.5~3.5m 的扶壁所组成。台顶由竖直小墙和支于扶壁上的水平板构成,用以支承桥跨结构。两侧薄壁可以与前墙垂直,有时也做成与前墙斜交。前者称 U 字形薄壁桥台,后者称八字形薄壁桥台[图 3-2-6 c)]。这种桥台不仅可以减少圬工体积 40%~50%,同时因自重减轻而减小了对地基的压力。故适用于软弱地基的条件,但其构造和施工比较复杂,并且钢筋用量也较多。

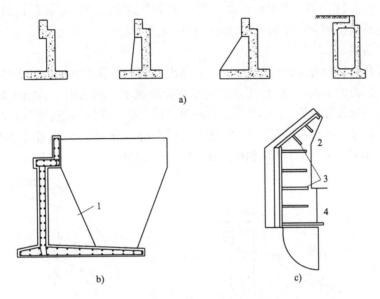

图 3-2-6　钢筋混凝土薄壁轻型桥台
1-扶壁墙;2-八字形桥台;3-扶壁墙;4-U 形桥台

3)加筋土桥台

对于台后路基填土不被冲刷的中、小跨径桥梁,台高在 3~5m 时,可采用加筋土桥台[图 3-2-7a)]。这类桥台一般由台帽和竖向面板、拉杆、锚定板及其间填料共同组合的台身组成。拉杆两端分别与竖向面板和锚定板连接,组成为加筋土的挡土结构。它的工作原理是,竖向面板后填料的主动土压力作用到面板上,再通过拉杆将该力传递给锚定板,而锚定板则依靠位于板前且具有一定抗剪能力的土体所产生的拉拔力来平衡拉杆拉力,使整个结构处于稳定状态。

如果上部结构的垂直反力直接由单独的桩柱承受,则加筋土墙体与桩柱便构成加筋土组合桥台。按照埋置情况,加筋土组合桥台又可分为分离式和结合式两种形式。分离式加筋土组合桥台的台身与锚定结构分开,台身主要承受上部结构传来的竖向力和水平力,锚定结构承受土压力。锚定结构由锚定板、立柱、拉杆和挡土板组成[图 3-2-7b)]。桥台与锚定

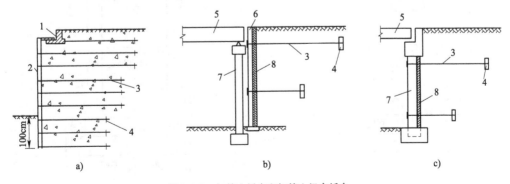

图 3-2-7　加筋土桥台和加筋土组合桥台
1-台帽;2-面板;3-拉杆;4-锚定板;5-主梁;6-立柱;7-台身;8-挡土板

结构间留空隙,上端做伸缩缝,桥台与锚定结构的基础分离,互不影响,受力明确,但结构复杂,施工不方便。结合式锚定板式桥台的构造见图 3-2-7c),它的锚定结构与台身结合在一起,台身兼做立柱或挡土板,作用在台身的所有水平力假定均由锚定板的抗拔力来平衡,台身仅承受竖向荷载。结合式结构简单,施工方便,工程量较小,但受力不很明确。

4) 埋置式桥台

埋置式桥台是将台身埋在锥形护坡中,只露出台帽在外以安置支座及上部构造。这样,桥台所受的土压力大为减小,桥台的体积也就相应地减小。但是由于台前护坡是用片石做表面防护的一种永久性设施,存在着被洪水冲毁而使台身裸露的可能,故设计时必须进行强度和稳定性的验算。按台身的结构形式,埋置式桥台可以分为后倾式(图 3-2-8)、肋形埋置式(图 3-2-9)、双柱式(图 3-2-10)和框架式(图 3-2-11)等。

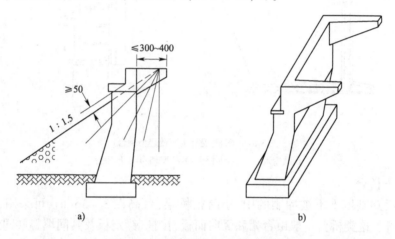

图 3-2-8 后倾式桥台(尺寸单位:cm)

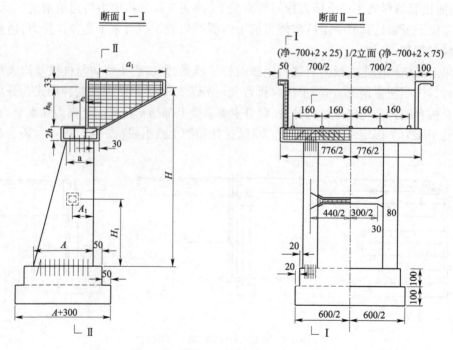

图 3-2-9 肋形埋置式桥台(尺寸单位:cm)

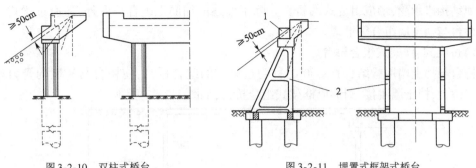

图 3-2-10　双柱式桥台　　　　　图 3-2-11　埋置式框架式桥台
　　　　　　　　　　　　　　　　1-挡块；2-钢筋混凝土框架

　　后倾式埋置式桥台实质上属于一种实体重力式桥台,它的工作原理是靠台身后倾,使重心落在基底截面的形心之后,以平衡台后填土的倾覆力矩。

　　肋形埋置式桥台的台身是由两块后倾式的肋板与顶面帽梁连接而成。帽梁、系梁和耳墙均需配置钢筋,并采用 C20 混凝土。台身与帽梁、台身与基础之间只需布置少量接头钢筋,台身及基础可用 C15 混凝土。图 3-2-9 所示为配合后张法预应力混凝土简支梁使用的肋形埋置式桥台标准图示例。荷载等级为公路 – Ⅱ 级,适用于净(7 + 2 × 0.25)m 和净(7 + 2 × 0.75)m 两种桥面净空。

　　桩柱式埋置式桥台对于各种土壤地基都适宜。根据桥宽和地基承载能力可以采用双柱(图 3-2-10)、三柱或多柱的形式。柱与钻孔桩相连的称桩柱式；柱子嵌固在普通扩大基础之上的称为立柱式；完全由一排钢筋混凝土桩和桩顶盖(或帽)梁连接而成的称为柔性柱台。

　　框架式桥台既比桩柱式桥台有更好的刚度,又比肋形埋置式桥台挖空率更高,更节约圬工体积。埋置式框架式桥台(图 3-2-11)结构本身存在着斜杆,能够产生水平分力以平衡土压力,加之基底较宽,又通过系梁连成一个框架体,所以稳定性较好,可用于填土高度在 5m 以下的桥台,并与跨径为 16m 和 20m 的梁式上部结构配合应用。其不足之处是必须用双排桩基,钢筋、水泥用量均较桩柱式的要多。当填土高度大于 5m 时,可采用肋墙式桥台(图 3-2-12)

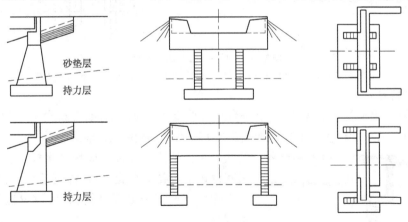

图 3-2-12　肋墙式桥台

　　埋置式桥台的共同缺点是：由于护坡伸入到桥孔,压缩了河道,如果不压缩河道,就要适当增加桥长。

3. 组合式桥台

　　为使桥台轻型化,桥台本身主要承受桥跨结构传来的竖向力和水平力,而台后的土压力由其他结构来承受,形成组合式的桥台。除了前述的加筋土组合桥台外,还有过梁式、框架式和桥台与挡土墙组合等形式。

1)过梁式、框架式组合桥台

桥台与挡土墙用梁结合在一起的称为过梁式的组合桥台,使桥台与桥墩的受力相同。当梁与桥台、挡土墙刚接,则形成框架式组合桥台,如图3-2-13所示。

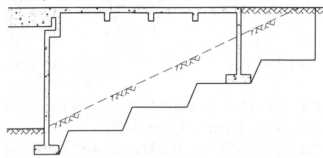

图3-2-13 框架式组合桥台

2)桥台与挡土墙组合桥台

桥台与挡土墙组合桥台是由轻型桥台支承上部结构,台后设挡土墙承受压力的组合式桥台。台身与挡土墙分离,上端做伸缩缝,受力明确。当地基比较好时也可将桥台与挡土墙放在同一个基础之上,如图3-2-14所示。这种组合式桥台可采用轻型桥台,而且可不压缩河床,但构造较复杂,是否经济需通过比较确定。

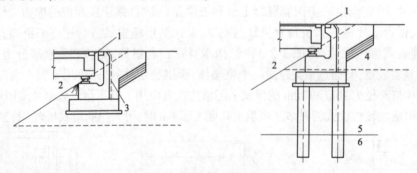

图3-2-14 桥台与挡土墙组合桥台
1-防水伸缩缝;2-活动支座端;3-ALB配方隔离涂料;4-砂垫层;5-桩;6-持力层

4. 承拉桥台

在梁桥中,根据受力的需要,要求桥台具有承压和承拉的功能,在桥台构造和设计中,必须满足受力要求。承拉桥台的构造如图3-2-15所示。该桥上部结构为单箱单室截面,箱梁的两个腹板延伸至桥台形成悬臂腹板,它与桥台顶梁之间设氯丁橡胶支座受拉,悬臂腹板与台帽之间设置氯丁橡胶支座支承上部结构,并可设置扁千斤顶,以备调整。

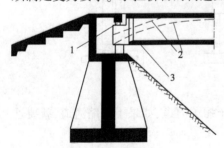

图3-2-15 承拉桥台
1-氯丁橡胶;2-预应力钢索;3-端横梁

二、拱桥桥台

拱桥桥台既要承受来自拱圈的推力、竖向力及弯矩,又要承受台后土的侧压力,从尺寸上看,拱桥桥台一般较梁桥要大。根据桥址具体条件可选用不同的构造形式:重力式桥台、轻型桥台、组合式桥台、空腹式桥台和齿槛式桥台等。

1. 重力式桥台

常用的重力式桥台为 U 形桥台(图3-2-16),它由台帽、台身和基础3部分组成。U 形桥台的台身是由前墙和平行于行车方向的两侧翼墙构成,其水平截面呈 U 字形。U 形桥台常采用锥形护坡与路堤连接,锥坡的坡度根据坡高、地形等确定。U 形桥台的优缺点与梁式桥中的 U 形桥台相同,在结构构造上除在台帽部分有所差别外,其余部分也基本相同。拱桥桥台只在向河心的一侧设置拱座,其尺寸可参照相应拱桥桥墩的拱座拟定。其他部分的尺寸可参考相应梁桥 U 形桥台进行设计。

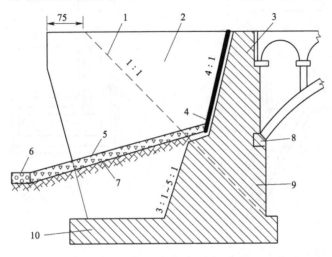

图 3-2-16　拱桥 U 形桥台(尺寸单位:cm)

1-锥坡;2-侧墙;3-背墙;4-防水层;5-碎石;6-盲沟;7-夯实黏土;8-拱座;9-前墙;10-基础

2. 轻型桥台

轻型桥台是相对于重力式桥台而言的,其工作原理是,当桥台受到拱的推力后,便发生绕基底形心轴而向路堤方向的转动,此时台后的土便产生抗力来平衡拱的推力,由于土的参与提供了部分抗力,从而使桥台的尺寸大大地小于实体重力式桥台,但此时必须验算由于拱脚位移而在拱圈内产生的不利附加内力的影响。采用轻型桥台时,要注意保证台后的填土质量,台后填土应严格按照规定分层夯实,并做好台后填土的防护工作,防止受水流的侵蚀和冲刷。常用的轻型桥台有八字形和 U 字形桥台,以及由此派生出来的∏形和 E 形等背撑式桥台。

1)八字形桥台

八字形桥台的构造简单,台身由前墙和两侧的八字翼墙构成[图3-2-17a)]。两者之间通常留沉降缝分砌。前墙可以是等厚度的,也可以是变厚度的。变厚度台身的背坡为2:1~4:1。翼墙的顶宽一般为40cm,前坡为10:1,后坡为5:1。

2)U 字形桥台

U 字形轻型桥台是由前墙和平行于车行方向的侧墙组成,构成 U 字形的水平截面[图3-2-17b)]。它与 U 形重力式桥台的差别是,后者是靠扩大桥台底面积,以减小基底压力,并利用基底与地基的摩阻力和适当利用台背侧土压力,以平衡拱的水平推力,因此基础底面积较轻型桥台的要大。U 字形轻型桥台前墙的构造和八字形桥台相同,但侧墙却是拱上侧墙的延伸,它们之间应设变形缝,以适应桥的可能变位。

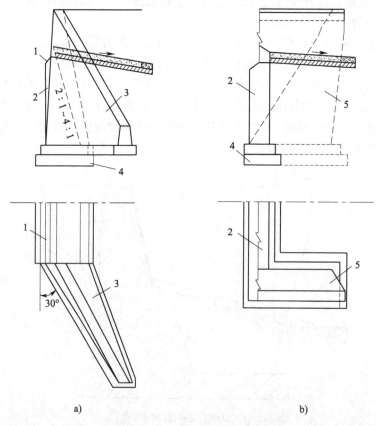

图 3-2-17 八字形和 U 字形轻型桥台
1-拱座;2-前墙;3-八字形翼墙;4-基础;5-侧墙

3)背撑式桥台

当桥台较宽时,为了保证结构的强度和稳定性,可以在八字形或 U 字形桥台的前墙背后加一道或几道背撑,构成∏字形、E 字形等水平截面形式的前墙(图 3-2-18)。背撑顶宽为 30~60cm,厚度也为 30~60cm,背坡为 3:1~5:1 的梯形。这种桥台比八字形桥台稳定性要好,但土方开挖量及圬土体积都有增多。然而加背撑的 U 字形桥台却能适用于较大跨径的高桥和宽桥。

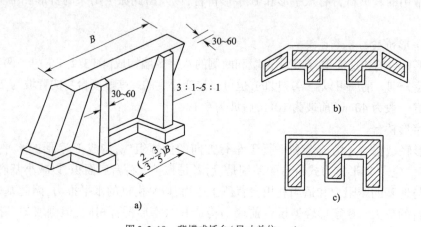

图 3-2-18 背撑式桥台(尺寸单位:cm)

3. 组合式桥台

组合式桥台由台身和后座两部分组成（图3-2-19）。台身基础承受竖向力，一般采用桩基或沉井基础，拱的水平推力则主要由后座基底的摩阻力及台后的土侧压力来平衡。因此后座基底高程应低于拱脚下缘的高程。台身与后座间应密切贴合，并设置沉降缝，以适应两者的不均匀沉降，在地基土质较差时，后座基础也应适当处理，以免后座向后倾斜，导致台身和拱圈的位移和变形。

4. 齿槛式桥台

齿槛式桥台由前墙、侧墙、底板和撑墙几个部分组成（图3-2-20）。其结构特点是：基底面积较大，可以支承一定的垂直压力；底板下的齿槛可以增加摩擦和抗滑的稳定性；台背做成斜挡板，利用它背面的原状土和前墙背面的新填土，共同平衡拱的水平推力；前墙与后墙板之间的撑墙可以提高结构的刚度。齿槛的宽度和深度一般不小于50cm。这种桥台适用于软土地基和路堤较低的中小跨径拱桥。

5. 空腹式桥台

空腹式桥台是由前墙、后墙、基础板和撑墙等部分组成（图3-2-21）。前墙承受拱圈传来的荷载，后墙支承台后的土压力。在前后墙之间设置撑墙3～4道，作为传力构件，并对后墙起到扶壁、对基础板起到加劲作用。最外边的撑墙可以做成阶梯踏步，供人们上下河岸。空腹可以是敞口的，也可以是封闭的。如地基承载力许可时，也可在腹内填土。这种桥台一般是在软土地基、河床无冲刷或冲刷轻微、水位变化小的河道上采用。

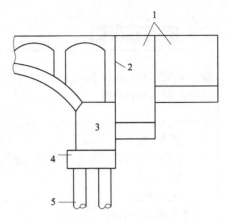

图3-2-19 组合式桥台

1-后座；2-沉降缝；3-台身；4-承台；5-桩

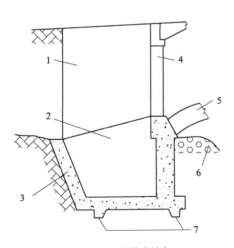

图3-2-20 齿槛式桥台

1-侧墙；2-撑墙；3-后墙板；4-前墙；5-拱圈；6-护坡；7-齿槛

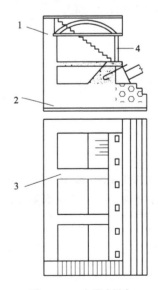

图3-2-21 空腹式桥台

1-后墙；2-基础板；3-撑墙；4-前墙

学习情境三:桥涵墩台施工	班级			
工作任务二:桥台识图	姓名		学号	
	日期		评分	

一、任务内容

分组讨论梁桥常见桥台的类型和构造。

二、基本知识

1. 桥台的特点_____。
2. 轻型桥台的特点_____,轻型桥台的类型有_____,设有支撑梁的轻型桥台有_____。
3. 埋置式桥台的特点_____,埋置式桥台的缺点_____。
4. 拱桥桥台既要承受_____,又要_____,因此从尺寸上看,拱桥桥台一般较梁桥要大。

三、任务实施

重力式 U 形桥台是常见桥台的一种,分组讨论重力式 U 形桥台的组成,并通过认识某一座桥梁的重力式 U 形桥台的施工图纸,复核几何尺寸和工程数量。

1. 重力式 U 形桥台的组成?

2. 试选择其中一座桥台,复核其几何尺寸和工程数量。

3. 应如何选择台后的填土?

4. 如何做好台后的排水工作?

四、任务小结

通过此工作任务的实施,各小组集中完成下述工作。

1. 你认为本次实训是否达到预期目的?还有什么意见和建议?

2. 梁桥的桩柱式和埋置式桥台各有哪些部分组成?

工作任务三 桥涵墩台施工详解

1. 应知应会

(1)掌握桥涵墩台施工的基本方法。

(2)会桥涵墩台施工步骤及其注意事项。

2. 学习要求

(1)研读教材内容。

(2)查阅某一桥梁下部结构施工组织设计。

(3)重视理论联系实际。

一、混凝土墩台、石砌墩台施工

1. 混凝土墩台的施工

模板一般采用木材、钢材或其他符合设计要求的材料制成。木模重量轻,便于加工成结构物所需要的尺寸和形状,但装拆时易损坏,重复使用少。对于大量或定型的混凝土结构物,则多采用钢模板。钢模板造价较高,但可重复多次使用,且拼装拆卸方便。

常用的模板类型有以下几种:

1)拼装式模板

拼装式模板是将各种尺寸的标准模板利用销钉连接,并与拉杆、加劲构件等组成墩台所需形状的模板。将墩台表面划分为若干小块,尽量使每部分板扇尺寸相同,以便于周转使用。板扇高度通常与墩台分节灌注高度相同,一般可为3~6m,宽度可为1~2m,具体视墩台尺寸和起吊条件而定。拼装式模板由于在工厂加工制造,因此板面平整、尺寸准确、体积小、重量轻,拆装容易、快速,运输方便,因此应用广泛。

2)整体吊装模板

整体吊装模板是将墩台模板水平分成若干段,每段模板组成一个整体,在地面拼装后吊装就位。分段高度可视起吊能力而定,一般为2~4m。整体吊装模板的优点为:安装时间短,无须设施工接缝,加快了施工进度,提高了施工质量;将拼装模板的高空作业改为平地操作,有利施工安全;模板刚性较强,可少设拉筋或不设拉筋,节约钢材;可利用模外框架作简易脚手架,不需另搭设施工脚手架;结构简单,装拆方便,对建造较高的桥墩较为经济。

3)组合型钢模板

组合型钢模板是以各种长度、宽度及转角标准构件,用定型的连接件将钢模拼成结构用模板,具有体积小、重量轻、运输方便、装拆简单、接缝紧密等优点,适用于在地面拼装,整体吊装的结构。

4)滑动钢模板

滑动钢模板适用于各种类型的桥墩。

各种模板在工程上的应用,可根据墩台高度、墩台形式、机具设备、施工期限等条件,因地制宜,合理选用。模板安装前应对模板尺寸进行检查,安装时要坚实牢固,以免振捣混凝土时引起跑模漏浆,安装位置要符合结构设计要求。

2. 石砌墩台的施工

石砌墩台具有就地取材和经久耐用等优点,在石料丰富地区建造墩台时,在施工期限许可的条件下,为节约水泥,应优先考虑石砌墩台方案。

石砌墩台系用片石、块石及粗料石以水泥砂浆砌筑的,石料与砂浆的规格要符合有关规定。浆砌片石一般适用于高度小于 6m 的墩台身、基础、镶面以及各式墩台身填料;浆砌块石一般用于高度大于 6m 的墩台身、镶面或应力要求大于浆砌片石砌体强度的墩台;浆砌粗料石则用于磨耗及冲击严重的分水体及破冰体的镶面工程以及有整齐美观要求的桥墩台身等。

将石料吊运并安砌到正确位置是砌石工程中比较困难的工序。当重量小或距地面不高时,可用简单的马凳跳板直接运送,当重量较大或距地面较高时,可采用固定式动臂吊机或桅杆式吊机或井式吊机,将材料运到墩台上,然后再分运到安砌地点。用于砌石的脚手架应环绕墩台搭设,用以堆放材料,并支承施工人员砌镶面定位行列及勾缝。脚手架一般常用固定式轻型脚手架(适用于 6m 以下的墩台)、简易活动脚手架(能用在 25m 以下的墩台)以及悬吊式脚手架(用于较高的墩台)。

二、装配式墩台施工

装配式墩台适用于山谷架桥、跨越平缓无漂流物的河沟、河滩等的桥梁,特别是在工地干扰多、施工场地狭窄,缺水与砂石且供应困难地区,其效果更为显著。装配式墩台的优点是:结构形式轻便,建桥速度快,圬工省,预制构件质量有保证等。目前经常采用的有砌块式、柱式和管节式或环圈式墩台等。

三、滑动模板施工

道路建设中,为缩短线路,节省造价,提高营运效益,往往需采用高桥墩以跨越深沟宽谷或大型水库。高桥墩可分为实体墩、空心墩与钢架墩,自 20 世纪 70 年代以后,较高的桥墩一般均采用空心墩。

高桥墩的施工设备与一般桥墩所用设备大体相同。为简化模板施工工序,节省模板材料,加快施工进度,模板多采用滑动模板、爬升模板、翻升模板等形式,这些模板都是依附于灌注的混凝土墩壁上,随着墩身的逐步加高而向上升高。

滑动模板施工的主要优点如下:

(1)施工速度快。滑模施工模板组装一次成型,减少了模板装拆工序,连续作业,使竖向结构的施工速度大大加快,在一般气温下,每昼夜平均进度可达 5~6m。

(2)机械化程度高,劳动强度低。在施工过程中在地面预先组装好模板系统,其后整套滑模采用机械提升,整个施工过程实现机械化操作,减轻了劳动强度。

(3)结构整体性好,施工质量高。滑模系统的装置都是事先组装,在混凝土的施工过程中只进行模板的持续提升和混凝土的连续浇筑,减少了施工接缝,施工简单,并可提高墩台质量。

(4)经济效益显著。滑模系统的施工节约模板和脚手架,减少了周转材料的大量占用,现场也不需要大量场地堆放周转材料。若有良好的施工组织作保证,可以大大缩短工期,减少施工成本。

(5)施工安全可靠。模板本身附带有内外吊篮、平台与拉杆等,以墩身为支架,墩身混凝土的浇筑随模板缓慢滑升连续不断地进行,不受风力影响,不受建筑物高度的影响,故而安全可靠。

任务实施

一、混凝土墩台、石砌墩台施工

1. 混凝土墩台的施工

墩台身混凝土施工前,应将基础顶面冲洗干净,凿除表面浮浆,整修连接钢筋。灌注混凝土时,应经常检查模板、钢筋及预埋件的位置和保护层的尺寸,确保位置正确,不发生变形。混凝土施工中,应切实保证混凝土的配合比、水灰比和坍落度等技术性能指标满足规范要求。

1)混凝土的运送

墩台混凝土运送采用水平与垂直运输相互配合的方式。如混凝土数量大,浇筑振捣速度快时,可采用混凝土皮带运输机或混凝土输送泵。运输带速度应不大于 1.0～1.2m/s,其最大倾斜角:当混凝土坍落度小于 40mm 时,向上传送为 18°,向下传送为 12°;当坍落度为 40～80mm 时,则分别为 15°与 10°。墩台混凝土运输的具体相互配合方式与适用条件可参照表 3-3-1 选用。

混凝土的运输方式及适用条件 表 3-3-1

水平运输	垂直运输	适用条件	附 注
人力手推车、翻斗车、轻便轨人力推运翻斗车或混凝土搅拌运输车	手推车	墩高 $H<10$m 中小桥梁,水平运距较近	搭设脚手平台,铺设坡道,用卷扬机拖拉手推车上平台
	轨道爬坡翻斗车		搭设脚手平台,铺设坡道,用卷扬机拖拉翻斗车上平台
	皮带输送机		倾角不宜超过15°,速度不超过1.2m/s。高度不足时,可用二台串联使用
	履带(或轮胎)起重机起吊高度≈20m	10m$<H<20$m	用吊斗输送混凝土
	木制或钢制扒杆		
	墩外井架提升	$H>20$m	在井架上安装扒杆提升吊斗
	墩内井架提升		适用于空心桥墩
	无井架提升		适用于滑动模板
轨道牵引车、翻斗车或混凝土搅拌运输车、汽车运送混凝土吊斗、内燃翻斗车	履带(或轮胎)起重机起吊高度≈30m	20m$<H<30$m 大中桥梁,水平运距较远	用吊斗输送混凝土
	塔式吊机	20m$<H<50$m	用吊斗输送混凝土
	墩外井架提升	$H<50$m	井架可用万能杆件组装
	墩内井架提升	$H>50$m	适用于空心桥墩
	无井架提升	$H>50$m	适用于滑动模板
索道吊机		$H>50$m	
混凝土输送泵		$H<50$m	可用于大体积实心墩台

2)混凝土的灌注速度

为保证灌注质量,混凝土的配制、输送及灌注的速度不得小于:

$$v \geqslant \frac{Sh}{t} \qquad (3\text{-}3\text{-}1)$$

式中:v——混凝土配料、输送及灌筑的容许最小速度,m^3/h;

S——灌筑的面积,m^2;

h——灌筑层的厚度,m;

t——所用水泥的初凝时间,h。

如混凝土的配制、输送及灌筑需时较长,则应采用下式计算:

$$v \geqslant \frac{Sh}{t - t_0} \qquad (3\text{-}3\text{-}2)$$

式中:t_0——混凝土配制、输送及灌注所消费的时间,h。

混凝土灌注层的厚度 h,可根据使用捣固方法按规定数值采用。

3)混凝土浇筑

当浇筑的平面面积过大,不能在前层混凝土初凝或能重塑前浇筑完成次层混凝土时,为保证结构的整体性,宜分块浇筑。分块时应注意:各分块面积不得小于 $50m^2$;每块高度不宜超过 2m;块与块间的竖向接缝面应与墩台身或基础平截面短边平行,与平截面长边垂直;上下邻层间的竖向接缝应错开位置做成企口,并应按施工接缝处理。

墩台身钢筋的绑扎应和混凝土的灌注配合进行。在配置第一层垂直钢筋时,应有不同的长度,同一断面的钢筋接头应符合施工规范的规定。水平钢筋的接头,也应内外、上下互相错开。钢筋保护层的净厚度,应符合设计要求。如无设计要求时,则可取墩台身受力钢筋的净保护层不小于30mm,承台基础受力钢筋的净保护层不小于35mm。墩台身混凝土宜一次连续灌注,否则应按桥涵施工规范的要求,处理好连接缝。墩台身混凝土未达到终凝前,不得泡水。

2. 石砌墩台的施工

在砌筑前应按设计图放出实样,挂线砌筑。砌筑基础的第一层砌块时,如基底为土质,只在已砌石块的侧面铺上砂浆即可,不需坐浆;如基底为石质,应将其表面清洗、润湿后,先坐浆再砌石。砌筑斜面墩台时,斜面应逐层放坡,以保证规定的坡度。砌块间用砂浆黏结并保持一定的缝厚,所有砌缝要求砂浆饱满。形状比较复杂的工程,应先做出配料设计图,如图 3-3-1 所示,注明块石尺寸;形状比较简单的,也要根据砌体高度、尺寸、错缝等,先行放样配好料石再砌。

砌筑方法:同一层石料及水平灰缝的厚度要均匀一致、每层按水平砌筑,丁顺相间,砌石灰缝互相垂直。

砌石顺序为先角石,再镶面,后填腹。填腹石的分层高度应与镶面相同;圆端、尖端及转角形砌体的砌石顾序,应自顶点开始,按丁顺排列接砌镶面石。砌筑图例如图 3-3-2 所示,圆端形桥墩的圆端顶点不得有垂直灰缝,砌石应从顶端开始先砌石块①,如图 3-3-2a)所示,然后依丁顺相间排列,按砌四周镶面石;灰端桥墩的尖端及转角处不得有垂直灰缝,砌石应从两端开始,先砌石块①,如图 3-3-2b)所示,再砌侧面转角②,然后丁顺相间排列,接砌四周的镶面石。

3. 墩台帽施工

墩台顶帽是用来支承桥跨结构的,其位置、高程及垫石表面平整度等,均应符合设计要求,以避免桥跨结构安装困难,或使顶帽、垫石等出现碎裂或裂缝,影响墩台的正常使用功能与耐久性。墩台顶帽施工的主要工序如下:

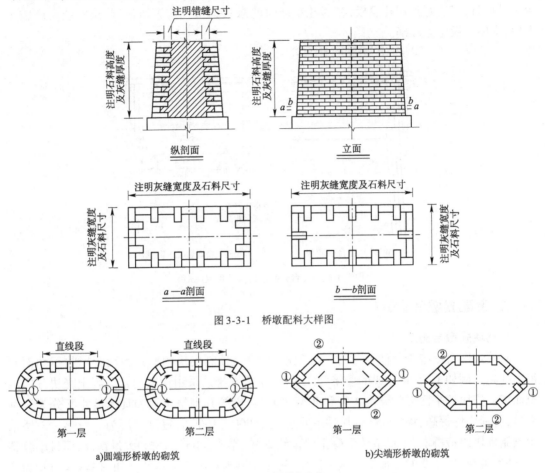

图 3-3-1 桥墩配料大样图

图 3-3-2 桥墩的砌筑

1) 墩台帽放样

墩台混凝土(或砌石)灌注至离墩、台帽底下 30~50cm 高度时,即需测出墩台纵横中心轴线,并开始竖立墩、台帽模板,安装锚栓孔或安装预埋支座垫板、绑扎钢筋等。台帽放样时,应注意不要以基础中心线作为台帽背墙线,浇筑前应反复核实,以确保墩、台帽中心、支座垫石等位置方向与水平高程等不出差错。

2) 墩台帽模板

墩台帽系支承上部结构的重要部分,其尺寸位置和水平高程的准确度要求较严,浇筑混凝土应从墩台帽下 30~50cm 处至墩台帽顶面一次浇筑,以保证墩、台帽底有足够厚度的紧密混凝土。如图 3-3-3 所示为混凝土桥墩墩帽模板图,墩帽模板下面的一根拉杆可利用墩帽下层的分布钢筋,以节省铁件。台帽背墙模板应特别注意纵向支撑或拉条的刚度,防止灌注混凝土时发生鼓肚,侵占梁端空隙。

3) 钢筋和支座垫板的安设

墩台帽钢筋绑扎应遵照《公路桥涵施工技术规范》(JTG/T F50—2011)有关钢筋工程的规定。墩、台帽上的支座垫板的安设一般采用预埋支座垫板和预留锚栓孔的方法。预埋支座垫板法须在绑扎墩台帽和支座垫石钢筋时,将焊有锚固钢筋的钢垫板安设在支座的准确位置上,即将锚固钢筋和墩、台帽骨架钢筋焊接固定,同时将钢垫板作一木架,固定在墩、台帽模板上,此法在施工时垫板位置不易准确,应经常检查与校正。预留锚栓孔法须在安装墩台帽模板时,安装好预留孔模板,在绑扎钢筋时注意将锚接孔位置留出,此法安装支座施工方便,支座垫板位置准确。

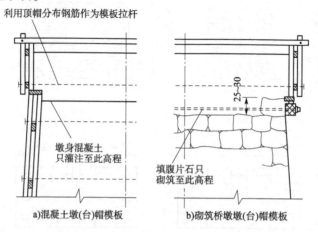

图 3-3-3　墩(台)帽模板(尺寸单位:cm)

二、装配式墩台施工

1. 砌块式墩台施工

砌块式墩台的施工大体上与石砌墩台相同,只是预制砌块的形式因墩台形状不同而有很多变化。例如1975年建成的兰溪兰江大桥,主桥墩身系采用预制的素混凝土壳块分层砌筑而成。壳块按平面形状分为Ⅰ型和Ⅱ型两大类,再按其砌筑位置和具体尺寸又分为5种型号,每种块件等高,均为35cm,块件单元重量为900～1200N,每砌三层为一段落。该桥采用预制砌块建造桥墩,不仅节约混凝土数量约26%,节省50m³木材和大量铁件,而且砌缝整齐,外形美观,更主要的是加快了施工速度,避免了洪水对施工的威胁。如图3-3-4所示为兰溪大桥预制块件与空腹墩施工示意。

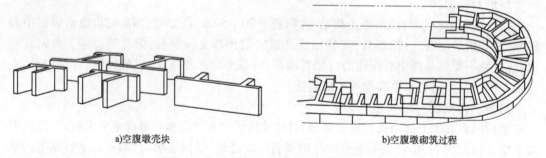

a)空腹墩壳块　　　　　　　　　　　b)空腹墩砌筑过程

图 3-3-4　兰溪大桥预制块件与空腹墩身施工示意

2. 柱式墩施工

装配式柱式墩是将桥墩分解成若干轻型部件,在工厂或工地集中预制,再运送到现场装配成桥梁。其形式有排架式、双柱式、板凳式和刚架式等。如图3-3-5所示为装配式柱式墩构造示意图。

装配式柱式墩施工工序为预制构件、安装连接与混凝土填缝养护等。其中拼装接头是关键工序,既要牢固、安全,又要结构简单便于施工。常用的拼装接头有以下几种:

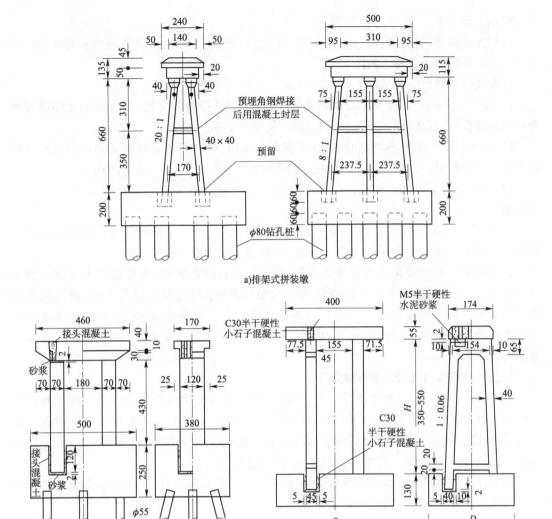

图 3-3-5 装配式柱式墩构造示意图(尺寸单位:cm)

1)承插式接头

将领制构件插入相应的预留孔内,插入长度一般为 1.2~1.5 倍的构件宽度,底部铺设 2cm 砂浆,四周以半干硬性混凝土填充,常用于立柱与基础的接头连接。

2)钢筋锚固接头

构件上预留钢筋或型钢,插入另一构件的预留槽内,或将钢筋互相焊接,再灌注半干硬性混凝土,多用于立柱与顶帽处的连接。

3)焊接接头

将预埋在构件中的铁件与另一构件的预埋铁件用电焊连接,外部再用混凝土封闭。这种接头易于调整误差,多用于水平连接杆与主柱的连接。

4)扣环式接头

相互连接的构件按预定位置预埋环式钢筋,安装时柱脚先坐落在承台的柱芯上,上下环式钢筋互相错接,扣环间插入 U 形短钢筋焊牢,四周再绑扎钢筋一圈,立模浇筑外围接头混凝土。要求上下扣环预埋位置正确,施工较为复杂。

5)法兰盘接头

在相连接构件两端安装法兰盘,连接时用法兰盘连接,要求法兰盘预埋位置必须与构件垂直。接头处可不用混凝土封闭。

装配式柱式墩台应注意以下几点:

(1)墩台柱构件与基础顶面预留杯形基座应编号,并检查各个墩、台高度和基座高程是否符合设计要求,基杯口四周与柱边的空隙不得小于2cm。

(2)墩台柱吊入基杯内就位时,应在纵横方向测量,使柱身竖直度或倾斜度以及平面位置均符合设计要求;对重大、细长的墩柱,需用风缆或撑木固定,方可摘除吊钩。

(3)在墩台柱顶安装盖梁前,应先检查盖梁口预留槽眼位置是否符合设计要求,否则应先修凿。

(4)柱身与盖梁(顶帽)安装完毕并检查符合要求后,可在基杯空隙与盖梁槽眼处灌注稀砂浆,待其硬化后,撤除楔子、支撑或风缆,再在楔子孔中灌填砂浆。

在基础或承台上安装预制混凝土管节、环圈作墩台的外模时,为使混凝土基础与墩台联结牢固,应由基础或承台中伸出钢筋插入管节、环圈中间的现浇混凝土内,插入钢筋的数量和锚固长度应按设计规定或通过计算决定。管节或环圈的安装、管节或环圈内的钢筋绑扎和混凝土浇筑,应按《公路桥涵施工技术规范》(JTG/T F50—2011)有关章节的规定执行。

3. 后张法预应力混凝土装配墩施工

装配式预应力钢筋混凝土墩分为基础、实体墩身和装配墩身3大部分。装配墩身由基本构件、隔板、顶板及顶帽4种不同形状的构件组成,用高强钢丝穿入预留的上下贯通的孔道内,张拉锚固而成,如图3-3-6所示。实体墩身是装配墩身与基础的连接段,其作用是锚固预应力钢筋,调节装配墩身高度及抵御洪水时漂流物的冲击等。

装配式预应力混凝土墩工艺流程如图3-3-7所示,分成施工准备、构件预制及墩身装配三个方面。全过程贯穿着质量检查工作。

实体墩身灌注时要按装配构件孔道的相对位置,预留张拉孔道及工作孔,如图3-3-8所示。

构件装配的水平拼装缝采用35号水泥砂浆,砂浆厚度为15mm,便于调整构件水平高程,不使误差积累。安装构件的操作要领是:平、稳、准、实、通5个关键,即起吊平、构件顶面平、内外壁砂浆接缝要抹平;起吊、降落、松钩要稳;构件尺寸准、孔道位置准、中线准及预埋配件位置准;接缝砂浆要密实;构件孔道要畅通。张拉预应力的钢丝束分两种,一种是直径为5mm的高强度钢丝,用18ϕ5锥形锚,另一种用7ϕ4钢绞线,JM12-6型锚具,采用一次张拉工艺。

张拉顺序示意图如图3-3-9所示。可以在顶帽上张拉,亦可在实体墩下张拉,两者各有自己的特点,一般多在顶帽上张拉。孔通压浆前先用高压水冲洗。采用纯水泥浆,为了减少水泥浆的收缩及泌水性能,可掺入(0.8~1.0)/10000水泥质量的铝粉。压浆最好由下而上压注。压浆分初压与复压,初压后,约停1h,待砂浆初凝即进行复压,复压压力可取0.8~1.0MPa,初压压力可小一点。压浆时,构件上的砂浆接缝全部湿润,说明接缝砂浆空隙中压入了水泥浆,起到了密实接缝的作用。实体墩身的封锚采用与墩身相同强度等级的混凝土,同时要采用防水措施。顶帽上的封锚采用钢筋网罩焊在垫板上,单个或多个连在一起,然后用混凝土封锚。

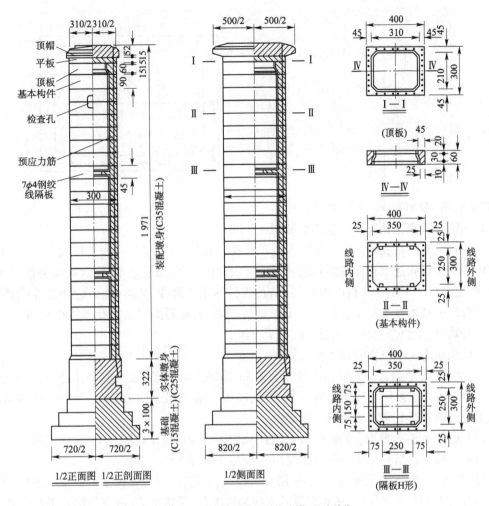

图3-3-6 装配式预应力混凝土墩构造图(尺寸单位:cm)

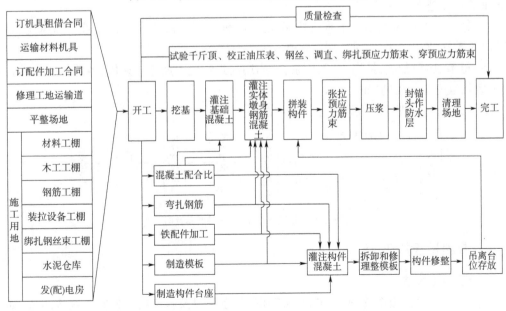

图3-3-7 装配式预应力混凝土墩工艺流程

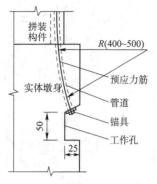 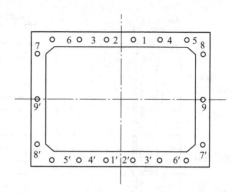

图 3-3-8 实体墩身的张拉工作孔(尺寸单位:cm)   图 3-3-9 张拉顺序示意图

4. 无承台大直径钻孔埋入空心桩墩施工

无承台大直径钻孔埋入空心桩墩系由预钻孔、预制大直径钢筋混凝土桩墩节、吊拼桩墩节并用预应力后张连成整体、桩周填石压浆、桩底高压压浆、吊拼墩节、浇筑或组装盖梁等部分组成,它综合了预制桩质量的可靠性、钻孔成桩的工艺简便、成本低、适应性强等优越性,摒弃了管柱桩技术设备复杂、成本高、不易穿透砂砾层、桩易偏位及钻孔灌注桩桩身质量难以保证等缺陷,集当今桩基先进施工技术于一体。

钻埋预应力空心桩墩的技术特点如下:

(1)直径大,承载力高。桩径一般大于 2.5m,钻埋空心桩直径已达 5m,沉挖空心桩直径已达 6～8m。由于采用了桩周填石压浆、桩底高压压浆、桩节间通过预应力形成整体,故使桩基承受的垂直荷载和水平荷载成倍增大。

(2)无承台,空心截面,节省了围堰工程,减少了桩身混凝土体积,不仅简化了施工工序,而且可将大桥下部结构费用从占全桥费用 50% 以上降至 30%～40%。

(3)施工快速,工期缩短,并由于采用大直径桩,桩数少,多数情况下可以单桩独柱,加之钻机设备的先进与完善,一个枯水季节可完成基础工程;预制桩节、墩节与钻孔平行作业,大大加速了工程进度。

(4)钻埋空心桩墩适用于土质地基,沉挖空心桩适用于松散的砂、砾、漂石和风化岩层,且环保效果好,施工少振动、低噪声,城镇区施工对居民干扰少。

(5)桩节、墩节预制,桩周、桩底压浆,节间用高强预应力筋连成整体,各项作业技术含量高,桩墩质量完全能得到保障。

图 3-3-10 为钻埋空心桩墩工序流程示意图。

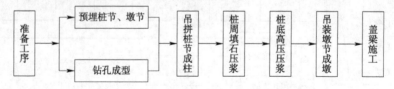

图 3-3-10 钻埋空心桩墩工序流程示意图

三、滑动模板施工

1. 滑动模板构造

滑模的装置由模板系统、操作平台系统和提升系统以及施工精度控制系统等组成,如图 3-3-11 所示。

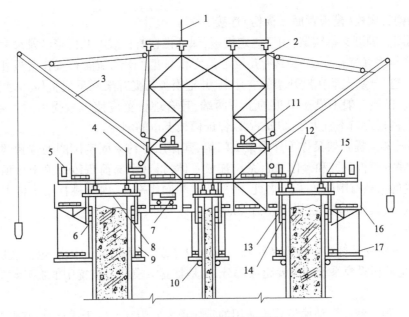

图 3-3-11 滑动模板构造示意图

1-避雷器;2-随升井架;3-扒杆;4-ϕ28 扒杆;5-电焊机;6-滑模骨架;7-油泵;8-下横梁;9-内脚手架;10-养生水管;11-卷扬机;12-千斤顶;13-提升架;14-模板;15-第一层工作平台;16-第二层工作平台;17-吊脚手平台

1)操作平台系统

操作平台系统主要包括操作平台,外挑脚手架,内、外吊脚手架,如果施工需要,还可设置辅助平台,以供材料、工具、设备的堆放。

(1)操作平台。操作平台又称工作平台,既是绑扎钢筋、浇筑混凝土的操作场所,也是油路、控制系统的安置台,有时还利用操作平台架设起重设备。操作平台所受的荷载比较大,必须有足够的强度和刚度。操作平台一般用钢桁架或梁及铺板构成。

(2)外挑脚手架、吊脚手架。外挑脚手架一般由三角挑架、楞木、铺板等组成,其外挑宽度为 0.8~1.0m,外侧一般需设安全护栏。

吊脚手架是供绑扎钢筋、混凝土脱模后检查混凝土质量并进行修饰、养护等操作之用。吊脚手架要求装卸灵活、安全可靠。外吊脚手架悬挂在提升架外侧立柱和三角挑架上,内吊脚手架悬挂在提升架内侧立柱和操作平台的桁架上。

2)模板系统

模板系统由模板、围圈、提升架及其附属配件组成。其作用是根据滑模工程的结构特点组成成型结构,使混凝土能按照设计的几何形状及尺寸准确成型,并保证表面质量符合要求。模板系统在滑升施工过程中,主要承受浇筑混凝土时的侧压力以及滑动时的摩阻力和模板滑空、纠偏等情况下的外加荷载。

(1)模板。模板又称围板,可用钢材、木材或钢木混合以及其他材料制成,目前使用钢模板居多。常用钢模板制作有薄钢板冷弯成型和用薄钢板加焊角钢、扁钢组合成型两种。如采用定型组合钢模板时,则需在边框增加与围圈固定相适应的连接孔。

模板的高度与混凝土达到出模强度所需的时间和模板滑升速度有关。如果模板高度不够,混凝土脱模过早,则会造成混凝土坍塌。如果模板高度过高,则会增加摩阻力,影响滑升。模板的高度一般为 1.2~1.6m。

模板支承在围圈上的方法有挂在围圈上和搁在围圈上,亦可采用 U 形螺栓(模板背面有模楞)和钩头螺栓(模板背面无横楞)连接。

(2) 围圈。围圈又称围檩,用于固定模板,保证模板所构成的几何形状及尺寸,承受模板传来的水平与垂直荷载,所以要具有足够的强度和刚度。围圈横向布置在模板外侧,一般上下各布置一道,分别支承在提升架的立柱上,并把模板与提升架联系成整体。为了减少模板的支承跨度,围圈一般不设在模板的上下两端,其合理位置应使模板受力时产生的变形最小。围圈距模板上口不宜大于 250mm,以保证模板上口的刚度。

(3) 提升架。提升架又称千斤顶架或门架,其作用是约束固定围圈的位置,防止模板的侧向变形,并将模板系统和操作平台系统连成一体,将其全部荷载传递给千斤顶和支承杆。提升架承受的荷载有围圈传来的垂直、水平荷载和操作平台、内外挑挂架子传来的荷载等。在使用荷载下,其立柱侧向变形不大于 2mm。

3) 提升系统

提升系统由支承杆和提升设备组成。提升设备多采用液压千斤顶,包括液压控制系统和油路等,是液压滑模系统的重要组成部分,也是整套滑模施工装置中的提升动力和荷载传递系统。

(1) 千斤顶。液压滑动模板施工所用的千斤顶为专用穿心式千斤顶,按其卡头形式的不同可分为钢珠式和楔块式两种,其工作重量分别为 3t、3.5t 和 10t,其中 3.5t 应用较广。

(2) 支承杆。支承杆又称爬杆,它既是千斤顶向上爬升的轨道,又是滑动模板装置的承重支柱,承受着施工过程中的全部荷载。支承杆一般采用直径为 25mm 的圆钢筋,其连接方法有丝扣连接、榫接、焊接三种,也可以用 25~28mm 的螺纹钢筋。支承杆的长度一般为 3~5m,当支承杆接长时,其相邻的接头要互相错开,使同一断面上的接头根数不超过总根数的 25%。

(3) 提升原理。提升系统的工作原理是由电动机带动高压油泵,将高压油液通过电磁换向阀、分油器、截止阀及管路输送到液压千斤顶,液压千斤顶在油压作用下带动滑升模板和操作平台沿着支承杆向上爬升;当控制台使电磁换向阀换向回油时,油液由千斤顶排出并回入到油泵的油箱内。在不断供油、回流的过程中,使千斤顶活塞不断地压缩、复位,将全部滑升模板装置向上提升到需要的高度。

4) 施工精度控制系统

滑模施工的精度控制系统由水平度、垂直度观测与控制装置以及通信联络设施组成,主要起到控制滑模施工的水平度和垂直度的作用。

(1) 滑模施工水平度控制。在模板滑升过程中,由于千斤顶的不同步,数值的累积就会使模板系统产生很大的升差,如不及时加以控制,不仅桥墩的垂直度难以保证,也会使模板结构产生变形,影响工程质量。水平度的观测,可采用水准仪、自动安平激光测量仪等设备,精度不应低于 1/10000。对千斤顶升差的控制,可以根据不同的控制方法选择不同的水平度控制系统。常用的方法有用激光控制仪控制的自动调平控制法、用限位仪控制的限位调平法、限位阀控制法、截止阀控制法等。

(2) 滑模施工垂直度控制。在滑模施工中,影响垂直度的因素很多,如千斤顶的升差、滑模装置变形、操作平台荷载、混凝土的浇筑方向以及风力、日照的影响等。为了解决上述问题,除采取一些有针对性的预防措施外,在施工中还应经常加强观测,并及时采取纠偏、纠扭措施,以使桥墩的垂直度始终得到控制。

垂直度的观测主要采用经纬仪、激光铅直仪和导电线锤等设备来进行。垂直度调整控制方法主要有平台倾斜法、顶轮纠偏控制法、双千斤顶法、变位纠偏器纠正法等。常用的垂直度控制系统有顶轮纠偏装置、变位纠偏器等。

2. 滑动模板施工

滑升模板的施工包括滑模设备的组装、钢筋绑扎、混凝土浇捣、模板滑升、模板设备的拆除等。

1) 滑模组装

在墩位上就地进行组装时,安装步骤如下:

(1) 在基础顶面搭枕木垛,定出桥墩中心线。

(2) 在枕木垛上先安装提升架与围圈,并准确定位,再依次安装操作平台、千斤顶、模板等。

(3) 提升整个装置,撤去枕木垛,再将模板落下就位,随后安装余下的设施;内外吊架待模板滑升至一定高度,及时安装;模板在安装前,表面需涂润滑剂,以减少滑升时的摩阻力;组装完毕后,必须按设计要求及组装质量标准进行全面检查,并及时纠正偏差。

2) 浇筑混凝土

滑模宜浇筑低流动度或半干硬性混凝土,浇筑时应分层、分段、对称地进行,分层厚度以 20~30cm 为宜,表面应在同一水平面上,浇筑后混凝土表面距模板上缘宜有不小于 10~15cm 的距离。各层浇筑的间隔时间应不大于混凝土的凝结时间,当间隔时间超过混凝土的凝结时间时,对接槎处应按施工缝的要求处理。

混凝土入模时,要均匀分布,一般从中间部分开始。各层浇筑方向要交错进行,并经常交换方向,防止模板产生扭转和结构倾斜。

应采用插入式振动器捣固,振捣时应避免触及钢筋及模板,振动器插入下一层混凝土的深度不得超过 5cm。混凝土的出模强度,一般宜控制在 0.2~0.5MPa,此时混凝土对模板的摩擦阻力小,出模的混凝土表面易于抹光,后期强度损失小,并能承受上部混凝土的自重,不坍塌、开裂或变形。可根据气温、水泥强度等级经试验后掺入一定量的早强剂,以加速提升;脱模后 8h 左右开始养生,用吊在下吊架上的环绕墩身的带小孔的水管来进行。养生水管一般设在距模板下缘 1.8~2.0m 处效果较好。

3) 提升与收坡

整个桥墩浇筑过程可分为初次滑升、正常滑升和最后滑升 3 个阶段。

(1) 初次滑升阶段。从开始浇筑混凝土到模板首次试升为初次滑升阶段。初浇混凝土的高度一般为 60~70cm,分 3 次浇筑,在底层混凝土强度达到 0.2~0.4MPa 时即可试升。将所有千斤顶同时缓慢起升 5cm,以观察底层混凝土的凝固情况。现场鉴定可用手指按刚脱模的混凝土表面,若基本按不动,但留有指痕,砂浆不沾手,用指甲划过有痕,滑升时能耳闻"沙沙"的摩擦声,这表明混凝土已具有 0.2~0.5MPa 的脱模强度,可以开始再缓慢提升 20cm 左右。

(2) 正常滑升阶段。初升后,经全面检查无误后,即进入正常滑升阶段。即每浇筑一层混凝土,滑模提升一次,使每次浇筑的厚度与每次提升的高度基本一致。在正常气温条件下,提升时间不宜超过 1h。在滑升中,要求三班连续作业,不得随意停工,同时要严格按计划的滑升速度执行,保证提升垂直、均衡一致,并随时检查模板、支承杆、液压泵、千斤顶等各部分的情况,如有异常,应及时加以调整、修理或加固。

随着模板的提升,应转动收坡螺杆,调整墩壁曲面的半径,使之符合设计要求的收坡坡度。

(3) 最后滑升阶段。指混凝土已经浇筑到需要高度,不再继续浇筑,但模板尚需继续滑升的阶段。浇完最后一层混凝土后,每隔1~2h将模板提升5~10cm,滑动2~3次后即可避免混凝土模板黏结。

(4)停滑。如因气候、施工需要或其他原因而不能连续滑升时,应采取可靠的停滑措施。停滑前,混凝土应浇筑到同一水平面上;停滑过程中,模板应每隔0.5~1h提升一个千斤顶行程,确保模板与混凝土不黏结;当支承杆的套管不带锥度时,应于次日将千斤顶顶升一个行程;对于因停滑造成的水平施工缝,应认真处理混凝土表面,保证后浇混凝土与已硬化的混凝土之间良好的黏结;继续施工前,应对液压系统进行全面检查。

4)接长支承杆、绑扎钢筋

模板每提升至一定高度后,就需要穿插进行接长支承杆、绑扎钢筋等工作。为了不影响提升时间,钢筋接头均应事先配好,并注意将接头错开。对预埋件及预埋的接头钢筋,滑模抽离后,要及时清理,使之外露。

3. 爬升模板施工

爬升模板施工与滑动模板施工相似,不同的是支架通过千斤顶支承于预埋在墩壁中的预埋件上,待浇筑好的墩身混凝土达到一定强度后,将模板松开,千斤顶上顶,把支架连同模板升到新的位置,模板就位后,再继续浇筑墩身混凝土。如此往复循环,逐节爬升,每次升高约2m。

爬升模板施工是采用一种特殊钢模板,一般由三层模板组成一个基本单元,并配置有随模板升高的混凝土接料工作平台。当浇筑完上层模板的混凝土后,将最下层模板拆除翻上来拼装成第四层模板,依次类推,循环施工。翻升模板也能够用于有坡度的桥墩施工。图3-3-12为某大桥高桥墩施工的爬升模板构造图。

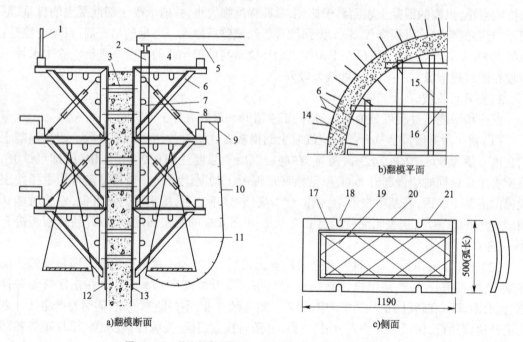

图3-3-12 某大桥高桥墩施工爬升模板构造图(尺寸单位:cm)

1-安全护栏;2-I12支架;3-对拉螺栓及混凝土内撑;4-平台横梁;5-平台纵梁;6-三脚架;7-门形I12支架;8-斜拉索具;9-安全网吊杆;10-安全网;11-拆模吊篮;12-外模板;13-内模板;14-内竖铁;15-纵梁;16-横梁;17-角铁;18-对拉螺栓孔;19-扁铁;20-舌头;21-$\delta=2$钢板

学习情境三:桥涵墩台施工 工作任务三:桥涵墩台施工详解	班级			
	姓名		学号	
	日期		评分	

一、任务内容
分组讨论梁桥常见墩台的施工方法和技术要点。

二、基本知识
1. 石砌墩台的砌筑方法：同一层石料及水平灰缝的厚度要_____，每层按_____，砌石灰缝_____。砌石顺序为_____。

2. 装配式柱式墩施工工序为预制构件、安装连接与混凝土填缝养护等。其中拼装接头是关键工序，既要牢固、安全，又要结构简单便于施工。常用的拼装接头有：_____、_____、_____扣环式接头和法兰盘接头。

3. 装配式墩台施工的优点有哪些？

4. 滑模的装置由_____、_____和_____以及施工精度控制系统等组成。

5. 模板系统由_____、_____、_____及其附属配件组成。

三、任务实施
钢筋混凝土桩柱式桥墩是常见墩台的一种，分组讨论其施工流程、各工序施工要点。

1. 混凝土桥墩的模板类型？

2. 立柱混凝土施工的注意事项？

3. 墩台帽放样注意事项？

4. 墩台帽模板施工技术要点？

四、任务小结
通过此工作任务的实施，各小组集中完成下述工作。
1. 你认为本次实训是否达到预期目的？还有什么意见和建议？

2. 梁桥滑模施工的优点？

学习情境四 涵洞施工

**情境概述**

一、职业能力分析

通过本情境的学习,期望达到下列目标。

1. 专业能力

(1)认知涵洞的施工设计图,核算涵洞的几何尺寸和工程数量。

(2)学习相应的涵洞施工案例并结合桥涵施工技术规范,编写涵洞的施工方案。

2. 社会能力

(1)通过分组活动,培养团队协作能力。

(2)通过规范文明操作,培养良好的职业道德和安全环保意识。

(3)通过小组讨论、上台演讲评述,培养与客户的沟通能力。

3. 方法能力

(1)通过查阅资料、文献,培养个人自学能力和获取信息能力。

(2)通过情境化的工作任务活动,掌握解决实际问题的能力。

(3)填写任务工作单,制订工作计划,培养工作方法能力。

(4)能独立使用各种媒体完成学习任务。

二、学习情境描述

施工小组在接到涵洞的施工任务后,小组分析施工任务,合理选择施工方法,各成员根据拟订的方法编写总体方案和施工技术要点,提交成果,小组讨论其可行性,教师参与小组讨论并进行评定,各成员完善施工方案,提交实施成果报告。

本学习情境包含涵洞识图、涵洞施工详解2个工作任务。

三、教学环境要求

将整个学习内容划分成若干个工作任务,每个工作任务利用多媒体教学设备、课件和视频、涵洞施工方案、涵洞施工动画和视频、涵洞施工案例等教学资料,按照"资讯→计划→决策→实施→检查→评估"的六步教学法开展教学,学生在教师指导下制订方案、实施方案,最终评估学习的结果。

工作任务一　涵 洞 识 图

任务概述

1. 应知应会

(1) 应知涵洞的分类和构造。

(2) 熟悉沉降缝的设置。

2. 学习要求

(1) 研读教材内容。

(2) 查阅涵洞施工设计图。

(3) 注重理论联系实际。

相关知识

一、按构造形式分类

1. 圆管涵

圆管涵主要由管身、基础、接缝及防水层组成，各部分构造如图 4-1-1 所示。

2. 盖板涵

盖板涵主要由盖板、涵台、基础、洞身铺底、伸缩缝及防水层等部分组成，如图 4-1-2 所示。

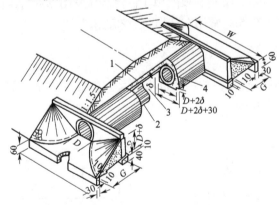
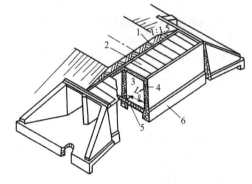

图 4-1-1　圆管涵各组成部分(尺寸单位:mm)

1-15mm 胶泥防水层；2-管底垫层；3-管身；4-接缝

图 4-1-2　盖板涵各组成部分

1-10～15mm 草筋胶泥；2-盖板；3-涵墩；4-涵台；
5-铺底；6-基础

3. 拱涵

拱涵主要由拱圈、护拱、拱上侧圈、涵台、基础、铺底、沉降缝及排水设施等组成，各部分构造如图 4-1-3 所示。

4. 箱涵

箱涵主要由钢筋混凝土涵身、翼墙、基础、变形缝等部分组成，如图 4-1-4 所示。因箱涵为整体闭合式钢筋混凝土框架结构，所以具有良好的整体性及抗震性能。但由于箱涵施工较困难，造价高，一般仅在软土地基上采用。

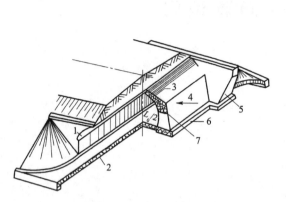 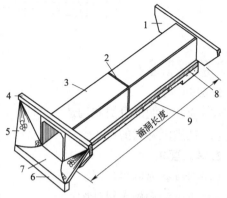

图 4-1-3 拱涵各组成部分 　　　　图 4-1-4 箱涵各组成部分
1-拱圈;2-铺底;3-10~15mm胶泥防水层;4-涵台;5-一字墙;6-基础;7-护拱　　1-翼墙;2-变形缝;3-钢筋混凝土涵身;4-帽石;5-锥坡;6-隔水墙;7-洞口铺砌;8-混凝土基础;9-砂砾垫层

二、按建筑材料分类

按建筑材料涵洞可分为砖涵、石涵、混凝土涵及钢筋混凝土涵等。由于钢筋混凝土材料坚固耐用、力学性能好,是高等级公路上常采用的结构类型。

三、按涵洞顶填土高度分类

按涵洞顶填土高度涵洞可以分为暗涵和明涵。暗涵洞顶的填土高度应大于 0.5m,适用于高路堤及深沟渠处。明涵洞顶填土高度小于 0.5m,常用在低填方、挖方路段。

四、按水力性质分类

如图 4-1-5 所示,水流通过涵洞的深度不同,直接影响涵洞过水的水力状态,从而产生不同涵洞水力计算的图式。涵洞宜设计成无压力式的。

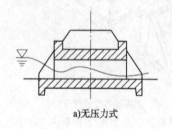 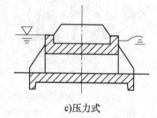

a)无压力式　　　b)半压力式　　　c)压力式

图 4-1-5 按水力性质划分涵洞

(1)无压力式涵洞。指入口处水流的水位低于洞口上缘,洞身全长范围内水面不接触洞顶的涵洞。

(2)半压力式涵洞。指入口处水流的水位高于洞口上缘,部分洞顶承受水头压力的涵洞。

(3)有压力式涵洞。指涵洞进出口被水淹没,涵洞全长范围内以全部断面泄水的涵洞。

(4)倒虹吸管。路线两侧水深都大于涵洞进出水口高度。进出水口必须设置竖井,包括防淤沉淀井,水流充满全涵身。

五、其他方法分类

1）按洞身形式分类

平置式涵洞洞身呈台阶布置形式，基础平置，又叫阶梯涵。斜置式涵洞洞身呈斜坡布置，基础斜置。平置式和斜置式涵洞统称斜坡涵洞。

2）按适用功能分类

按适用功能涵洞可分为排洪涵、灌溉涵和交通涵3类。

3）按洞身平面布置分类

按洞身平面位置涵洞分为正交涵洞和斜交涵洞。

任务实施

涵洞是由洞身及洞口建筑组成的排水构造物。位于涵洞上游的洞口称为进水口，位于涵洞下游的洞口称为出水口，如图4-1-6所示。

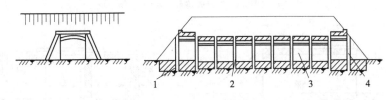

图4-1-6 涵洞组成简图

1-进水口；2-变形缝；3-洞身；4-出水口

一、洞身构造

洞身是形成过水孔道的主体，其作用是承受荷载压力和填土压力并将其传递给地基，保证水流的通过。钢筋混凝土箱涵及圆管涵为封闭结构，涵台、盖板、基础连成整体，其涵身断面由箱节或管节组成，为了便于排水，涵洞涵身还应有适当的纵坡，其最小坡度为0.4%。

1. 管涵

圆管涵洞身主要由各分段圆管节和支承管节的基础垫层组成，如图4-1-7所示。圆管涵常用孔径d_0为75cm、100cm、125cm、150cm、200cm，对应的管壁厚度分别为8cm、10cm、12cm、14cm、15cm。基础垫层厚度t根据基底土质确定，当为卵石、砾石、粗中砂及整体岩石地基时，$t=0$；当为亚砂土、黏土及破碎岩层地基时，$t=15cm$；当为干燥地区的黏土、亚黏土、亚砂土及细砂的地基时，$t=30cm$。

图4-1-7 圆管涵基础

1-浆砌片石；2-混凝土；3-砂垫层；4-防水层；5-黏土

当整节钢筋混凝土圆管涵无铰时，称为刚性管涵。其在横断面上是一个刚性圆环。管壁内钢筋有内外两层，钢筋可加工成一个个的圆圈或螺旋筋，如图4-1-8所示。

当管节沿横截面圆周对称加设四个铰时，称为四铰管涵。铰通常设置在涵洞两侧和顶部、底部弯矩最大处。由于四铰涵有铰的作用，降低了管节的内力，只有当竖向作用力和横向作用力互相平衡时方能保持其形状，因此四铰涵四周的土具有相同的性质，可布置在天然地基或砂垫层上。

2. 盖板涵

盖板涵洞身由涵台(墩)、基础和盖板组成,如图 4-1-9 所示。盖板有石盖板和钢筋混凝土盖板等。钢筋混凝土盖板涵跨径为 150cm、200cm、250cm、300cm、400cm,相应的盖板厚度 d 为 15~22cm。

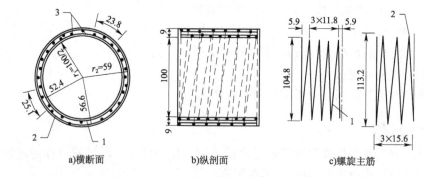

a) 横断面　　b) 纵剖面　　c) 螺旋主筋

图 4-1-8　钢筋混凝土圆管涵(尺寸单位:cm)

1-内螺旋筋;2-外螺旋筋;3-纵向主筋

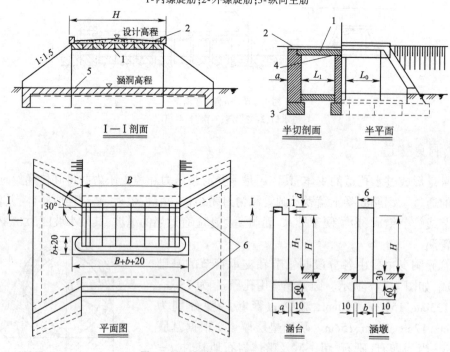

图 4-1-9　盖板涵构造(尺寸单位:cm)

1-盖板;2-路面;3-基础;4-砂浆垫平;5-铺砌;6-八字墙

圬工涵台(墩)的临水面一般采用垂直面,背面采用垂直或斜坡面,涵台(墩)顶面可做成平面,也可做成 L 形,借助盖板的支撑作用来加强涵台的稳定。同时在台(墩)帽内预埋栓钉,使盖板与台(墩)加强连接。

根据涵台基础与河底铺砌,基础有分离式和整体式两种,前者适用于地基较好的情况,后者适用于地基较差的情况。当基础采用分离式时,涵底铺砌层下应垫 10cm 厚的砂垫,并在涵台(墩)基础与涵底间设纵向沉降缝。为加强涵台的稳定,基础顶面间设置支撑梁数道。

3. 拱涵

拱涵洞身主要由拱圈和涵台(墩)组成,如图 4-1-10 所示。拱圈一般采用等截面圆弧拱,跨径为 100cm、150cm、200cm、250cm、300cm、400cm、500cm,相应拱圈厚度 d 为 25～35cm。涵台(墩)临水面为竖直面,背面为斜坡,以适应拱脚较大水平推力的要求。

基础有整体式和分离式两种。

(1) 整体式基础。两座涵台的下面和孔径中间使用整块的混凝土浇筑的基础。湿陷性黄土地基,不论其表面承载力多大,均不得使用整体式基础。

(2) 非整体式基础。两座涵台的下面为独立的现浇混凝土或浆砌片石基础。

(3) 板凳式基础。两座涵台下面的混凝土基础之间用较薄的混凝土或钢筋混凝土板在顶部连接,一起浇筑成似同板凳一样的基础。

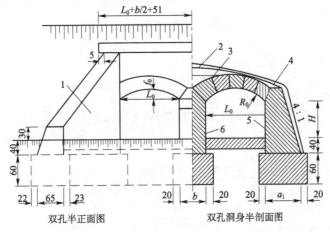

图 4-1-10 拱涵构造(尺寸单位:cm)
1-八字竖墙;2-胶泥防水层;3-拱圈;4-护拱;5-台身;6-墩身

4. 箱涵

箱涵又称矩形涵,它与盖板涵的区别是:盖板涵的台身与盖板是分开浇筑的,台身还可以采用砌石圬工,成为简支结构。而箱涵的上下顶板,底板与左、右墙身是连续浇筑的,成为刚性结构,如图 4-1-11 所示。

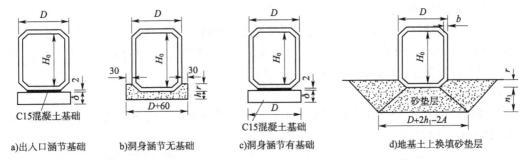

图 4-1-11 箱形涵洞基础类型(尺寸单位:cm)

箱涵涵身基础分为有圬工基础和无圬工基础两种。

5. 洞身分段及接头处理

洞身较长的涵洞沿纵向应分成数段,分段长度一般为 3～6m,每段之间用沉降缝分开,基础也同时分开。涵洞分段可以防止由于荷载分布不均及基底土壤性质不同引起的不均匀沉降,避免涵洞开裂。

沉降缝的设置是在缝隙间填塞浸涂沥青的木板或浸以沥青的麻絮。对于盖板暗涵和拱涵应再在全部盖板和拱圈顶面及涵台背坡均填筑厚 15cm 的胶泥防水层。对于圆管涵则应在外面用涂满热沥青的油毛毡圈裹两道,再在圆管外圈填筑厚 15cm 的胶泥防水层。

6. 山坡涵洞洞身构造

1) 跌水式底槽(适用于坡度小于 12.5%)

洞身由垂直缝分开的管节组成,后一管节比前一管节垂直降低一定高度,使涵洞得到稳定,每节管节有独立的底面水平的基础。

洞身做成台阶形,管节长度一般不小于台阶高度的 10 倍,错台厚度不得大于拱圈或盖板厚度的 3/4,如图 4-1-12a)所示。相邻管节高差大于涵顶厚度时,需加砌挡墙,也不应大于 0.7 m 或 1/3 涵洞净高,如图 4-1-12b)所示。

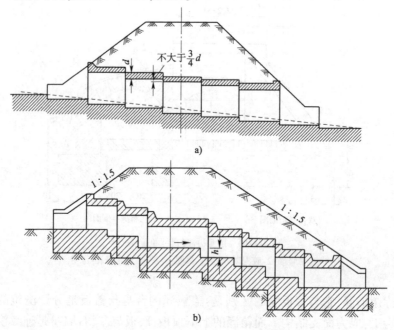

图 4-1-12 带跌水式底槽的涵洞纵断面

2) 急流坡式底槽(适用于坡度大于 12.5%)

当跌水式底槽每一管节的跌水高度太大,不能适应台阶长度的要求时,可建造急流坡式底槽(图 4-1-13)。急流坡式底槽坡度应等于或接近于天然坡度。涵洞的稳定性主要靠加深管节基础深度来保证,其形式一般为齿形或台阶形。

3) 小坡度底槽

当地质条件不好,不允许修建坡度较大的涵洞时采用小坡度底槽,在进出水口设置消能设备,如图 4-1-14 所示。

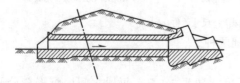

图 4-1-13 急流坡式底槽的涵洞纵断面

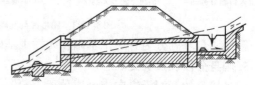

图 4-1-14 小坡度底槽的涵洞纵断面

二、洞口构造

洞口建筑是洞身、道路、河道三者的连接构造物。洞口建筑的作用是:连接洞身及道路边坡,并与洞身较好地衔接形成良好的泄水条件,确保道路边坡稳定。无论采取任何形式的洞口,河床都必须铺砌,如图 4-1-15 所示。

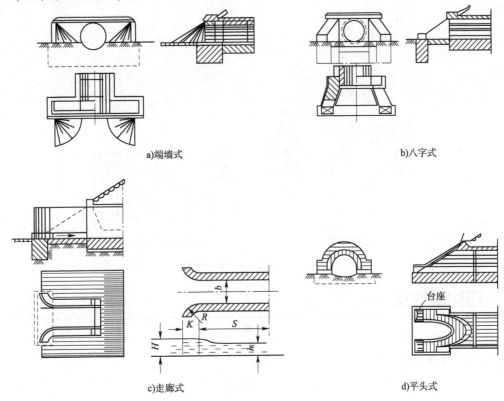

图 4-1-15　正交涵洞的洞口建筑

1. 正交涵洞的洞口建筑

1）端墙式

端墙式洞口由一道垂直于涵洞轴线的竖直端墙以及盖于其上的帽石和设在其下的基础组成。这种洞口构造简单,但泄水能力小,适用于流速较小的人工渠道或不易受冲刷影响的岩石河沟上。

2）八字式

在洞口两侧设张开成八字形的翼墙。这种洞口工程数量小,水力性能好,施工简单,造价较低,因而是最常用的洞口形式。

3）走廊式

走廊式洞口建筑是由两道平行的翼墙在前端展开成八字形或曲线形构成的。这种洞口使涵前壅水水位在洞口部分提前收缩跌落,可以降低涵洞的设计高度,提高涵洞的宣泄能力。

4）平头式

平头式洞口又称领圈式洞口,常用于混凝土圆管涵。因为需要制作特殊的洞口管节,所以模板耗用较多。

2. 斜交涵洞的洞口建筑

1）斜交斜做

当涵洞洞口帽石方向与路线方向平行时,此种做法称斜交斜做,如图 4-1-16a) 所示,此法费工较多,但外形美观且适应水流,较常采用。

2)斜交正做

涵洞洞口帽石方向与涵轴线方向垂直,即与正交时完全相同,如图4-1-16b)所示,此做法构造简单。

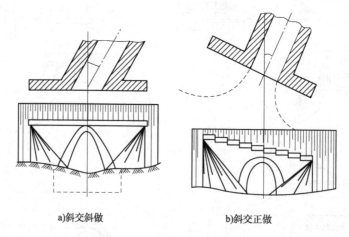

a)斜交斜做　　　　b)斜交正做

图4-1-16　斜交涵洞的洞口建筑

 任务工作单

学习情境四:涵洞施工 工作任务一:涵洞识图	班级			
	姓名		学号	
	日期		评分	

一、任务内容

分组讨论涵洞的类型和构造。

二、基本知识

1.涵洞的分类与组成。

(1)按结构分为哪些?

(2)涵洞的组成部分作用有哪些?

(3)洞身作用有哪些?

(4)洞口作用有哪些?

2.构造。
(1)圆管涵的基础垫层厚度规定是什么?

(2)盖板涵洞身分段及接头处理措施有哪些?

(3)山坡涵洞的洞身形式有哪些?

(4)涵洞的洞口形式有哪些?

三、任务实施
管涵是涵洞中的一种,分组掌握其构造及制作要求。
1.管涵的孔径和壁厚有何对应关系?

2.管涵基础垫层厚度根据什么条件确定?如何确定?

3.刚性管涵构造有哪些要求?

4.四铰管涵的铰设置过程中要注意哪些事项?

四、任务小结
通过此工作任务的实施,各小组集中完成下述工作。
1.你认为本次实训是否达到预期目的?还有什么意见和建议?

2.洞身分段及接头处理如何设置?

工作任务二　涵洞施工详解

1. 应知应会

(1)应知涵洞的测量放样。
(2)应会各类涵洞的施工工艺。
(3)理解涵洞施工中要求的注意事项。

2. 学习要求

(1)研读教材内容。
(2)学习相关施工案例,结合涵洞施工技术规范,编写涵洞施工技术作业。
(3)注重理论联系实际。

一、施工准备工作和施工放样

1. 现场核对

涵洞开工前,应根据设计资料,结合现场实际地形、地质情况,对其位置、方向、孔径、长度、出入口高程以及与灌溉系统的连接等进行校对。核对时,还需注意农田排灌的要求,需要增减涵洞数量、变更涵型或孔径时,应向监理反映,按照合同有关规定办理。

2. 施工详图

若原设计文件、图纸不能满足施工需要时,例如地形复杂处的陡峻沟谷涵洞、斜交涵洞、平曲线或大纵坡上的涵洞、地质情况与原实际资料不符处的涵洞等应先绘出施工详细图或变更设计图,然后再依图放样施工。

3. 施工放样

施工放样的方法是以涵洞施工设计图为依据,根据设计中心里程,在地面标定位置设置涵洞纵向轴线。正交涵洞的轴线垂直于路线中心,斜交涵洞的轴线与路线前进方向的右侧斜交角 $\theta = 90° + \varphi(\varphi$ 为斜度$)$,如图 4-2-1 所示。

测量放样时应注意涵洞长度、涵底高程的正确性,如图 4-2-2 所示。对位于曲线和陡坡上的涵洞应考虑加宽、超高和纵坡的影响。涵洞各个细部的高程,均用水准仪测定。对基础面的纵坡,当涵洞填土高度在 2m 以上时,应预留拱度,以便路堤下沉后仍能保持涵洞应有的坡度,此种拱度最好做成弧形,其数值可按表 4-2-1 所列计算,但应使进水口高程高于涵洞中心高程,以防积水。基础建成后,安装管节或砌筑涵身时均以涵洞轴线为基准详细放样。

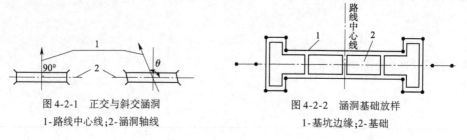

图 4-2-1　正交与斜交涵洞
1-路线中心线;2-涵洞轴线

图 4-2-2　涵洞基础放样
1-基坑边缘;2-基础

涵洞填土在 2m 以上时的预留拱度值　　　　　表 4-2-1

基底土种类	涵洞建筑拱度
卵石土、砾类土、砂类土	$H/80$
粉质土、黏质土、细黏质土及黄土	$H/50$

注：H 为线路中心处涵洞水槽面到中期设计高程的填方高度。

二、管涵施工前准备

公路工程中的管涵有混凝土管涵和钢筋混凝土管涵，目前我国公路工程中多采用钢筋混凝土管涵。公路管涵的施工多系预制成管节，每节长度多为 1m，然后运往现场安装。

1. 涵管的预制与质量检验

预制混凝土圆管可采用振动制管法、离心法、悬辊法和立式挤压法。鉴于公路工程中涵管一般为外购，故对涵管预制不再进行详细说明，但涵管进场后必须对其质量进行检验。

管节成品的质量检验分为管节尺寸检验和管节强度检验。混凝土圆管节成品质量要求及尺寸允许偏差见表 4-2-2。

混凝土圆管节成品质量要求和尺寸允许偏差　　　　　表 4-2-2

项　目		质量要求或允许偏差(mm)	检查方法和数量
管节形状		端面平整并与其轴线垂直，斜交管节端面符合设计要求	目测，用锤心吊线
管节内外侧表面		平直圆滑，如有蜂窝，每处面积不得大于 3cm×3cm，深度不得超过 1cm，其总面积不得超过全部面积的 1%，并不得露筋，应修补完善后方准使用	目测，用钢尺丈量
管节尺寸允许偏差（mm）	管节长度	0～10	沿周边检查 4 处
	内(外)直径	10	两端各检查 4 处
	管壁厚度	5	两端各检查 4 处

2. 涵管管节的运输与装卸

圆管涵管节运输固定方法，如图 4-2-3 所示。

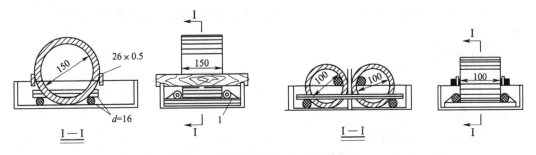

图 4-2-3　管节运输固定方法(尺寸单位:cm)
1-扒钉

（1）应结合质量标准，正确装卸，防止错装、错运。

（2）运输管节的工具，可根据道路情况和设备条件，采用汽车和拖拉机拖车运输，如图 4-2-4 所示。

(3)管节的装卸可根据工地条件,采用龙门吊机、汽车吊和小型起重工具链滑车等。

(4)在装卸和运输过程中,应小心谨慎。运输途中宜铺稻草或用木块圆木楔紧,并用绳索捆绑固定,防止管节滚动、相互碰撞破坏。

(5)从车上卸下管节时,应采用起重设备。严禁由汽车上将管节滚下,造成管节破裂。

三、拱涵的拱架

1. 钢拱架和木拱架

钢拱架是用角钢、钢板和钢轨等材料在工厂(场)制成装配式构件,在工地拼装时使用,如图 4-2-5 所示。

图 4-2-4 管涵管节的运输

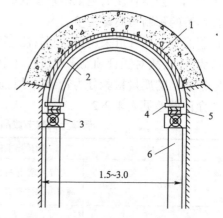

图 4-2-5 拱涵钢拱架(尺寸单位:cm)
1-模板 5mm;2-钢轨 12~16kg/m;3-顺梁;4-支座铁板 20cm×20cm;5-木楔 15cm×20cm;6-立柱

木拱架主要是由木材组合而成,拆装比较方便。但这种拱架浪费木材,应尽量不使用。

2. 土牛拱胎(土模)

在水流不大的情况下,小桥涵施工可以用土牛拱胎代替拱架,这种方法既能节省木料,又有经济、安全的特点。

根据河流水流情况,土牛拱胎分为设有透水盲沟的土拱胎、三角形木拱架土拱胎、全填土拱胎、木排架土拱胎等形式,如图 4-2-6 所示。

若用土牛拱胎浇筑盖板涵,其土牛填至涵台顶面高程即可,施工方法与拱涵同。

  任务实施

一、管涵施工

1. 施工程序

1)单孔有圬工基础管涵

(1)挖基坑并准备修筑管涵基础的材料。

(2)砌筑圬工基础或浇筑混凝土基础。

(3)安装涵洞管节,修筑涵管出入口端墙、翼墙及涵底(端墙外涵底铺装)。

(4)铺设管涵防水层及修整。

(5)铺设管涵顶部防水黏土(设计需要时),填筑涵洞缺口填土及修建加固工程。

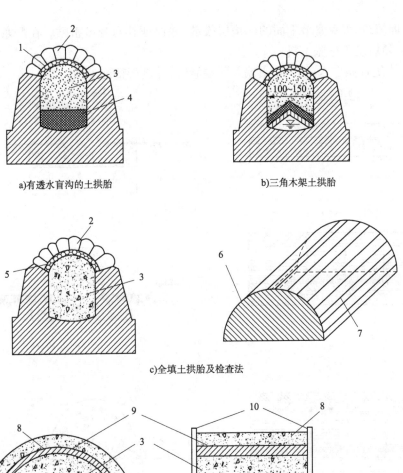

图 4-2-6 土牛拱胎的形式(尺寸单位:cm)

1-保护层;2-石砌拱圈;3-填土夯实;4-填片(卵)石透水拆除后做附属工程铺砌;5-铺油毛毡或抹白灰泥;6-挡头板拱度线;7-检查拱度的拉线;8-拱部混凝土;9-白灰泥抹面;10-挡头板;11-$d=20$ 圆木

2)单孔无坞工基础管涵

单孔无坞工基础管涵洞身安装程序如图 4-2-7 所示。

(1)挖基与备料。

(2)在捣固夯实的天然土表层或矿砂垫层上,修筑截面为圆弧状的管座,其深度等于管壁的厚度。

(3)在圆弧管座上铺设垫层的防水层,然后安装管节,管节间接缝宜留 1cm 宽。缝中填防水材料。

(4)在管节的下侧用天然土或砂砾垫层材料作培填料,捣实至设计高程,并切实保证填料与管节密贴。再将防水层向上包裹管节,防水层外再铺设黏质土,水平径线以下的部分,应立即填筑,以免管节下面的砂垫层松散,并保证其与管节密贴。在严寒地区这部分特别填土必须填筑不冻胀土料。

(5)修筑管涵出入口端墙、翼墙及两端涵底,并进行整修工作。

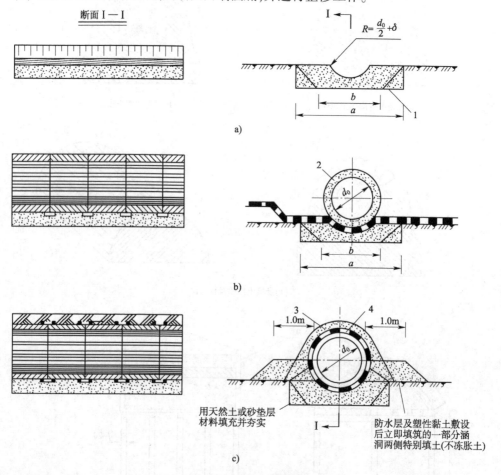

图 4-2-7 单孔无坞工基础管涵洞身安装程序

1-夯实的天然土壤表层或砂垫层;2-M10 水泥砂浆;3-塑性黏土;4-防水层

注:砂垫层底宽,非严重冰冻地区为 b,严重冰冻地区为 a,即上下同宽。

3)双孔无坞工基础管涵

双孔无坞工基础管涵洞身施工程序如图 4-2-8 所示。

(1)挖基与备料。

(2)在捣固夯实的天然土表层或砂垫层上修筑圆弧状管座,其深度等于管壁的厚度。

(3)按图 4-2-7 所示的程序,先安装右边管并铺设防水层,在左边一孔管节未安装前,在砂垫层上先铺设垫底的防水层,然后按同样的方法安装管节。管节间接缝尽量抵紧,管节内外接缝均以强度 10MPa 水泥砂浆填塞。

(4)在管节下侧用天然土或砂垫层材料做填料,夯实至设计高程处,并切实保证与管节密贴。左侧防水层铺设完后,用贫混凝土填充管节间的上部空腔,再铺设软塑状黏土。

防水层及黏土铺设后,涵管两侧水平直径线以下的一部分填土应立即填筑,以免管节下面砂垫层松散。在严寒地区此部分填土必须填筑不冻胀土料。

(5)修筑管涵出入口两端端墙、翼墙及涵底,并进行整修工作。

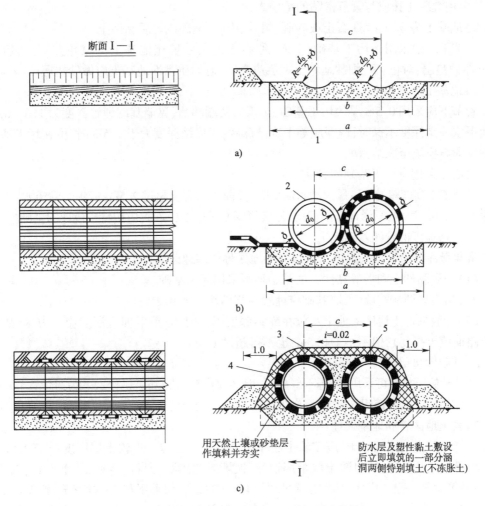

图 4-2-8 双孔无坞工基础管涵洞身施工程序(尺寸单位:m)
1-夯实的天然土壤表层或砂垫层;2-M10 水泥砂浆;3-C10 混凝土;4-塑性黏土;5-防水层

4) 涵底陡坡台阶式基础管涵

沟底纵坡很陡时,为防止涵洞基础和管节向下滑移,可采用管节为台阶式的管涵,每段长度一般为 3~5m,台阶高差一般不超过相邻涵节最小壁厚的 3/4。如坡度较大,可按 2~3m 分段或加大台阶高度,但不应大于 0.7m,且台阶处的净空高度不应小于 1.0m。此时在低处的涵顶上应设挡墙,以掩盖可能产生的缝隙,如图 4-2-9 所示。

无坞工基础的陡坡管涵,只可采用管节斜置的办法,斜置的坡度不得大于 5%。

图 4-2-9 陡坡台阶管涵(尺寸单位:cm)
1-挡墙;2-管壁;3-管座;4-基础;5-3cm 宽沉降缝

2. 管涵基础修筑

1) 地基土为岩石

管节下采用无坞工基础,管节下挖去风化层或软层后,填筑 0.4m 厚砂垫层;出入口两端墙、翼墙下,在岩石层上用 C15 号混凝土做基础,埋置深度至风化层以下 0.15~0.25m,并且最小等于管壁厚度加 5cm。风化层过深时,可改用片石坞工,最深不大于 1m。管节下为硬岩时，可用混凝土抹成与管节密贴的垫层。

2) 地基土为砾石土、卵石土或砂砾、粗砂、中砂、细砂或匀质黏性土

管节下一般采用无垆工基础，对砾、卵石土先用砂填充地基土空隙并夯实，然后填筑0.4m厚砂垫层；对粗、中、细砂地基土表层应夯实；对匀质黏性地基土应做砂垫层。

3) 地基土为黏性土

管节下应采用0.5m厚的垆工基础，出入口两端端墙、翼墙基础埋置深度为1.0~0.5m；当地下水冻结深度不深时，埋深应等于冻结深度；当冻结深度大于1.5m时，可在垆工基础下用砂夹卵石换填至冻结深度。

4) 必须采用有垆工基础的管涵

管顶填土高度超过5m；最大洪水流量时，涵前壅水高度超过2.5m；河沟经常流水；沼泽地区深度在2.0m以内；沼泽地区淤积物、泥炭等厚度超过2.0m时，应按特别设计的基础施工。

5) 严寒地区的管涵基础施工

常年最冷月份平均气温低于-15℃的地区称严寒地区。

(1) 匀质黏性土和一般黏性土的基础均须采用垆工基础。

(2) 出入口两端端墙、翼墙基础应埋置在冻结线以下0.25m。

(3) 一般黏性土地区的地下水位在冻结深度以上时，管节下埋置深度应为$H/8$（H为涵底至路面填土高度），但不小于0.5m，也不得超过1.5m。

6) 基础砂垫层材料

基础砂垫层材料可采用砂、砾石或碎石，但必须注意清除基底耕作层。为避免管节承受冒尖石料的集中应力，当使用碎石、卵石作垫层时，要有一定级配或掺入一定数量的砂，并夯捣密实。

7) 软土地区管涵地基处理

管涵地基土如遇到软土，应按软土层厚度分别进行处理。当软土层厚度小于2.0m时，可采取换填土法处理，即将软土层全部挖除，换填当地碎石、卵石、砂夹石、土夹石、砾砂、粗砂、中砂等材料并碾压密实，压实度要求为94%~97%。如采用灰土（石灰土、粉煤灰土）换填，压实度要求为93%~95%，换填土的干密度宜用重型击实试验法确定。碎石或卵石的干密度可取$2.2~2.4t/m^3$。换填层上面再砌筑0.5m厚的垆工基础。

当软土层超过2m时，应按软土层厚度、路堤高度、软土性质作特殊设计处理。

3. 管节安装

管节安装应从下游开始，使接头面向上游；每节涵管应紧贴于垫层或基座上，使涵管受力均匀；所有管节应按正确的轴线和图纸所示坡度敷设。如管壁厚度不同，应使内壁齐平。在敷设过程中，要保持管内清洁无赃物、无多余的砂浆及其他杂物。

管节的安装方法通常有滚动安装法（图4-2-10）、滚木安装法（图4-2-11）、压绳下管法、龙门架安装法、吊车安装法等，应根据施工现场实际情况选用。

4. 管涵施工注意事项

(1) 有垆工基础的管座混凝土浇筑时应与管座紧密相贴，浆砌块石基础应加做一层混凝土管座，使圆管受力均匀；无垆工基础的圆管基底应夯填密实，并做好弧形管座。

(2) 无企口的管节接头采用顶头接缝，应尽量顶紧，缝宽不得大于1cm，严禁因涵身长度不够，而将所有接缝宽度加大的方法来凑合涵身长度。管身周围无防水层设计的接缝，需用沥青麻絮或其他具有弹性的不透水材料从内、外侧仔细填塞。设计规定管身外围做防水层的，按前述施工工序施工。

(3)长度较大的管涵设计有沉降缝的,管身沉降缝应与圬工基础的沉降缝位置一致。缝宽为 2~3cm,应用沥青麻絮或其他具有弹性的不透水材料从内、外侧仔细填塞。

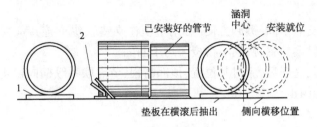

图 4-2-10 涵管滚动安装法
1-板;2-橇棍

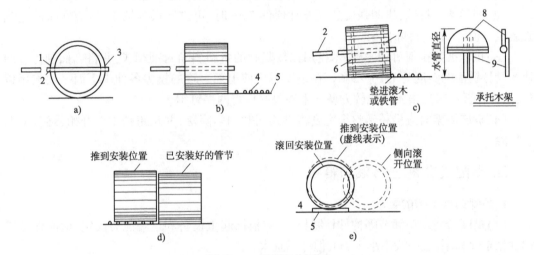

图 4-2-11 涵管滚木安装法
1-着力点;2-杉木杆;3-支点;4-滚木;5-铁板;6-支点托木架;7-着力点承托木架;8-管圆形 5cm 厚木板;9-圆木架

(4)长度较大、填土较高的管涵应设预拱度。预拱度大小应按设计规定设置。

(5)各管节设预拱度后,管内底面应成平顺圆滑曲线,不得有逆坡。相邻管节如因管壁厚度不一致(在允许偏差内)产生台阶时,应凿平后用水泥环氧砂浆抹补。

二、就地浇筑的拱涵施工

1. 施工程序

就地浇筑的拱涵施工过程包括基础、涵台、拱圈施工。

1)涵洞基础

无论是圬工基础或砂垫层基础,施工前必须先对下卧层地基土进行检查验收,当地基土承载力或密实度符合设计要求时,才可进行基础施工。对于软土地基应按照设计规定进行加固处理,符合要求后,才可进行基础施工。

2)涵洞台、墩

详见学习情境三桥涵墩台施工部分相关内容。

3)涵洞拱圈和钢筋混凝土盖板

拱圈和盖板浇筑或砌筑施工应注意:拱圈和端墙的施工,应由两侧拱脚向拱顶同时对称进行;拱圈和盖板混凝土的现场浇筑施工,应连续进行,尽量避免施工缝;当涵身较长时,可沿涵长方向分段进行,每段应连续一次浇筑完成;施工缝应设在涵身沉降缝处。

2. 拱架和支架的安装和拆卸

1)安装的一般要求

拱架和支架应支立牢固,拆卸方便(可用木楔作支垫),纵向连接应稳定,拱架外弧应平顺。拱架不得超越拱模位置,拱模不得侵入圬工断面。

拱架和支架安装完毕后,应对其位置、顶部高程、节点联系纵横向稳定性进行检查,不符合要求者,立即进行纠正。

2)拆卸的一般要求

拱架和支架的拆除及拱顶填土,在具备下列条件之一时方可进行:

(1)拱圈圬工强度达到设计值的70%时,即可拆除拱架,但必须达到设计值后方可填土。

(2)当拱架未拆除,拱圈强度达到设计值的70%时,可进行拱顶填土,但应在拱圈达到强度设计值时,方可拆除拱架。

(3)拱涵拆除拱架可用木楔,木楔用比较坚硬的木料斜角对剖制成,并将剖面刨光。两块木楔接触面的斜度为1:10~1:6。在垫楔时应使上面一块的楔尖各伸出下面一块楔尾以外,这样在拆架时敲击木楔比较方便。木楔垫好后将两端钉牢。

(4)拆卸拱架时应沿桥涵整个宽度将拱架同时均匀降落,并从跨径中点开始,逐步向两边拆除。

三、装配式拱涵、盖板涵和箱涵

1. 预制构件结构的要求

(1)拱圈、盖板、箱涵节等构件预制长度,应根据起重设备和运输能力决定,但应保证结构的稳定性和刚性,一般不小于1m,但亦不宜太长。

(2)拱圈构件上应设吊装孔,以便起吊。吊孔应考虑平吊及立吊两种,安装后可用砂浆将吊孔填塞。箱涵节、盖板和半环节等构件,可设吊孔,也可于顶面设立吊环。吊环位置、孔径大小和制环用钢筋应符合设计要求,并要求吊钩伸入吊环内,吊装时吊环筋不断裂。安装完毕,吊环筋应锯掉或气割掉。

(3)若采用钢丝绳捆绑起吊可不设吊孔或吊环。

2. 预制构件的模板

预制构件的模板有木模、土模、钢丝网水泥模板、拼装式模板等。无论采用何种模板都应保证满足规范要求。尤其是有预埋件时,应采取措施,确保预埋件的正确位置。

3. 构件运输

构件必须在达到设计强度后,经过检查质量和大小符合要求,才能进行搬运。搬运时应注意吊点或支承点的设置,务必使构件在搬运过程中保持平衡、受力合理,确保搬运过程中的安全。

4. 施工和安装

1)基础

与就地浇筑的涵洞基础施工方法相同。

2)拱涵和盖板涵的涵台身

涵台身大都采用砌筑结构,可按照就地浇筑的涵台身施工方法施工。如采用装配式结构时,可按照装配式墩台相关的要求施工。

3)上部构件的安装

拱圈、盖板、箱涵节的安装技术要求如下:

(1)安装之前应再检查构件尺寸、涵台尺寸和涵台间距离,并核对其高程,调整构件大小位置使其与沉降缝重合。

(2)拱座接触面及拱圈两边均应凿毛(沉降缝处除外),并浇水湿润,用灰浆砌筑;灰浆坍落度宜小一些,以免流失。

(3)构件砌缝宽度一般为1cm,拼装每段的砌缝应与设计沉降缝重合。

(4)构件可用扒杆、链滑车或汽车吊进行吊装。

四、涵洞附属工程施工

1. 防水层

涵洞的钢筋混凝土结构设置防水层的作用是防止水分侵入混凝土内,使钢筋锈蚀,缩短结构寿命。北方严寒地区的无筋混凝土结构需要设置防水层,防止侵入混凝土内的水分冻胀造成结构破坏。

防水层的材料多种多样。公路涵洞使用的主要防水材料是沥青,有些部位可使用黏土,以节省工料费用。

1)防水层的设置部位

防水层的设置部位如下:

(1)各式钢筋混凝土涵洞(不包括圆管涵)的洞身及端墙在基础以上被土掩埋的部分,均须涂以热沥青两道,每道厚1~1.5mm,不另抹砂浆。

(2)混凝土及石砌涵洞的洞身、端墙和翼墙的被土掩埋部分,只需将圬工表面凿平,无凹入存水部分,可不设防水层。但北方严寒地区的混凝土结构仍需设防水层。

(3)钢筋混凝土圆管涵的防水层可按图4-2-7、图4-2-8所示敷设。图中管节接头采用平头对接,接缝中用麻絮浸以热沥青塞满,管节上半部从外往内填塞,下半部从管内向外填塞。管外靠接缝处裹以热沥青浸透的防水纸8层,宽度为15~20cm。包裹方法:在现场用热沥青逐层黏合在管外壁上接缝处,外面在全长管外裹以塑性黏土。

在交通量小的县、乡公路上,可用质量好的软塑状黏质土掺以碎麻,沿全管敷设20cm厚,代替沥青防水层(接缝处理仍照前述施工)。

(4)钢筋混凝土盖板明涵的盖板部分表面可先涂抹热沥青两次,再于其上设2cm厚的防水水泥砂浆或4~6cm厚的防水混凝土。其上可按照设计铺设路面。涵、台身防水层按照上述方法办理。

(5)砖、石、混凝土拱涵的上部结构防水层敷设,可参见拱上附属工程。

2)沥青的敷设

沥青可用锅、铁桶等容器以火熬制,或使用电热设备。铁桶装的沥青,应打开桶口小盖,将桶横倒搁置在火炉上,以文火使沥青熔化后,从开口流入熬制用的铁锅或大口铁桶中。熬制用的铁锅或铁桶必须有盖,以便在沥青飞溅或着火时,用以覆盖。熬制处应设在工地下风方向,与一般工作人员、料堆、房屋等保持一定距离,锅内沥青不得超过锅容积的2/3。熬制中应不断搅拌至沥青全部为液态为止。溶化后的沥青应继续加温至175℃(不得超过190℃)。熬好的沥青盛在小铁桶中送至工点使用。使用时的热沥青温度宜低于150℃。涂敷热沥青的圬工表面应先用刷子扫净,消除粉屑污泥。涂敷工作宜在干燥温暖(温度不低于

+5℃)的天气进行。

3)沥青麻絮、油毡、防水纸的浸制方法和质量要求

沥青麻絮(沥青麻布)可采用工厂浸制的成品或在工地用麻絮以热沥青浸制。浸制后的麻絮,表面应呈淡黑色,无孔眼、无破裂和叠皱,撕裂断面上应呈黑色,不应有显示未浸透的布层。

油毡是用一种特制的纸胎(或其他纤维胎)用软化点低的沥青浸透制成,浸渍石油沥青的称石油毡,浸渍焦油沥青的称焦油沥青油毡。为了防止在储存过程中相互黏着,油毡表面应撒一层云母粉、滑石粉或石棉粉。防水纸(油纸)是用低软化点的沥青材料浸透原纸做成的,除沥青层较薄,没有撒防黏层外,其他性质与油毡相同。

油毡和防水纸可以从市场上采购,其外观质量应符合如下要求:

(1)油毡和防水纸外表不应有孔眼、断裂、叠皱及边缘撕裂等现象,油毡的表面防黏层应均匀地撒布在油毡表面上。

(2)毡胎或原纸内应吸足油量,表面油质均匀,撕开的断面应是黑色的,无未浸透的空白纸层或杂质,浸水后不起泡、不翘曲。

(3)气温在25℃以下时,把油毡卷在2cm直径的圆棍上弯曲,不应发生裂缝和防黏层剥落等现象。

(4)将油毡加热至80℃时,不应有防黏层剥落、膨胀及表面层损坏等现象。夏季在高温下不应黏在一起。

铺设油毡和防水纸所用粘贴沥青应和油毡、防水纸有同样的性能。煤沥青油毡和防水纸必须用煤沥青粘贴。同样,石油沥青油毡及防水纸,也一定要用石油沥青来粘贴,否则,过一段时间油毡和防水纸就会分离。

2. 沉降缝

1)沉降缝设置目的

结构物设置沉降缝的目的是避免结构物因荷载或地基承载力不均匀而发生不均匀沉陷,产生不规则的多处裂缝,而使结构物破坏。设置沉降缝后,可限定结构物发生整齐、位置固定的裂缝,并可事先对沉降缝处予以处理。如有不均匀沉降,则将其限制在沉降缝处,有利于结构物的安全、稳定,并能防止管内水流渗入涵洞基底或路基内,造成土质浸泡松软。

2)沉降缝设置的位置和方向

涵洞洞身、洞身与端墙、翼墙、进出水口急流槽交接处必须设置沉降缝,但无圬工基础的圆管涵仅于交接处设置沉降缝,洞身范围不设。具体设置位置视结构物和地基土的情况而定。

(1)洞身沉降缝。

一般每隔4~6m设置1处,但无基础涵洞仅在洞身涵节与出入口涵节间设置,缝宽一般为3cm。两端与附属工程连接处也各设置1处。

(2)其他沉降缝。

凡地基土质发生变化、基础埋置深度不一、基础对地基的荷载发生较大变化处、基础填挖交界处、采用填石垫高基础交界处,均应设置沉降缝。

(3)岩石地基上的涵洞。

凡置于岩石地基上的涵洞,不设沉降缝。

(4)斜交涵洞。

斜交涵洞洞口正做的,其沉降缝应与涵洞中心线垂直;斜交涵洞洞口斜做的,沉降缝与路基中心线平行。但拱涵与管涵的沉降缝,一律与涵洞轴线垂直。

3)沉降缝的施工方法

沉降缝的施工,要求做到使缝两边的构造物既能自由沉降,又能严密防止水分渗漏,故沉降缝必须贯穿整个断面(包括基础)。沉降缝具体施工方法如下:

(1)基础部分。

可将原基础施工时嵌入的沥青木板或沥青砂板留下,作为防水用。如基础施工时不用木板,也可用黏土填入捣实,并在流水面边缘以1:3水泥砂浆填塞,深度约为15cm。

(2)涵身部分。

缝外侧以热沥青浸制的麻筋填塞,深度约为5cm,内侧以1:3水泥砂浆填塞,深度约为15cm,视沉降缝处圬工的厚薄而定。缝内可以用沥青麻筋与水泥砂浆填满;如太厚,亦可将中间部分先填以黏土。

(3)沉降缝的施工质量要求。

沉降缝端面应整齐、方正,基础和涵身上下不得交错,应贯通,嵌塞物应紧密填实。

(4)保护层。

各式有圬工基础涵洞的基础襟边以上,均顺沉降缝周围设置黏土保护层,厚约20cm,顶宽约20cm。对于无圬工基础涵洞,保护层宜使用沥青混凝土或沥青胶砂,厚度为10~20cm。

涵洞沉降缝构造如图4-2-12所示。

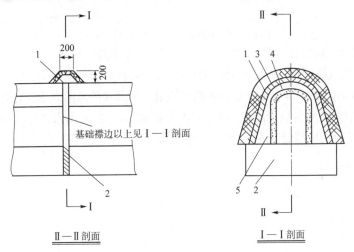

图4-2-12 涵洞沉降缝构造(尺寸单位:mm)

1-黏土;2-沥青木板30;3-浸油麻绳约50;4-1:3水泥砂浆150;5-中间空隙填以黏土

3. 涵洞进出水口

涵洞进出水口工程是指涵洞端墙、翼墙(包括八字墙、锥坡、平行廊墙)以外的部分,如沟底铺砌和其他进出水口处理工程。

1)平原区的处理工程

涵洞出入口的沟床应整理顺直,与上、下排水系统(天沟、路基边沟、排水沟、取土坑等)的连接应圆顺、稳固,保证流水顺畅,避免排水损害路堤、村舍、农田、道路等。

2)山丘区的处理工程

在山丘区的涵洞底纵坡超过5%时,除进行上述整理外,还应对沟床进行干砌或浆砌片石防护。翼墙以外的沟床当坡度较大时,也应铺砌防护。防护长度、砌石宽度、厚度、形状等,应按设计图纸施工。如设计图纸漏列,应按合同规定向业主提出,由业主指定单位做出补充设计。

4. 涵洞缺口填土

(1)建成的涵管、坞工达到设计要求的强度后,应及时回填。回填土要切实注意质量,严格按照有关施工规定和设计要求办理。

(2)填土路堤在涵洞每侧不小于两倍孔径的宽度及高出洞顶1m范围内,应采用非膨胀的土从两侧分层仔细夯实,每层厚度10~20cm。特殊情况亦可用与路堤填料相同的土填筑。管节两侧夯填土的密实度标准,高速公路和一级公路为95%,其他公路为93%。管节顶部其宽度等于管节外径的中间部分填土,其密实度要求与该处路基同。如为填石路堤,则在管顶以上1.0m的范围内应分3层填筑:下层为20cm厚的黏土;中层为50cm厚的砂卵石;上层为30cm厚的小片石或碎石。在两端的上述范围及两侧每侧宽度不小于孔径的两倍范围内,码填片石。涵洞缺口填土如图4-2-13所示。

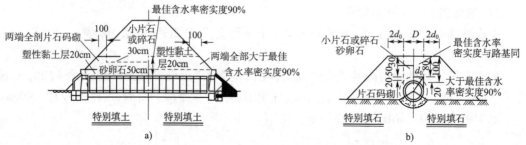

图4-2-13 涵洞缺口填土(尺寸单位:cm)

对于其他各类涵洞的特别填土要求,应分别按照有关的设计要求办理。

(3)用机械填筑涵洞缺口时,须待涵洞坞工达到容许强度后,先在涵身两侧用人工或小型机具对称夯填,高出涵顶至少1m,然后再用机械填筑。不得从单侧偏推、偏填,使涵洞承受偏压。

(4)冬季施工时,涵洞缺口路堤、涵身两侧及涵顶1m内,应用未冻结土填筑。

(5)回填缺口时,应将已成路堤土方挖出台阶。

任务工作单

学习情境四:涵洞施工	班级		
工作任务二:涵洞施工详解	姓名		学号
	日期		评分

一、任务内容

分组讨论涵洞的类型和施工。

二、基本知识

1.准备工作和施工放样

(1)涵洞施工准备阶段现场核对的内容有哪些?

(2)涵洞测量放样时,应注意_____和_____的正确性。

(3)对于曲线和陡坡上的涵洞应考虑_____的影响。

(4)对基础面的纵坡,当涵洞填土高度在_____以上时,应留预拱度。

(5)对于砂类土和黏质土预拱度分别为_____和_____。

2.各类涵洞施工
(1)圆管涵洞施工工艺流程是什么?

(2)基底处理方法:
①地基土为岩石时,基底处理方法有哪些?

②地基土为砂砾土时,基底处理方法有哪些?

③地基土为软土时,基底处理方法有哪些?

(3)圆管涵洞施工有哪些注意事项?

(4)拱涵和盖板涵施工有哪些注意事项?

(5)箱涵施工有哪些注意事项?

(6)洞身沉降缝施工有哪些注意事项?

(7)斜交涵洞施工有哪些注意事项?

（8）涵洞缺口填土施工有哪些注意事项？

三、任务实施

管涵是涵洞中的一种，分组掌握其质量要求、运输要求和施工方法。

1. 混凝土圆管节成品有哪些质量要求和尺寸允许偏差？

2. 单孔有垆工基础管涵有哪些施工程序？

3. 双孔无垆工基础管涵有哪些施工程序？

4. 管涵基础应考虑哪些因素，如何修筑？

四、任务小结

通过此工作任务的实施，各小组集中完成下述工作。

1. 你认为本次实训是否达到预期目的？还有什么意见和建议？

2. 管涵施工的注意事项有哪些？

参考文献

[1] 中华人民共和国行业部标准. JTG B01—2014 公路工程技术标准[S]. 北京:人民交通出版社,2014.
[2] 中华人民共和国行业标准. JTG D60—2004 公路桥涵设计通用规范[S]. 北京:人民交通出版社,2004.
[3] 中华人民共和国行业标准. JTG D62—2004 公路钢筋混凝土及预应力混凝土桥涵设计规范[S]. 北京:人民交通出版社,2004.
[4] 中华人民共和国行业标准. JTG D61—2005 公路圬工桥涵设计规范[S]. 北京:人民交通出版社,2005.
[5] 中华人民共和国行业标准. JTG D63—2007 公路桥涵地基与基础设计规范[S]. 北京:人民交通出版社,2007.
[6] 中华人民共和国行业标准. JTG/T F50—2011 公路桥涵施工技术规范[S]. 北京:人民交通出版社,2000.
[7] 中华人民共和国行业标准. JTG F80/1—2004 公路工程质量检验评定标准 第一册 土建工程[S]. 北京:人民交通出版社,2004.
[8] 郭发忠. 桥涵工程[M]. 2版. 北京:人民交通出版社,2009.
[9] 邵旭东. 桥梁工程[M]. 北京:人民交通出版社,2004.
[10] 刘士林,梁智涛,等. 斜拉桥[M]. 北京:人民交通出版社,2002.
[11] 雷俊卿,郑明珠,等. 悬索桥设计[M]. 北京:人民交通出版社,2002.
[12] 魏红一. 桥梁施工技术[M]. 北京:高等教育出版社,2001.
[13] 严国敏. 现代悬索桥[M]. 北京:人民交通出版社,2002.
[14] 周昌栋,等. 悬索桥上部结构施工[M]. 北京:人民交通出版社,2004.
[15] 顾懋清,石绍甫. 公路桥涵设计手册 拱桥(上册)[M]. 北京:人民交通出版社,1997.
[16] 顾安邦,孙国柱. 公路桥涵设计手册 拱桥(下册)[M]. 北京:人民交通出版社,1997.
[17] 范立础. 桥梁工程(上下册)[M]. 北京:人民交通出版社,2001.
[18] 李辅元. 桥梁工程[M]. 北京:人民交通出版社,2007.
[19] 满洪高,秦溱. 桥梁上部施工技术[M]. 北京:高等教育出版社,2012.
[20] 匡希龙,李振,夏晓慧. 桥涵施工[M]. 2版. 成都:西南交通大学出版社,2013.
[21] 黄绳武. 桥梁施工及组织管理(上册)[M]. 北京:人民交通出版社,1999.
[22] 苏寅申. 桥梁施工及组织管理(下册)[M]. 北京:人民交通出版社,1999.
[23] 王海良,董鹏. 桥梁工程施工技术[M]. 北京:人民交通出版社,2013.